启笛 智慧有回声

鲁磨路

城管、小贩与街头秩序

吕德文 著

北京大学出版社
PEKING UNIVERSITY PRESS

图书在版编目（CIP）数据

鲁磨路：城管、小贩与街头秩序 / 吕德文著. ——北京：北京大学出版社，2025.7. ——ISBN 978-7-301-36334-8

Ⅰ.F299.276.31

中国国家版本馆CIP数据核字第2025XG6501号

书　　　名	鲁磨路：城管、小贩与街头秩序 LUMOLU：CHENGGUAN、XIAOFAN YU JIETOU ZHIXU
著作责任者	吕德文　著
责任编辑	程文楚
标准书号	ISBN 978-7-301-36334-8
出版发行	北京大学出版社
地　　　址	北京市海淀区成府路205号　100871
网　　　址	http://www.pup.cn　　新浪微博：@北京大学出版社
电子邮箱	zpup@pup.cn
电　　　话	邮购部 010-62752015　发行部 010-62750672 编辑部 010-62752032
印　刷　者	天津裕同印刷有限公司
经　销　者	新华书店
	880毫米×1230毫米　A5　9.75印张　191千字 2025年7月第1版　2025年7月第1次印刷
定　　　价	66.00元

未经许可，不得以任何方式复制或抄袭本书之部分或全部内容。
版权所有，侵权必究
举报电话：010-62752024　电子邮箱：fd@pup.cn
图书如有印装质量问题，请与出版部联系，电话：010-62756370

致　谢

　　本书的出版得益于很多人的帮助。叶志卫先生是我开展武汉城管调查的引路人，感谢他对我研究工作的大力支持。感谢洪山区时任城管局局长赵扬先生的支持，以及城管执法大队直属二中队同事们的热情接纳，其中，胡毅峰先生给我传授街头经验，李忠于先生是我入场鲁磨路的引荐人，他们无疑是我街头工作的师父。程春霖先生是电影纪录片《城市梦》的主创之一，我们因鲁磨路结缘，感谢他无私分享他的田野发现。很感谢接受我们访谈的小贩们和鲁磨路"消息灵通人士"，他们在书中虽然只是匿名者，但他们的人生故事令人动容。本书如果有一点可读性的话，应该归功于鲁磨路的主人们。

　　我要感谢和我一起开展田野工作的同伴们。我所在的华中村治研究团队以乡村研究见长，我们认为乡村是理解中国的"切口"，其他研究对象亦有"切口"功能。因缘际会，我跨界开展了街头研究，贺雪峰教授非常支持，并在团队内部建立了城市研究小组，鼓励大家在经验领域自由探索。这个小组里，王德福、张雪霖开展了社区研究，魏程琳、刘升则都把城管研究作为博士论文选题，他们都做出了优秀成果，我从中得到许多启发。我在华中科技大学社会学院执教期间，不少本科生同学在鲁磨路完成了自己的课堂作业。2016年暑期，陈伟、敖雅萱、马丽滢、苏盼在鲁磨路开展了小贩调查实习，我虽是他们的指导老师，却受益于他们的田野报告，特此感谢！

近些年，我把鲁磨路和其他地方街头研究的田野发现陆续整理成论文发表，本书是在系列论文的基础上重新创作而成。感谢有关期刊杂志，让本书作为一个叙事文本，可以兼顾机制分析和理论解释。为了方便检索，我把已发表论文和本书对应的内容，列表呈现。

论文题目	发表期刊	本书章节
街头的空间属性及其治理形态——基于W市城市管理实践的经验观察	《求索》2019年第4期	第2章
城市边缘地带的可治理化——基于一个马路市场的实证调查	《天津行政学院学报》2020年第6期	第3章 第6章
兜底部门的运作逻辑	《南京社会科学》2018年第4期	第4章
"混合型"科层组织的运作机制——临时工现象的制度解释	《开放时代》2019年第6期	第5章
治理周期与政策执行波动：基于城管执法的动态经验观察	《公共行政评论》2022年第6期	第7章
作为法律隐喻的猫鼠游戏：城管执法的另一种观察视角	《中外法学》2019年第2期	第8章
灰色治理与城市暴力再生产——鲁磨路"城管"实践的机制分析	《开放时代》2015年第4期	第9章
街头治理现代化：路径与挑战	《政治学研究》2018年第5期	第10章

致　谢

承蒙北京大学出版社的赏识，责任编辑程文楚女士的专业和努力，本书有了一个极好的归宿。

这项研究由始至终都与我的人生遭遇紧密相联，由衷感谢同事和家人！武汉大学兼容并蓄、充满人文关怀，社会学院的学术环境自由而有温度，我享受其中。如果没有家人的无限关爱，我可能做不了纯粹的学者，也很难想象会有这本书的出现。

目 录

第一章 鲁磨路 ································ 1

  1. 扫街 ···································· 2

  2. 心理地图 ······························ 7

  3. 有机知识分子 ························ 16

  4. 实践社会学 ··························· 22

第二章 街角 ···································· 27

  1. 犄角旮旯 ······························ 28

  2. 人行道 ································ 34

  3. 通道与场所 ··························· 38

  4. 边缘地带 ······························ 42

第三章 小贩江湖 ································ 47

  1. 路边摊 ································ 48

  2. 夜市 ···································· 53

  3. 靠街吃饭 ······························ 59

  4. 栖息地 ································ 65

  5. 地盘 ···································· 70

第四章　兜底部门 ·········· 79
1. 武汉城管 ·········· 80
2. 剩余事务 ·········· 95
3. 弱势部门 ·········· 103
4. 街头官僚 ·········· 113

第五章　街头行政子系统 ·········· 119
1. "家庭化"组织 ·········· 121
2. 临时工 ·········· 125
3. 扁平化管理 ·········· 132
4. 庇护关系 ·········· 137
5. 反向保护 ·········· 143

第六章　空间治理术 ·········· 149
1. "违规"的空间 ·········· 150
2. 控场 ·········· 162
3. 制图术 ·········· 174

第七章　常规化治理 ·········· 181
1. 分类处置 ·········· 182
2. 执行波动 ·········· 193
3. 注意力分配 ·········· 200
4. 集中整治 ·········· 209

第八章　"猫鼠游戏" ·········· 217
1. 隐喻 ·········· 218

2. 行动图示 ·············222
　　3. 计策 ·················234
　　4. 角色 ·················239
　　5. 国家机器 ·············245
第九章　灰色秩序 ·············249
　　1. 暴力 ·················251
　　2. 边界 ·················258
　　3. 保护性协商 ···········268
第十章　城市共同体 ···········281
　　1. 城市梦 ···············282
　　2. 街头秩序 ·············287
　　3. 城管 ·················294

第一章

鲁磨路

鲁磨路

1. 扫街

每天早上八点，跨过光谷国际广场围栏，踏上鲁磨路天桥的那一刻，于忠①犹如进入了一个游戏场，一种莫名的游戏感油然而生：鲁磨路每天都在上演城管和小贩间的"猫鼠游戏"，他是当之无愧的主角。

于忠——鲁磨路城管，身材瘦小，戴副眼镜，文质彬彬，说话总是慢条斯理的。四十多岁的他，看起来却要年轻十岁。作为鲁磨路的主角，于忠不穿制服，但所有在鲁磨路的谋生之人都知

图 1-1　城管扫街

---

① 依照学术惯例，书中所有人名均做了匿名化处理。

第一章　鲁磨路

道其角色。正常情况下，鲁磨路需要巡查的路段不到 2 公里，从街头走到街尾只需 20 分钟，来回 40 分钟。可是，于忠每扫一次街都需一个多小时，择要处理占道经营就得花这么长时间了。

沿街一百多家商店，于忠都要打声招呼，提醒他们把摆在街上的商品搬进店里去。一路下来，人行道上少说也有几十个小贩，他时而客气、时而严厉地要他们收摊。正常情况下，这些店家或小贩总会口头上允诺"要得、要得……"手头动作却像极了电影里的慢镜头，就等着于忠背影远去的一刻，好把动作停下来。偶尔也会遇到不耐烦的店家和小贩，抱怨几声"催什么催……"或者干脆无视，于忠就得停下脚步说道几句，但最终也就算了。要是碰到生面孔，于忠语气少不得要严厉一些，脸色也要难看一点。对方难免要解释几句，从何而来，为何摆摊——大多是讲自己有多么不幸，家庭有多困难。于忠也就趁此摸清了对方来路，继而讲讲城市管理的规定，要"新人"遵守规矩。

每到一个点位，于忠都要跟守点协管当面了解情况，交代注意事项。小到着装规范、迟到早退，大到不能吃拿卡要，他总要交代几句。当然，更重要的是他得听取汇报，详细了解街面状况，及时处理疑难问题。

鲁磨路最有名的地摊大王"疯子爹爹"，年近七十却性情暴烈，一言不合就破口大骂。对此，协管员甚是无奈，于忠少不得要和颜悦色地劝上几句。要是心情好，"疯子爹爹"会大方地给于忠一个面子，说"等你走了我再摆出来"，要是心情不好，就连于忠一起骂。有一个下雨天,"疯子爹爹"心情极度不爽,硬是推着自行车跟在于忠后面,从街头骂到街尾,足足骂了一个小时!"疯子爹爹"将鲁磨路视作避难所,拥有破坏规则的自由。

普通店家和小贩不可能有"疯子爹爹"的特权。他们一旦越线并危及城管权威,于忠就会召集协管采取强制措施暂扣其经营工具,告知他们到城管中队接受处理。说是处理,其实是以宣传教育为主,小贩写个保证书,连同身份证复印件留存,一个星期后再来取暂扣物品就算了事。写保证书并非法定程序,却可清晰确认城管与小贩之间的非对称关系,于忠要的就是这个效果。

遇到重大警情,于忠会像变魔术式地拿出"武器"试试效果。入秋后,鲁磨路时不时会冒出小贩当街"生宰活羊",协管员不敢上前询问和驱赶。于忠换上制服,亲自带着守点队员,对着小贩一板一眼地讲解《武汉市城市综合管理条例》。小贩则一言不发自顾自地做生意,偶尔用生硬的普通话回应几声"我听不懂……"僵持十来分钟后,于忠便先退出,留几个协管员看着现场。他得立即将情况报告中队长管城南,将别的片区城管调过来增援。一个小时后,管城南便亲自带着其他片区的队员,把摊子"围起来",直到摊主自行收摊走人。这种"围观执法"搞个两三回,要是小贩再也不来了,事情就算完了。要是还来,于忠就得准备打持久战了——平常只能维持着,等待执法大队统一安排整顿治理,将之清除。

第一章　鲁磨路

扫街结束以后，于忠终于可以在自己的据点歇息。尽管联丰广场设置了城管执法岗亭，有桌椅、空调等简单设施，但于忠更愿意待在对面的定康大药房。大药房里的老板和店员都是熟人，周到地为他准备了一个专属柜子，用于存放他的私人物品。他平常不太愿意穿制服，但碰到正式场合，如执法或陪同领导"马路办公"，不穿制服就不合适了。他把制服备在大药房，随时可用，再合适不过了。

大药房处于十字路口，门口就是治安岗亭和鲁磨路公交车站，是鲁巷地区的人流集散地。因而，他在这里也可以遇到各色人等。夜市管理员碰到于忠，总是一副谄媚模样，口气也很大，说有用得着的地方尽管吱声。于忠没什么兴趣跟他们闲扯，甚至不知道他们的名字，干脆统称他们为"小青年"。他只跟"小青年"的老大打交道。

于忠很愿意和治安岗亭的值班民警交流——他们彼此熟悉，且有业务往来，也需要相互倚重。尽管经验老到，但执法冲突像梦魇一样纠缠着于忠的职业生涯。因而，民警对城管工作支持与否就显得极为关键。相较于城管，警察执法有权威多了，于忠很是羡慕。可仔细想想，其实警察也不好当。鲁磨路人流量大，各种坑蒙拐骗的把戏总会冒出来。人行道上摆象棋残局，天桥上卖假古董和赝品字画，逢人就问"要不要苹果手机，便宜卖"的骗子……这些行为虽有诈骗嫌疑，但只要诈骗没真正发生，没人报案，警察其实不是很好管。城管要去干涉却是极方便的，这都属于占道经营，将之取缔有法可依。

于忠是一个典型的街头官僚[①]，虽说处于科层体制的最底层，需要接受上级指令执法，却拥有极大的自由裁量权，并事实上拥有决策能力。他对城市管理法规有精准理解，深谙街头秩序的微妙之处。在扫街时，他只要瞥一眼就能发现违法违规行为，但在绝大多数情况下，他都不会去干预，更不会轻易采取执法措施。甚至于，当他一本正经向行政相对人念法条时，也并不意味着他在执法。更准确的理解是，他只是在采取行动、彰显态度，这和他向小贩讲道理并无实质差别。

但在于忠看来，"猫鼠游戏"并不是他一个人的独角戏，那些店家和小贩们又何尝不是一个个敬业的演员呢？2016年8月，住房和城乡建设部倡导城市管理"721工作法"，即70%的问题用服务手段解决，20%的问题用管理手段解决，10%的问题用执法手段解决，要求各地改进工作方法，变被动管理为主动服务，变末端执法为源头治理。疏堵结合、"721工作法"等工作原则，又何尝不是鼓励他在工作中和小贩周旋于情、理、法之间呢？

无论他们是否情愿，看似混乱的鲁磨路自有其一套不成文的规则和非正规的时间表。城管见着小贩，本能地会做出驱赶的身体姿态。相应地，小贩见着城管，也会摆出退缩的模样。相互干扰、相安无事，这是城管执法的常态。

[①] "街头官僚"指在工作过程中直接与公众打交道，并在执行公务的过程中拥有实质性裁量权的公职人员，如教师、警察、社会工作者、法官、公共律师、医务工作者等。见〔美〕迈克尔·李普斯基：《街头官僚：公共服务中的个人困境》，韩志明、颜昌武译，北京：中国人民大学出版社，2024年，第1版。

2. 心理地图

于忠对鲁磨路了然于胸,有着一种既不同于普通市民的感官体验,也超越了一般城市官员视角的心理地图(图1-1)。其心理地图既非"压迫者的眼光""专横傲慢的'空中视角'",又非平素漫步街头的自由人的"地面视角",而是将两者结合起来的城市微观地理[①]。

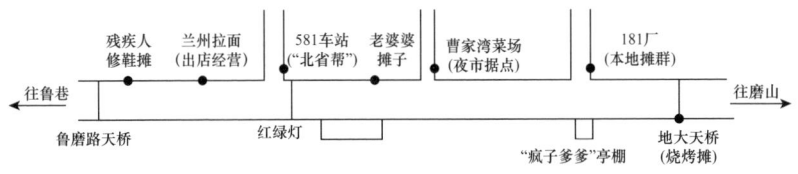

图1-2 于忠鲁磨路心理地图

鲁磨路是连接鲁巷到磨山的一条普通街道,全长2.3公里,宽8米,其中人行道长1.9公里,宽2.5米。在于忠的心理地图中,鲁磨路的关键地标有5个:鲁磨路天桥、581车站、曹家湾菜场、181厂大门、地大天桥。在城市景观意义上,相较于高耸的写字楼、气势恢宏的大学校门,这五个地点并不具地标意义,陌生人很难识别其特殊内涵。但对长期生活在鲁磨路的市民而言,这五个地点的确至关重要,它们塑造了鲁磨路的空间形态。

---

① 关于心理地图,参见索亚:《关于后都市的六种话语》,汪民安、陈永国、马海良主编:《城市文化读本》,北京:北京大学出版社,2008年,第1版。

鲁磨路：城管、小贩与街头秩序

鲁磨路天桥和地大天桥可谓是"街头"和"巷尾"，它们一边连着都市中心，一边连着农村，由此确定了鲁磨路的城乡接合部特征。

站在鲁磨路天桥上环视一周，立刻可以感受到光谷商圈动感而有活力的城市意象。那是由光谷国际、华美达酒店、资本大厦、大洋百货光谷步行街等现代城市风格建筑所带来的视觉冲击，以及蕴藏其间的吃、喝、玩、乐等感官体验所构造出来的。下了鲁磨路天桥往前走，则是另一种城市体验。受光谷商圈辐射，鲁磨路人流聚集，商机无限，是以小餐饮为特色的美食一条街。鲁磨路夜市也成为武汉市有名的集餐饮、百货、水果贩卖于一体的马路市场。鲁磨路沿线的各类小区、写字楼、单位大院等城市单元，建筑风格与当下的城市美学相距甚远。有些建筑单元注重与街道的隔离，如单位小区往往设置一道围墙将小区与街道分割开来，早期的写字楼因地势而建造了几十级的台阶，将之与街面隔离开。有些建筑则注重与街道的亲和，如商品房小区在沿路设计了商业街，新盖的写字楼都会在沿街设置广场，一楼商铺因此显得高端大气上档次。

邻近地大天桥的曹家湾是一个城中村。曹家湾有100余栋5层自建楼房，呈两纵两横分布。这些楼房分属于当地80多户居民。村里80%的居民已迁入附近商品房小区，只留下老人留守其中。只要有行人在村中闲逛，坐在一楼台阶凳子上的老人就会审视一番，然后问："租房么？"曹家湾常住人口超过5000人，租客主要来自在光谷商圈上班的白领、务工人员、学生等。曹家湾一楼房间多半被改造成了食品加工场所，一看便知租客是在鲁磨路谋生的小贩。

过了地大天桥，则进入了东湖风景区，一股乡村田园风迎面扑来。湖北号称千湖之省，武汉更是湖泊众多，东湖便是其中最大的一个。东湖湖边的田园里除了种各种时令菜——萝卜、白菜、豆角、黄瓜、蒜薹以及当地有名的洪山菜薹，少不了还要养一些鱼虾，种一点莲藕。武汉市在1993年编制东湖风景区总体规划后，散落其间的村湾建设受到严格限制，至今仍保留着20世纪90年代的建筑风格。农家院落的主建筑是砖混结构的两层小楼，副楼是一层简易房，正面则是围墙和大门。最近几年，武汉市加大了城中村改造力度，东湖风景区里的村湾被定位为绿中村，禁止开发，却可以改造。一些村湾的基础设施和建筑立面得到了改造，亦有资本在这些村湾投资，把民房改建成民宿、餐饮、酒吧等城市休闲设施。

当地人俗称的581车站的准确称呼是鲁磨路公交总站，包括581路公交车在内的近20路公交车在此停靠。181厂是一个生产仪表的大型国企，厂门与曹家湾村口呈犄角之势。由于20世纪70年代建厂时征用了曹家湾的土地，181厂因此与曹家湾有着千丝万缕的关系，很多村民都曾是该厂集体所有制工人。只不过，20世纪90年代这些村民变成了下岗工人。

曹家湾菜场只有20个左右摊位，由村民投资建设，其产权是私人的，但有些土地和房屋却又是集体所有，关系之复杂，非当事人很难了解个中详情。准确说来，曹家湾菜场是在当地社区

图 1-3　公交总站

监管和庇护下的个体经营实体,它未履行法律手续,却获得了社区认可。20世纪80年代初"严打"时,张冲犯了点事,被判刑劳教。刑满释放后,由于就业困难,在村委会的帮助下,他在村口开辟了几个摊位卖菜,算是自谋生路。未承想,鲁磨路越来越繁华,简易摊位逐渐发展成了有一定规模的小菜场,并以此为据点形成了鲁磨路夜市。在社区的要求下,曹家湾菜场吸纳了另外7名本村的刑满释放人员就业。因菜场帮扶了刑满释放人员,且满足了当地居民生活需求,尽管场地设施不符合市场管理要求,一度面临被取缔的境地,但在社区协调下,菜场仍然照常营业。

581车站、曹家湾菜场及181厂大门,其共同特征是都属于人流集散地。并且,它们在与鲁磨路的交界处制造了诸多凹

第一章 鲁磨路

凸面及旮旯角落,当地人称之为"尖板眼"。人们习惯于在此驻足、交谈、休闲,这些地点也成了摆摊设点的绝妙场所。在于忠看来,那些犄角旮旯早已是鲁磨路日常生活的有机组成部分。比如,581车站已经是北省籍小贩的势力范围,高峰时这一个地方可以挤进40个摊位。而曹家湾的本地势力,以菜场为据点,慢慢向人行道扩散,其控制范围严格遵循原曹家村的村域界线。靠近曹家湾村口的181厂大门,它自然而然地成为当地居民自谋生路的一处场所,是本地小贩聚集之地。

其他几个地点在于忠的心理地图中颇为特殊。某种意义上,它们是对那些特殊群体城市权利的公开宣示。

修鞋摊为沿街小区的一位残疾居民所有。当地社区为照顾其生活,为其在小区出口处安置了一个摊位,以便其自食其力补贴家用。但是,摊主为了招徕生意,习惯将修鞋摊越界摆到街面上占道经营。在581车站与曹家湾菜场之间的人行道上,有一位年近八十的老婆婆在摆摊,贩卖诸如香纸蜡烛、蟑螂药、布鞋等老年人用品。老婆婆患有高血压,走路颤巍巍的,老伴儿卧病在床,生活着实困难。于忠每经过这个摊子都视而不见,有时还会关心一下其生意,但特殊时期少不得也得提醒其收摊。

181厂对面的亭棚,为一个绰号"疯子爹爹"的小贩拥有。"疯子爹爹"大名叫李成柏,卖一些老年用品,如衣服、鞋帽、皮带,其儿子儿媳在旁兼营水果。"疯子爹爹"是一个非典型弱者,他患有白癜风,老伴儿有癌症,儿子的一只手也有残疾。自2000年始,他就在鲁磨路非法搭建亭棚占道经营。李成柏是鲁磨路名人，以性格暴戾，好勇斗狠闻名，"疯子爹爹"的绰号由此形成。在鲁磨路，人们可以不知道李成柏，但不能不知道"疯子爹爹"。他在鲁磨路扎根多年，几任城管负责人对其软硬兼施，但都毫无办法，其名声在武汉城管系统内部无人不知。2015年，城管与其持续拉锯14年后，他也只是配合城管将其亭棚从181厂门口移至街对面，虽然减少了负面影响，但仍死死地钉在鲁磨路上。

地大天桥下的烧烤摊主营烤馕，占地面积5平方米，到2014年下半年已存在2年时间。摊主阿甫来自边省，一家三口已在武汉定居，女儿上小学，普通话比父母说得还好。由于人流量有保证，且无同类商品竞争，其生意极为稳定。阿甫说，他的投资过程很艰辛，最终失败了，"实在没办法了，死也要死在这里"。

以581车站和181厂为中心，鲁磨路摊位接近200个，大体分作早市和夜市。早市以早餐、蔬菜摊为主，下午和晚上则变成集小吃、水果、百货等摊位于一体的综合性夜市。鲁磨路是一个充满活力的城市空间，它不仅仅作为通道存在，还承载了聚会、交易、休闲、娱乐等功能。

由于基础设施不完整，鲁磨路沿街的城中村和老旧小区没有可供居民休闲聚会的公共空间，鲁磨路的人行道、广场乃至于旮旯角落，就成了当地居民的公共活动场所。每到傍晚时分，181厂门前区域就有两支舞蹈队在活动，一支是以中年人为主的交谊舞队，另一支是以中老年妇女为主的广场舞队，不少带着孙子、孙女的老人在旁边围观,聚集人数可达上百人。人行道上,也经常可见身着家居服的年轻夫妇散步、遛狗,他们手上拎着零食、特色小吃、水果等小物品——一看便知来自街边小摊。晚上九点以后,二十多家大排档沿非机动车道一字排开,灯火通明、人声鼎沸,甚是壮观。夏季经常可见一些食客赤膊上阵,满头大汗地就着啤酒吃油焖大虾。冬季这里则搭有亭棚,人们在里面围着火锅炉吃羊肉火锅,甚是温暖。大排档适合朋友间大吃大喝,可以肆无忌惮地喧哗,这已是市井味儿的标配。

鲁磨路一度是武汉民间所谓的八大夜市之一。鲁磨路以零售商业为主,与光谷步行街的大型广场和连锁商业互为补充,这使得光谷商圈有极高人气。零售商业除了满足人们的休闲需求外,还为低收入人群提供了商业服务。鲁磨路沿街有华中科技大学和中国地质大学,学生众多,沿街小区和城中村也居住了大量普通打工族,在这里以低价为核心竞争力的小贩经济具有强大的生命力。在曹家湾菜场和181厂之间,有一个颇具规模的二手市场。摊主从即将毕业的大学生手里收购一些旧衣服、家用电器、体育用品及生活用品,转卖给农民工和留学生等目标人群。有一次,我对着摊位拍照,一位穿着打扮时髦的男留学生凶巴巴地指着我说,"delete,delete……"我以为他要打我,可把我吓了一跳。

偶尔也有一些杂耍、卖艺活动在鲁磨路上演。有段时间,在武汉小有名气的"烧伤哥"在鲁磨路卖唱,成了城市一景。"烧伤哥"早年因救工友被全身烧伤,其事迹获得了媒体广泛关注。2012年,他参加了《中国达人秀》武汉站以及《武汉好声音》

两档电视节目,有着不小名声。过后,他组了一个有三四个成员的乐队,买了一辆面包车在武汉大街小巷卖唱。鲁磨路人流量大,自然也是其演出场地。露天演出为行人提供了一个绝好的驻足憩息的机会,但也影响公共秩序。因其身份特殊,城管每次去劝阻都会遇到不小阻力。

鲁磨路看似混乱,却是一条让过路者感到安全,事实上也是秩序井然的街道。这倒不在于警察、城管等街头执法力量的存在,而在于一套运行有效的地下安全网络。其原理可以简单概括为"一条经常被使用的街道应该是一条安全的街道"[①]。人们很清楚公共空间和私人空间之间的分界线,谋生者也知道各自的势力范围。比如,定康大药房将店门口的一大片空地,以及一直延伸至红绿灯路口的区域视作其势力范围,绝不允许有任何障碍物(包括小摊)阻塞这一通道。曹家湾菜场则将原曹家湾村域范围内的夜市纳入管理范围。长期在此摆摊的小贩,都能准确找到自己的位置,而不至于侵入别人的地盘。这种非正式却强有力的界限划分,无形当中制造了"无主空间"——那些可供行人自由出入的人行道,或者说无人关照的旮旯角落。

鲁磨路作为一个零售商业极其发达的街道,随时有无数双眼睛在盯着街面,拥有比电子监控要发达得多的人工监视网络。在正常情况下,鲁磨路上有侵略性的陌生人是很容易被识别出来的。一个突如其来在此摆残局的人,第一时间关注到他的不是警

[①] 〔加〕简·雅各布斯:《美国大城市的死与生》,金衡山译,南京:译林出版社,2006年,第2版,第30页。

察、城管，也不是路人，而是在他旁边的小贩抑或沿街小店的店员。一旦发生纠纷，围观者众，陌生人难逃此地。一些活跃的本地人俨然是鲁磨路上自我任命的公众人物。这一类"公众人物"可以将鲁磨路每天发生的零散信息汇集起来，通过正式或半正式的渠道将其转化为有效信息。鲁磨路社区的安保队长曹天华是地地道道的曹家湾人，同时兼任曹家湾菜场监管人员、沿街科技苑小区的物业管理人员，还是曹家湾村委委员。身兼数职的他，对鲁磨路的情况了如指掌，是一个信息中转站。由于交友甚广，少不得要被各方邀请介入纠纷调解，以至于他自诩为鲁磨路"首席调解员"。

鲁磨路就像是一个魔术师，将都市精神和乡土气息杂糅在一个非常有限的空间里，形成了鲁磨路特有的气质。通常而言，城市工业社会和乡村礼俗社会被视为两种不同类型的社会形态。但在鲁磨路这个街角社会中，都市气质是明显的，乡土气息也是浓厚的。鲁磨路蕴含了复杂的社会分工，也存在明显的社会分层，个体之间的依赖性凸显；社会的高度流动性和人际关系的匿名性，使得街道生活充满异质性。同时，人与人之间通过血缘和地缘关系，构建起庞大的社会关系网络，即使是小贩之间，也形成了以传统社会关系为纽带的群体。虽然正式制度主导了街头秩序，但传统社会控制仍起关键作用。从那些特殊人群对城市权利的公开宣扬来看，国家政治伦理和农民生存伦理在鲁磨路的街头环境中甚至发生了有效勾连。

3. 有机知识分子

我和于忠相识于一个官方场合。2014年，武汉市获评"国家卫生城市"荣誉，并在该年创建第四届全国文明城市。在一次"城管进校园"的活动中，我受邀担任嘉宾，而于忠是这次活动的主角之一。彼时，鲁磨路是武汉市城管系统内公认的管理复杂、秩序混乱的街区，于忠作为鲁磨路片区负责人，正想尽办法"拔钉子"，积累了许多疏堵结合、柔性执法的经验，也就有了现身说法的资格。

2015年夏，我向武汉市城管委提出申请进入鲁磨路开展田野调查，获得了积极支持，成了鲁磨路城管中队[①]的一名编外协管员，跟随于忠开展鲁磨路的城市管理工作。在城管中队，我除了跟随中队长管城南和片长于忠全天候地参与日常执法活动，并参加大、中、小型等规模不等的执法整顿活动，还深度访谈了该中队的所有城管和部分协管员。在调研的后期，我对市区两级的城管局局长、副局长、法规处长，以及区执法大队的队长、教导员和所有副队长，还有各科室的主要负责人进行了访谈，系统收

---

① 在我调研期间，鲁磨路因城管体制改革，归不同的基层中队管辖。长期以来，鲁磨路片区大街归洪山区城管执法大队直属二中队管辖，背街小巷则归关山街城管中队管辖。2017年5月，原区城管执法大队所属的8个直属中队和9个驻街执法中队，调整为3个直属中队和15个驻街执法中队，直属二中队被撤销，执法力量下沉到街道。自此，鲁磨路片区归属关山街城管中队管辖。为了行文方便，本书用鲁磨路城管中队替代。

第一章　鲁磨路

集了相关政策法规、通知、领导批示、中队长执法日志、市长热线及数字化城管平台的投诉和回告数据、相关事件的媒体报道等文献资料。

在这之前，我已关注鲁磨路多年。2011年，武汉市掀起了"城管革命"，创新了不少柔性执法方式，其中一些事件就发生在鲁磨路。那几年，武汉城管在全国舆论场上有一定曝光度，而鲁磨路又是我日常活动的地方，很难不引起我的注意。我也就留心做了零散的田野调查和社会观察，阅读了相关文献。

于忠第一次带我扫街时，对鲁磨路作了一个全新解释。他说，所谓鲁磨路，就是"粗鲁、磨人"的路。这一日常化的解释，虽出自管理者之口，却是典型的地面视角，很符合普通市民的生活体验。我在华中科技大学学习、工作过多年时间，对鲁磨路的街区生活有深切感受。鲁磨路并不完全是规划的结果，高楼大厦、广场花园和整齐划一的道路设施，虽说构筑了街区的基本格局，但生活其间的人们通过阅读、行走、驻足、交易、消费、广场舞、杂耍等日常生活，塑造了街区的隐蔽秩序。看似宏大的城市议题，如城市化、移民、群体歧视、居住空间、公共秩序、贫困、街头暴力等，其答案往往隐藏在街头秩序中。

我将鲁磨路田野工作视作有机知识分子介入公共问题的一次尝试。在葛兰西的定义中，与传统知识分子相异，有机知识分子总是与特定的组织相联系，代表特定阶级的意识形态[①]。在田野

---

① 〔意〕葛兰西：《狱中札记》，曹雷雨等译，北京：中国社会科学出版社，2000年，第1版。

工作中,有机知识分子并不讳言其秉持的意识形态在田野工作中受到的困扰[①],并不试图在参与式调查中保持中立,而是融入经验世界中去,以期更好地把握内中机制。鲁磨路是一个有特殊结构、功能的有机体,人们的日常生活与更广泛的社会系统之间存在着紧密联系。

协管员身份意味着我的调研具有城管的内部视角。城管在街头权力结构中占据关键位置,塑造了街头秩序,在城市治理体系中亦有独特的作用。城管可谓是城市权力的人格化象征,他们在街头执法过程中面对的是纷繁复杂的事务,以及不同性格特征的行政相对人,其执法过程交织着道德、情感和理性。对于大多数城管而言,执法已经日常化,是一件日复一日、重复再生的行为,其工作已经融入日常生活世界中。因此,只有真正进入城管的日常生活世界,才能理解其工作逻辑。

在这个意义上,城管内部视角并不是简单的空中视角,那些管理规划要落到实处,要依靠一线人员对街面秩序的把控。而这种把控,并不完全依赖于法律所赋予的权力,更依赖于他们在街区社会中所拥有的权威,以及对具体问题处置的经验。并且,城管仅仅是城市治理网络中的一环,其效力和效率,还取决于和公安、社区等相关方面的配合。因此,即便我站在城管的立场,努力将自己视作执法人员,但街头场景意味着,我的行为始终受到其他因素的约束。事实上,"城管"这个身份本来就够复杂的。

---

① 〔美〕怀特:《街角社会:一个意大利人贫民区的社会结构》,黄玉馥译,北京:商务印书馆,2005年,第1版。

就我所在的中队,既有公务人员(城管),又有辅助执法人员(协管),还有临时聘用人员(部分内勤),甚至还会从市场上购买服务(如集中整治期间需要大量的人力物力,"民工""保安"就必不可少),他们的职责和权力有极大差别,正式和非正式关系充斥其中。

因此,城管内部视角意味着,我们要对城管身份具有反思性认识,只有在具体的制度情境中,才能准确认识城管。我在田野工作中,管城南、于忠等人都毫无保留地跟我分享了他们对城管身份和制度的体会。他们虽然身处基层,在制度面前显得极其被动,但正因如此,他们也更容易远距离地、超脱地反思其制度性身份。他们的看法和机关人员的看法相距甚远,甚至是南辕北辙。田野工作伦理要求同情性理解研究对象。但事实上,研究对象并非铁板一块,他们看似有相同的身份标签,却实如异类。因此,有机知识分子不能抽象地为特定组织和群体站台,而是要分析特定组织的功能和性质,识别特定的意识形态和话语是和哪一个具体的群体相联系。在此基础上,有机知识分子才能基于具体问题进行具体分析并形成公共知识。

化身小贩是我在鲁磨路的另一项田野工作。按照于忠的说法,鲁磨路的夜市已经达到了公司化管理水平,摊位整齐、卫生有保障,这是曹家湾菜场将经营管理范围扩张到街面的结果。于忠也直言,这是城管和菜场管理方相互妥协,形成默契的结果。因此,在于忠的斡旋下,我也免费获得了一个摊位,并在2016年暑期经营了半个月时间。为了避免身份冲突,我主要在幕后进行经营活动,如制定经营策略、选摊位、和城管以及管理方协调关系等,我指导的学生则承担了守摊工作。我们的摊位主要经营小礼品和电子配件、贴膜等,主要是从淘宝等平台网购进货,再根据市场调研,以合理的价格出售。彼时,大学生练摊很是常见,城管对大学生小贩也会网开一面。因此,我们的摊位并不特别,很快就和邻近的小贩建立了联系,我们相互交流经营之道,分享应对城管的经验,以及处理和管理方关系的方法。

图 1-4 我们的摊位

"小贩"这个身份,很容易让人产生弱势群体的刻板印象。但如同把城管都视作暴力执法者一样,把小贩都想象成弱势群体,同样与实际相距甚远。事实上,小贩群体内部差异很大,有部分小贩是弱势群体,比如把摊子摆到人行道中间的老婆婆,于忠打心眼里同情她,别的小贩也不会和她攀比。但更多的小贩是

第一章 鲁磨路

自主经营者,还有部分是拥有雇佣工人的老板,甚至有小贩因特定理由占有摊位而成了街头食利者。很多小贩集多重身份于一身,在不同情景中会表现出不同的身份面貌。"疯子爹爹"的身份面貌就很复杂,客观上他是弱势群体,但他的行为方式却甚为强势,无论是城管还是普通市民,实在很难对他有同情之心。因此,小贩虽然惯于自称弱势群体,但他们对这一身份是没有共识的,其内部关系也甚为复杂,有抱团合作的关系,也有竞争甚至冲突的关系。

街头是公共空间,城管代表市政府维护公共秩序。但街头秩序的形成并不仅仅取决于政府力量,更取决于在街头谋生的人及其社会网络。鲁磨路的非正规经济极其发达,当地居民、团伙组织和小贩都将自己视作街头的主人。通过协管员和小贩两方的参与式观察,我基本上获得了双方的内部视角。概言之,在街区的日常生活中,社会群体占道经营首先不止是"违法"或侵占公共利益,更是对国家权力代理人的一种僭越。故而,一旦执法权威受到挑战,便会引发城管不同形式的惩罚。很多时候,维护公共秩序的执法行动更像是对"谁是街头主人"的重新确立。而小贩说到底是为了利益,大多时候秉持生存伦理,依照其社会经验在鲁磨路讨生活,哪怕是表现出抗争行为,也更多地是在寻求在鲁磨路扎根当主人。

在田野工作中,只要基于经验立场,成为一个有机知识分子并不难。我当然有底层立场,同情弱者,但这一立场并不天然摒弃国家视角。事实上,国家视角和底层立场之间并不是非此即彼的关系。城管往往具有国家视角，他们强调街道保持秩序，整齐划一。小贩则具有天然的底层立场，"我要吃饭"便是这一立场的自然表达。在实践中，"二选一"的伦理困境并未出现。在与城管和小贩的交往中，我既可以听到他们对对方的抱怨和仇视，也可以听到他们之间的相互理解。在鲁磨路的街区日常生活中，看似矛盾的城管和小贩有非常多的默契，他们彼此对立，却对这种对立关系相互理解，人们通常所见或想象的冲突场面，与其说是必然，还不如说是意外。他们最珍惜的未必是抽象的城市权利，而是一种可以预见的稳定的街头秩序。

街头有客观结构，并不存在非黑即白的秩序，城管和小贩的游戏虽秉持特定的秩序观，但并不意味着一方对另一方的道德压制。从有机知识分子的角度看，街头秩序并非静止的、外在力量形塑的结果，而是行动者互动的产物。一种包容了各方利益、彼此承认的街头秩序，恰恰是有机知识分子的追求。

4. 实践社会学

21世纪的第一个十年，中国可谓进入了一个城市暴力兴起的时代。在社会治安、征地拆迁、城市管理等领域，"警察打人""城管打人"等事件常常占据着新闻头条。这些事件尽管都是个案，但无论是报道者还是读者，都潜在指向普通人如何获得城市权利问题。而进入田野现场，从冲突双方（如城管/小贩）及其所处情景内部理解空间政治，就变得顺其自然了。

第一章　鲁磨路

　　社会理论研究的空间转向不仅与都市研究密切相关，还与旨在迈向一种日常生活的实践社会学有莫大关系[①]，而后者的理论旨趣在于摒弃宏观与微观非此即彼的选择，一定程度上可以将空中与地面视角相结合。吉登斯将制度化实践视作经验研究的重要操作路径，"在分析制度化实践的再生产过程中，对日常生活的研究是不可或缺的组成部分。……不过，我们不应该只是将日常生活视为构筑社会生活中更为复杂多样的关联的'基础'。相反，我们应该透过解释社会整合和系统整合，来理解那些范围广泛的关联"[②]。如此，地面视角所发现的微观世界虽属于日常生活，但对它的研究恰恰可以通过制度化的实践路径将其与广泛的社会系统关联起来。

　　经验研究包括两个任务：一是描述，二是解释。描述是解释的前提，只有描述出某个现象是如何组成的，描述出不同群体和社会环境随时间而发生的变化，才能解释为何如此变化。然而，要将日常生活实践与更为广泛的社会系统联系起来，揭示制度化实践中的惯行常规，仅靠描述并不能达成任务，它还需要进一步解释。在社会科学中，"合格的解释"是机制性解释，即它并不通过提出放之四海皆准的社会规律或统计相关因素来解释社会现象，而是通过探求可以展示出社会现象如何产

[①] 文军、黄锐：《"空间"的思想谱系与理想图景：一种开放性实践空间的建构》，《社会学研究》，2012年，第2期。
[②] 〔英〕吉登斯：《社会的构成：结构化理论纲要》，李康、李猛译，北京：中国人民大学出版社，2016年，第1版，第266页。

生的机制来进行解释①。

机制性解释的要素包括行动者、行动以及它们在时间和空间上被组织起来的路径。这意味着，机制性解释的对象既非毫无联系的例外，也非不受任何时空条件和行动者能力约束的抽象经验，而是有内在联系的日常。严格依照字面意思，"日常"本身就具有例行化特征，其日复一日循环往复的特征是社会活动结构化的表现②。机制性解释的指向是获取社会机制或因果机制。社会机制是指"能够规律性地产生某个特定结果的一系列主体和行为的组合"③，它已经脱离了具体现象，指向制度化了的惯行常规。这意味着，机制性解释已经不再将日常生活中的某个现象视作事件，而是包含了因果联系的一系列要素之间的组合。

在实践社会学的旗帜下，国内学术界对经验研究方法作了诸多有益探讨，一些具体操作路径具有鲜明的机制分析色彩。孙立平等人倡导的实践社会学强调，要从实践过程中捕捉在现实生活中真正发挥作用的实践逻辑，发现那些真正起作用的隐蔽机制，对实践的社会状态研究应包括"过程、机制、技术和逻辑"四个环节。某种意义上，这一研究指向和机制性解释几乎没有差别。只不过，广为运用的"过程-事件"分析，"只是接近实践，并

---

① 〔美〕赫斯特洛姆：《解析社会：分析社会学原理》，陈云松等译，南京：南京大学出版社，2010年，第1版，第26页。
② 〔英〕吉登斯：《社会的构成：结构化理论纲要》，李康、李猛译，北京：中国人民大学出版社，2016年，第1版，第11页。
③ 〔美〕赫斯特洛姆：《解析社会：分析社会学原理》，陈云松等译，南京：南京大学出版社，2010年，第1版，第27页。

不是分析"①。

由于它强调事件性、过程性的解释,就很可能造成两个结果。第一,落入叙事法的窠臼中。机制是一个过程概念,但并不简单地等同于叙事法所关注的事件的时间序列或事件发生链。因果机制与事件发生链并非同一概念。因果机制是具有普遍意义的理论概念,而事件发生链则指具体经验现象的发生过程,详细叙事本身有赖于对因果机制的理解②。蒂利将解释分为惯例、故事、准则与技术性解释四种,社会科学诉求的是技术性解释③,"过程-事件"分析如果没有因果机制的说明,则容易沦落为通用的"故事"解释,而不具有专业性和科学性。叙事法再成功,也仅仅是完成了经验研究中描述这一步。第二,放大随机性和偶发性,从而陷入琐碎、局部、片面的事件现象而无法自拔。将过程抽离出来成为研究的关注点,并不等于结构已经不重要。正相反,任何一个日常生活实践,都是既定结构(或者说"约束条件")下的产物。那些随机性、偶发性只是洞察社会机制的切口,但并非焦点,更非全部。简言之,"过程-机制"分析的运用有前提,即研究者本身须有经验质感,才能够准确洞察事件背后的要素、机制④。

---

① 孙立平:《迈向实践的社会学》,《江海学刊》,2002年,第3期。
② 彭玉生:《社会科学中的因果分析》,《社会学研究》,2011年,第3期。
③ 〔美〕蒂利:《为什么?》,李钧鹏译,北京:北京时代华文书局,2014年,第1版。
④ 桂华:《实践社会学:从1.0到2.0》,《云南行政学院学报》,2016年,第2期。

本研究运用了饱和经验法的具体操作[①]。调查者通过饱和的田野工作，形成行动者的内部视角，获得对行动场景和制度结构的整体认知。经验质感可视作研究者在田野调查中的代入感，即具有饱和经验以后，研究者可以准确识别特定的情景，并在具体情景中模拟出相关行动者的实践感。一旦研究者可以获得经验质感，就意味着他可以准确提取实践经验的要素，并正确地建立这些要素之间的关系及其背后的约束条件，从而展开机制性解释。尽管本书以叙事法呈现，试图重构经验、建立场景，提供一个完整的事件或文本[②]，但这一事件却是建立在特定的结构和制度基础上，通过机制分析来实现的。因此，本书的文本不仅是依时间序列铺展的故事情节，还是内含因果机制的社会过程。

[①] 有关饱和经验法的讨论，可见《第一篇 饱和经验》，贺雪峰：《在野之学》，北京：北京大学出版社，2020年，第1版。

[②] 吕德文：《做接地气的调查研究》，北京：东方出版社，2023年，第1版，第80—85页。

第二章

街角

曹家湾菜场口

鲁磨路：城管、小贩与街头秩序

鲁磨路是一个典型的街角社会，它由数不胜数的犄角旮旯构成。于忠的前任片长为了疏导小贩，在鲁磨路找出了一百多个可供摆摊的街角空间——当地人俗称"尖板眼"。"尖板眼"存在一些遮蔽物，比如挡板、公交站牌，通过凹口链接楼房与街道，方便人们驻足、栖息和交流。街道生活是家庭生活的延伸，人们彼此熟悉。"尖板眼"有中介、连接、铺垫、过渡的功能。"尖板眼"这种街角空间虽说是公共空间，但并非无主。事实上，鲁磨路的每一个街角，几乎都由特定群体实际占有。并且，在鲁磨路的资历不同，他们的空间分配权也不相同。

1. 犄角旮旯

在城管的心理地图中，交叉路口、天桥下、"街头巷尾"等街角空间是鲁磨路街道生活的主角，而通常意义上的地标建筑，如高楼大厦、城市雕塑、大型广场，只是这些小城市空间的陪衬。人们早就发现，城市中无处不在的小空间有利于维持街头巷尾的生机，提高城市生活的质量①。很显然，鲁磨路的生机也得益于犄角旮旯。

街角空间在不经意间发挥了街道的场所功能。一般情况下，为机动车设计的交通要道有规则约束。街角则总是与人行道连接在一起，这意味着一旦人行道有足够的人流量，处于如十字路

---

① 〔美〕怀特：《小城市空间的社会生活》，叶齐茂、倪晓辉译，上海：上海译文出版社，2016年，第1版。

第二章 街　角

口、天桥、地道这些位置的犄角旮旯就必定会为那些有休闲需求的人占据。这些地方虽然零碎，却使用方便，随时随地都可遇见。关键是，人们在这些地方停留有足够的安全感，不用担心机动车突然闯入，也无需担忧妨碍了别人通行。

犄角旮旯的空间形态大致有四种（如图 2-1）：（1）交叉路口的剩余空间；（2）天桥下凹进去的空间；（3）人行道上的零星空间；（4）"街头巷尾"空间的尽头。这些地方的共同特征，是它们都存在拐角，在不经意间制造了不规则的空间，而这恰恰可以满足人们驻足、憩息、交流等休闲需求，是三三两两人群的聚集地。

1) 交叉路口剩余的空间

2) 天桥下凹进去的空间

3) 人行道上的零星空间

4) 街头巷尾空间的尽头

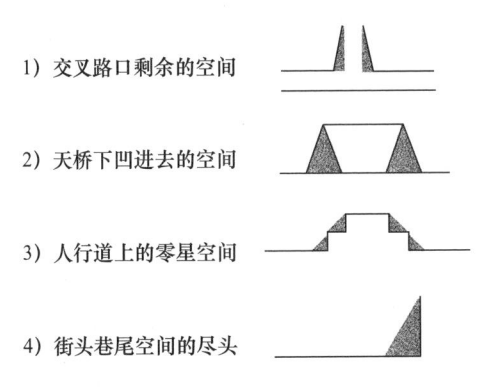

图 2-1　街角空间示意图（阴影部分为犄角旮旯的空间）

鲁磨路沿街的大学、小区、企业、村湾等地点都留有与主干道的连接通道。一般而言，较为重要的通道可以通车，人流量也大，需设置红绿灯，交叉地带也要预留较大空间，581 车站就属于此类。不太重要的通道一般只供人们出入，人流量或许并不小于那些关键路口。如曹家湾菜场，其摊位设置在曹家湾连接鲁磨路的一条人行通道两边的简易棚内，说其是马路市场并不夸张。要是有若干条通道在同一个地方交叉，呈射线状，则剩余空间会更大，181厂门口就是典型。

天桥和地下通道的设置意味着该路段有一定的人流量，设置以后，那些希望安全过马路的人流便会分流过来。它们是天然的街头空间，它们与地面的结合处会制造大量的凹进去的空间。台阶天然的高低差，让走累的行人可以坐下来歇息。天桥上的栏杆让人有安全感，行人愿意停留脚步靠着栏杆看着街景漫无目的地聊天。地道有纳凉和躲雨的功能，还是天然音响，人们愿意在此驻足、演唱、跳广场舞。鲁磨路没有地道，但有两座天桥。其中，鲁磨路天桥是鲁磨路连接光谷步行街和光谷国际的要道，且因其地处光谷转盘边，视野开阔，是绝好的观景平台，人流量惊

图 2-2　鲁磨路天桥

第二章 街　　角

人。而地大天桥则是连接中国地质大学东西校区的必经之路，且离曹家湾社区和181厂比较近，人流量大且稳定。

因地势高低不平，沿街建筑未统一规划，人行道设计做不到无死角，总会在不经意间留下零星空间。鲁磨路几经修缮，人行道与沿街建筑之间存在大量坡地、台阶等过渡地带，建筑之间也普遍存在夹缝。典型如国光大厦，第一层高于街面二十余个台阶，而旁边建筑的第一层却低于街面十来个台阶，导致这一带的空间形态甚为零落。此外，人行道边设置的垃圾桶、电线杆以及沿街商铺放置的杂物，也在客观上制造了零星空间。

鲁磨路呈线性状，沿线各空间单元只与鲁磨路连通，它们之间并不互通，这就导致鲁磨路到处存在小型旮旯角落。空间的尽头意味着它已经丧失了通道的功能，车辆、行人一般不会经过此地。这些地方的可见度极高，且无人打扰，身处其中有闹中取静之感，这一空间特质对有歇息需求的人具有一定吸引力。要是在空间尽头摆上桌椅，这样的"街头巷尾"会成为一个绝妙的休闲场所。附近的小店不自觉地在利用这些空间，摆上桌椅供潜在的客户休息，用心的店主甚至还会配上遮阳伞。如果周边没有小店，小贩就很容易占用这些空间，设置摊点。因此，这样的"街头巷尾"也是路人的目的地。

"灰空间"往往是室内室外两种空间形态的中介、连接、铺垫、过渡地带，融合了两种空间形态[①]。街角空间体现了街道的

---

① 詹和平:《空间》，南京：东南大学出版社，2011年，第2版，第51页。

场所功能，具有典型的"灰空间"特征。一般临街门面或大厦，往往在一楼与二楼之间安装有遮挡物，有些建筑直接就设计成走廊形态，这些街角形态自然而然地成为了室内空间的延伸，有些小店甚至借此占道经营。从人行道的角度上说，它也属于公共空间的一部分，遇上烈日或雨水，行人一般都会靠着街角行走，行人在此避暑或躲雨是常有的街头景观。街角空间名义上是人行道的一部分，但实际上却不常发挥通道功能，反倒是如同室内空间一样，发挥着供人们驻足憩息的功能。

街角空间容纳了一套与之相应的社会生活样态，此处非正规经济发达，乃至于一些地下的、边缘的、不受欢迎的活动往往在此发生。我在鲁磨路开展田野调查的时候，城管以及沿街居民正受困于"胶囊房"出租团伙的街头活动。自2012年夏开始，来自东北的老板将"胶囊房"概念引入武汉，老板当了二房东，并雇佣大量男青年开展出租屋经营管理工作。因鲁磨路处于光谷商圈，租房市场火爆，再加上老旧小区多，还有城中村，适合做"胶囊房"的房源也多。因此，鲁磨路每天有一二十个东北小伙子开展招租活动。

他们以国光大厦的台阶为据点，两人一组，每天白天不间断地骑着电动车沿街张贴招租广告。这种"散发小广告"的行为，的确破坏市容市貌，自然也是城管的职能范畴。但是，城管在前面撕，他们就在后面贴。招租的小伙子还当面挑衅，"你们撕不过我们的"。双方拉锯了一段时间后，城管实在招架不住，就与其达成非正式协议：这些小广告不能贴在建筑物上，但作为交换条件，允许贴在木板等建筑废料上，这样方便城管没收。非法广告牌成了鲁磨路的著名街景，过往行人随处可见贴着白纸黑字招租广告的建筑废料。胶囊房的生意照常，但这些广告并不损害建筑立面，城管"执法"也方便，巡街时随手捡起没收即可，尽管同样的位置很快又会有新的小广告出现。

鲁磨路偶尔会出现几个"武疯子"，他们或躲在街角晒太阳，或在垃圾桶边觅食，偶尔有越轨行为，破坏他人财物。有一次，一个"武疯子"将占据某个绝佳位置的小贩的摊子给掀了。小贩发现后向城管投诉，城管申明此事非其管辖，让他报警。事后，城管在谈及此事时，都觉得事情让人有点哭笑不得。如同对租房集团的非法小广告，城管对那些"死钉"在鲁磨路的小贩也甚感无奈。"尖板眼"是公共空间，这意味着谁都不能独享。但实际情况是，只要有足够的耐力和城管"磨"，谁都可以进入和占据。"武疯子"就像一个异数，意外撬动了街角空间的归属问题。

事实上，街角空间虽不起眼，却从未被忽视过。政府将之视作公共空间纳入管理；一些无家可归者将之视为避难所；一些自雇经营者将之当做发财致富的机会；而临近的店主、市民则把它看作是自己居住权的一部分——一旦这些空间被占据，他们少不得要以阻碍交通、油烟噪音污染等理由投诉一番，表达一下关切。

2. 人行道

犄角旮旯由城市街道,尤其是人行道延伸而来。街道是一种城市的线性开放空间,由两侧的建筑所界定,是有内部秩序的外部空间。街道"除了是城市的自然构成元素之外,街道还是一种社会因素"①,街道的使用、拥有和控制者,以及它的经济和社会功能,都是社会活动的产物。

建筑是街道的核心要素之一。从街道的起源看,它伴随着城市的诞生而生,是人们营城建屋之后为相互往来沟通,在不同建筑之间留下的线性空间。建筑制造了街道围合,某种程度上也就规定了街道的边界及空间形态。鲁磨路沿街建筑风格多元,这就注定了其街道的"万花筒"风格。鲁磨路沿线有不少单位,既有大学、工厂,还有建筑公司,这些单位大都保留了"大院"风格。每个单位门口都有大门和广场与街道连接,沿街的"火柴盒"房屋往往会用于出租。如181厂的大门广场,制造了鲁磨路最大的"尖板眼"。而市建筑五公司的沿街简易楼房,出租给了一些五金和电机店,俨然制造了一个小型专业市场。

上世纪90年代末,大学开始扩招,进城务工人员逐步增加,鲁磨路的租房需求也不断增加。而恰在此时,国企效益开始下降,沿街城中村的村民大量失业。地方政府适时出台政策,支持

---

① 〔英〕克利夫·芒福汀:《街道与广场》(第2版),张永刚、陆卫东译,北京:中国建筑工业出版社,2004年,第2版,第141页。

第二章 街　角

农民自建房，并通过出租房屋增加收入。因此，鲁磨路沿线保留了曹家湾等城中村社区。城中村农民的自建房普遍为5—7层的混凝土结构，以空间最大化利用为原则，建筑密集且不规则，有些地方还形成了"握手楼"。

进入21世纪以后，鲁磨路沿街开发了商品楼小区，从小区的名称看，业主大都来自沿街的大学和科研院所，如当代花园-雅典苑、鲁巷科技苑。华中科技大学和中国地质大学还联合地方政府和开发商，征收了除曹家湾之外的其他几个城中村，建起了教师公寓。当然，随着光谷概念的形成，鲁磨路沿街地段的商业价值开始提升，沿街建起了几栋商用大楼，如国光大厦、联丰广场。甚至在当地人大代表的建议下，借助地质大学珠宝专业的优势，以及已经存在的有一定规模的珠宝交易市场，鲁磨路还被设想成珠宝一条街。在我调研的时候，金域广场和武汉宝谷珠宝交易中心两栋金碧辉煌的大厦刚刚建成开业。

尽管建筑风格框定了街道的空间特质，但实际上，如同街角是人活动的结果，鲁磨路的街道形态，归根到底还是生活在其中的人活动的结果。鲁磨路夜市是1998年形成的，那时正是下岗潮、民工潮和高校扩招的交汇点，人们对街道生活有了前所未有的热情。对城中村的村民而言，摆摊设点是一种谋生之道，也是政府允许的。甚至在稍早之前，市政府还专门出台政策，支持沿街单位将闲置用房出租，同时鼓励工人下班后摆摊搞活经济。于忠和他的几个年龄相仿的同事在考入城管之前，都当过工人，也都摆过摊。

对进城务工人员而言，摆摊同样是一种"务工"形式，且要比农村种地划算得多。"疯子爹爹"李成柏在2000年的时候就来到鲁磨路开始了摆摊生涯。由北省老乡组成的"摊群"，长期盘踞于此，形成了城管眼中的北省帮。而对沿街居民，尤其是大学生而言，鲁磨路"摊群"着实方便了生活。我在华中科技大学读书时，鲁磨路及其附属背街小巷因为吃喝玩乐等小业态一应俱全，成了大学生口中的堕落街。

鲁磨路的建筑风格在不断进化，地方精英想方设法要将其规划为高端业态的聚集地，但当地的人际关系及社会样态决定了鲁磨路的烟火味儿。很多本来是为街道提升档次的设施，却反过来增加了街道的活力。如鲁磨路在2010年左右修缮过一次，设置了花坛、景观植物等，将人行道、机动车道和非机动车道分割开来。客观来讲的确是方便了汽车时代机动车的快速通行，但意外的结果是，这样的设施增加了小贩占道经营的安全性。有些地方设置的座椅、路灯、标识牌等，本意是方便行人，增强小城市空间的舒适感，但他们却无一例外地成了小贩的据点。如果说那些大型建筑在格局上规划了街道的风格的话，那么，这些细小的附属设施则创造性地制造了街道的活力。

如此，鲁磨路既是通道，更是生活场所。从鲁磨路的变迁看，它经历了步行时代和汽车时代。鲁磨路沿线的高校、科研院所和大型企业基本上都是中华人民共和国成立到改革开放前陆陆续续建立的。2000年以前，鲁巷地区还是城市郊区，鲁磨路周围还有大片农田，鲁磨路也主要是一个生活街区，只有一趟班车

第二章 街　角

通往市区。彼时，行人和自行车在同一个狭小的街道上熙攘同行、其乐融融，街道虽然是交通运输的动脉，但主要是组织市井生活的场所。

20世纪80年代末90年代初，武汉市决定建立东湖开发区，在鲁巷修建了一个大转盘，鲁巷广场于2000年落成。此时，鲁磨路逐渐进入汽车时代，有了商业体。2007年，光谷步行街开街，鲁巷广场变成了光谷广场，鲁磨路公交总站亦成为武汉市重要的交通站点，鲁巷地区成了武汉市的另一个城市中心。由于人流量实在太大，公共交通的运力极其有限，鲁磨路公交总站附近常年有黑车来往于光谷和郊区。我仔细观察过黑车的运营方式，这些黑车采取联营方式，管理规范，发车时间标准化，俨然已经公交化了。

汽车时代是人、车并重的时代。鲁磨路的出行方式极其多元，且不同人群对通道的需求不一。对在街道休闲购物的市民而言，他们对通道的要求并不高，更在意的是街道的活力。但对上下班的出行人员而言，感知通道顺畅与否，几乎是一种本能。鲁磨路基于法律法规以及人们的生活习惯，形成了相对稳定的通道秩序。在街道功能设计上，鲁磨路实现了人流和车流的分离、机动车道与非机动车道的分离、盲道的设置、消防通道的畅通等。在市政管理方面，这里亦实现了差异化管理。上下班时间，城管往往会严格控制占道经营的情况，让其最大程度实现通道功能。但在晚上，城管则默认夜市的存在。鲁磨路并未被通道，尤其是汽车通道功能所侵蚀，而是始终保持着生活、娱乐、休闲以及社会交往的功能。

3. 通道与场所

  街道因功能差异而具有不同的秩序要求，在城管内部也就有了约定俗成的管理等级。鲁磨路街区是由鲁磨路这条城市主干道和众多无名的支路和街巷道围合而成的。在城管和小贩的心中，道路之间的界线并不简单取决于城市规划，和日常生活实践也息息相关。只要是鲁磨路的主人，便对街道的界线了然于胸，且非常清楚不同街道的行为准则。

  主干道指城市内部各大区域间的重要通道，主要提供汽车通道功能。只不过，因其没有封闭性，且沿线一般都是城市较为重要的建筑，聚集着政治、经济、文化等设施，故而也有场所功能。我在田野调查期间，武汉市正处于城市建设的高峰期，鲁磨路的起点鲁巷新光谷广场正是于2014年底动工。该广场号称亚洲规模最大的城市地下综合体，坊间称之为"宇宙中心"，2019年秋天才完工。东湖风景区这时也在改造升级，全长105公里的东湖绿道于2015年底开工，2016年底一期工程竣工。这使得鲁磨路的城市通道功能愈发显著，一切有碍汽车通行的行为都会显得不合时宜。在一些生活街区中，一些商家为了寻找客源，在绿灯放行时会向过马路的行人散发小卡片，有些小贩会在红灯时敲车窗兜售鲜花。但在鲁磨路，斑马线上散发小广告的行为，很是阻碍人流通行，还影响交通安全，受到了城管和交警的格外关注。

第二章 街　角

　　鲁磨路有很多条支路，它们也有通道功能，但在特定时段会成为纯粹的生活街道，是周围居民休闲娱乐的场所，大多数夜市、广场舞等活动聚集在次干道上。街巷道则是社区之间或社区内部的通道，它只提供少量车辆通道功能，主要是行走、生活休闲的场所。这些地方，往往是小贩聚集之地。事实上，那些"尖板眼"大多存在于支路、街巷道同主干道汇合的地带。181厂门口的广场是曹家湾社区、181厂通往鲁磨路主干道的必经之路，虽然在上下班时间有一定的车流量，但其他时间却是绝好的生活空间。通常而言，这个地方的一边是摊群，另一边则是广场舞团体的活动场地。事实上，人们通常认为，晚间的181厂门口是休闲娱乐场所，这时如果有车辆通过，还按喇叭，定会引人侧目。

　　尽管街区有很强的生活场所功能，小贩尤其愿意将街道当作生活机遇之地，但通道功能才是市政当局的认知焦点。市政

图2-3　夜市旁的广场舞

部门依据街道的不同类型，会配置不同的管理力量。城市快速通道因为具有较为单纯的通道功能，一般只是交警在维持秩序。而主干道因兼具大量通道和场所功能，故而聚集了交警、巡警、城管、道路稽查等街头执法力量。次干道的场所功能较为集中，与市民日常生活接触较为密切的巡警和城管力量就较多，且这些地方往往是城市秩序的守控要点。支路及街巷道具备较为纯粹的场所功能，一般依靠街道日常管理及社区自治，执法力量并不长期守控。

从城管内部视角看，道路管理是以保证正常通行为出发点的，是否占道是执法的主要判断依据。鲁磨路夜市有上百家小吃摊和大排档，会产生大量油污和食物垃圾，暴露垃圾和路面灰带（道路、地面交通标识未保持本色）不仅影响卫生，也因为会制造阻碍物或导致标识不清而影响通行。而"占道"是小业态商家经营的常规策略。在最低限度上，沿街小店会把门店标牌摆放出店。因大多数商家店面较小，商品又多，将店内商品摆放在人行道上，既可以拓展经营空间，又可以制造广告效应。五公司的机电市场，商家会将机车摆放在人行道上，181厂附近的几家水果店会将店内水果摊出店经营，这都是常态。通常而言，这并不需要多少专业知识，只需要管理人员依常识判断并依常规处理即可。像于忠这样的经验丰富的专业人员，目力所及的"占道"现象，都可以在脑海中找到判为"违法"的依据。但在通常情况下法条是用不上的，只有在正式执法时才会被调用。

第二章 街　角

而对大多数协管员而言，他们只要对市民保持同理心即可。比如，沿街市民都投诉了，那就说明群众意见大了。夜市里人挤人、垃圾遍地、污水横流，那就说明管理不到位。多数时候，城管的处理准则是保证街道的通道功能，但兼顾人们的生活需要。一些占道经营行为哪怕是"合法"的，往往也会被市民以影响通行为由投诉，城管得去处理；但一些占道经营行为虽于法无据，却不太影响通道功能，市民也能接受，城管也就默许之。

城管对不同街道的差异化管理策略，塑造了街区秩序。主次干道存在路面灰带、车辆停放，以及在道路中间、十字路口等地当街散发小广告、小名片等问题，而这些地方是人流聚集地，是日常生活空间，维持有序的街区生活就尤为重要。而背街小巷就很可能没有机动车道，哪怕是有机动车出入，人们也通常认为行人优先，通道功能应服从于场所功能，依靠物业服务和地方性规范便可维持秩序。

这种差异化的街道功能分类甚至转化成为了一般行政依据。城管部门制订了统一的道路管理考核标准，依据城市道路的等级、道路设施的完善程度、人流量及商业活动的聚集程度等，制订差异化的考核基数。考核基数指的是允许出现的问题数量，鲁磨路每个月的考核基数是40，这是指第三方评估机构在该路段发现的问题数量不超过40个，则算合格。街道等级越高，考核基数就越低，允许出现的问题数就越少。鲁磨路虽并非严控街道，但因为其街区活力越来越强，考核基数越来越难以达成，这就促使城管想办法配备更多的执法力量,并加强和街区各种力量的合作。比如,城管和曹家湾菜场主动合作,对鲁磨路夜市的经营时间、管理标准、执法配合提出要求;作为交换,城管为其规范经营创造条件。城管还深度介入小贩的日常经营和家庭生活,疏导其到不影响道路通行的"尖板眼"落脚。街道通道功能的发挥,恰恰是建立在有效安置小贩、商户和其他社会人员基础之上的。

4. 边缘地带

街角是城市规划无意间创造的。在现代设计原理中,城市中的每一个空间都有其指定功能。街道是供人和机动车行驶的,广场是供人们聚集活动的,花坛有助于空间隔离,垃圾桶用于废物收集,它们都有相应功能。唯独犄角旮旯是剩余的、无用的空间。但是,犄角旮旯却被人们不经意间使用着,成为街区生活的有机组成部分,它们在无形中塑造了一种颇具市井味的城市精神。

鲁磨路有极其活跃的街区生活。各种缝隙、角落、边缘等微不足道的"尖板眼",看似远离社会生活的中心,但它容纳的弱势群体、边缘人群等特定的社会阶层,却是街区生活的主角。中心和边缘并不绝对,在很多场景中,与其说街角是街道生活的延伸,还不如说街道是街角社会的附属。鲁磨路的机动车道、广场和人行道,基本上是行人的天下,犄角旮旯的主人则是小贩等边

第二章 街　角

缘人群。白领、大学生、市民以及特殊利益群体，乃至于街头秩序的监护者，都与这些边缘人群共融共生。

鲁磨路的生活秩序是由可能性和限制性构成的整体，而某种可能性的突破源自人们再普通不过的日常活动。从城市设计者的本意来看，街道主要是提供人们通行的空间。鲁磨路是"城市增长机器"的缩影，政府、地方精英和资本联合主导空间生产，那些地标式建筑和辅助设施，始终是为了方便城市经营，让人流、物流和资金流尽快流通和聚集。那些地标建筑广场，一般属于某个商家，有物业管理机构在管理，他们会想尽一切办法杜绝侵占行为，并通过一系列的空间营造拒斥不符合其商业利益的人群。

鲁磨路天桥边的国际广场，将自己定位为高端消费场所，其门口广场巨大，因有多条道路汇聚于此，也事实上造成了"尖板眼"。但广场管理方却在广场边缘安置了石墩和花坛，并用高端大理石铺就地面。我在调查期间，光谷国际的商业半死不活，广场显得高端寂寥。而181厂附近新建的金域广场和珠宝交易中心，因是为珠宝一条街打造，其设计更是金碧辉煌。这些地方与鲁磨路上凹凸不平的水泥路和地砖，以及嘈杂无序的街区氛围形成鲜明对比。我和于忠巡街的时候都会绕道而行，这些地方甚至都不出现在于忠的心理地图中，因为小贩根本就不会前往那里摆摊，那里的商家也因对自身档次的要求，不可能出店经营。

但是,"步行者将其中的某些可能性和限制性现实化了"①,街道在供人通行的同时,行人自然而然有驻足停留的可能;主干道的畅通无阻,必定是以街巷道提供的生活功能为基础的。在街角空间,因拐角乃至于障碍物的存在,对赶时间的人们来说,行走体验并不好。然而,对那些不赶时间的人们来说,溜达本身就建构了一种完全不同的生活状态。无论是一堵墙、一个斜坡或是一个栏杆,还是一把遮阳伞、一个垃圾桶抑或一条横幅,都有可能创造新的空间意象。

有一段时间,我和于忠都发现,鲁磨路天桥上的小贩陡然增加。我们起初百思不得其解,仔细琢磨后才醒悟过来,原来是街道办于国庆期间在天桥拉了一条长长的宣传横幅。在天气渐凉的秋天,宣传横幅起到了挡风遮蔽的作用,这使得过往行人在天桥驻足停留的时间更长,小贩也更容易在此摆摊设点。

边缘地带是一个特殊的公共空间。它尽管"有主",但人们可自由出入,一旦有人将之长期占据并宣示"物权",就会让其他人在这里丧失自由轻松的感觉。这是因为边缘地带是一个"灰空间",让人一只脚在"室内",一只脚在"室外",既可保持自身的私密性,又可窥视外面的人来人往。它遵循"自生自发的秩序",按照先到先得的自然法则运行,只要留有空间,先来的人就无权阻止后来的人进入。因此,在边缘地带,人们之间天生平等,谁也不支配谁。在非严管时期,每到傍晚五点左

---

① 〔法〕塞托:《日常生活实践 1.实践的艺术》,方琳琳、黄春柳译,南京:南京大学出版社,2015年,第2版,第175页。

第二章　街　角

右，581车站的"尖板眼"处就会集合几十上百个小推车，看上去乌压压一片，他们都保持了"冲"的姿势，就等着城管下班后找到有利地形。

我刚到岗协管员时，看到这个景象，先是震惊，继而绝望。面对如此庞大规模，且对占道充满野望的小贩，协管员几乎没有招架之力。但我的同事们似乎见怪不怪，他们按时放行，但采取各种策略宣示主权。比如，对企图提前出摊的小贩采取坚决措施，对企图长期占据某一点位的小贩想尽办法"拔钉子"，通过有意无意的袭扰避免小贩内部形成持久稳定的支配关系。

可以说，边缘地带是普通人对特定地形的一种适应。1990年代以来，全球各大城市盛行城市复仇主义，排斥边缘群体和弱势群体融入城市，城市精英掌握的知识和意识形态介入空间构造，并表象化为一系列的城市景观和治理实践。城市作为一种经济增长机器越来越具有广泛共识，形成了权力、资本、知识的联盟。包括街角在内的城市空间，是科学家、城市规划者、技术官僚、社会工程师以及艺术家的"想象"的空间。在建筑规划领域，设计中的现代主义运动使城市走出了街道生活模式，街道不再有聚集场所的功能，留有大量的"失落空间"[①]。客观上，城市的规划设计并不掌握在普通人手中，城市生活的生产者和消费者是相互脱节的。

---

① 〔美〕罗杰·特兰西克：《寻找失落空间——城市设计的理论》，北京：中国建筑工业出版社，2008年，第1版，第9—10页。

政府和规划专家生产出了特定位置的地形，居住者和使用者消费他们所提供的图纸。普通人必须首先适应规划本意，如在广场上休闲，在人行道上通行，在商场购物，视街角为无用、至少是不经常使用的可以忽视的空间。但在鲁磨路，日常活动却在时刻转化空间性质，那些看似边缘的空间，却是日常生活的主流；那些匿名的边缘人群和弱势群体，却是街区生活的主角。

第三章
小贩江湖

沿街卖莲蓬，小贩身旁是胶囊房广告

小贩是边缘地带的主人，也是街区生活的匿名者。城管统称小贩为行政相对人，市民也只关心他们贩卖的商品，对其个人身份信息毫无兴趣。在市长热线和网格化管理平台中，"王先生""李女士"等市民描述的事由极为简单，如"鲁磨路581车站每天晚上都很多摊子，请政府管管"。扬名鲁磨路的"地摊王"李成柏，通常以"疯子爹爹"的诨号留存城管档案，偶尔也被以"李爹爹"呼之。2014年，城管为了彻底整顿鲁磨路，全面调查了"疯子爹爹"个人和家庭情况，李成柏的大名才流传开来。此时，李成柏已混迹鲁磨路十四年之久。小贩是一种职业身份，但每一个小贩的社会身份其实很复杂，有些是越轨人群，有些是弱势群体，有些是攫取特殊利益的人士，更多的是普普通通的自雇经营者。甚至于，有些小贩还身兼多个身份。通常而言，他们的身份信息并不留存于执法档案，但管城南、于忠等城管却凭借丰富的街头经验，对小贩情况了若指掌。我对小贩的学术调查只是印证了一个事实：小贩之所以匿名，并不是他们不重要，而是他们足够复杂，复杂到难以用标准化的文书档案来记录。

1. 路边摊

通常而言，路边摊经营规模小、流动性强。鲁磨路的摊贩基本上都用手推车，大摊规格为3平方米，小摊规格为1平方米。也有一些小摊贩是就地取材，比如，卖花的用个桶装就行，卖小饰品的用个简易小桌子。有人开着小轿车，把看似奢侈品的皮具放在车身上售卖。有不少流动水果摊，摊子就是改装后的小货车。总体而言，摊子要便于移动和快速收起走人。这符合非正规经营的基本特征，小贩经营的前提是防范城管和其他特殊利益群体的袭扰。

小贩职业几乎是没有门槛的，无论贫穷富贵、来自哪里，都可以进入。但一个成功的小贩，通常要依赖于本土资源，小贩中的曹家湾村民总是占据较好的位置。外地小贩多少也有关系资源，凭借家庭所有的小产业和传统手艺，以"特产"名义赢得消费者信赖。

鲁磨路的小贩群体组成极其复杂，他们的经营范围、理念和风格，差异极大。事实上，小贩群体内部也可能有"折叠"，部分与部分间在时间和空间上可以完全没有交集，这彰显了不同的社会阶层身份（见图3-1）。大体而言，鲁磨路小贩有早市和夜

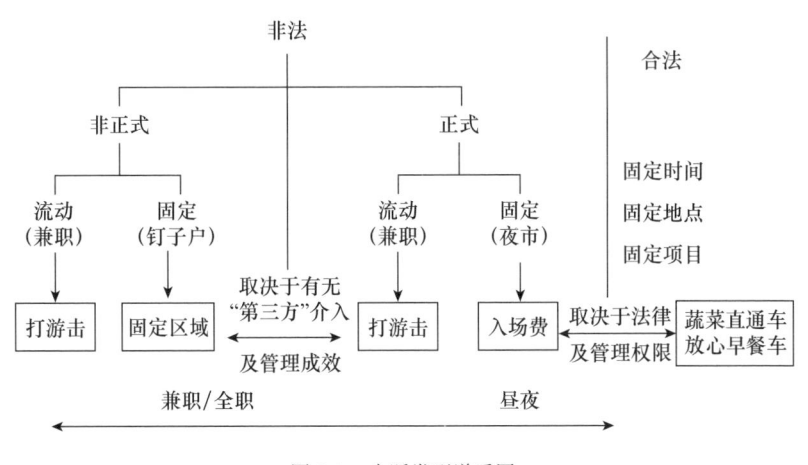

图 3-1 小贩类型谱系图

市之分，早市小贩和夜市小贩不是一类人，全职小贩和兼职小贩也不是一类人。一些关键的地点，如天桥和十字路口，是城管严控的地方，任何势力都不容许进入。但以曹家湾菜场为中心，以581车站和181厂为据点，则是有第三方势力介入管理的地方。那些在严控地带还能摆摊的小贩，要么是城管特别批准的固定小贩，要么就是"打游击"的流动小贩。

小贩经营从非法到合法，有一个连续的谱系。有些小贩的经营行为完全符合相关法规要求，并被政府纳入监管范围。蔬菜直通车和放心早餐车是政府的惠民工程，是合法的占道经营行为。2011年，农业局牵头启动了蔬菜直通车工程，允许蔬菜直通车公司进社区。项目刚启动时，全市共开办了264个点，辉煌时日销售新鲜蔬菜近10万公斤。但到2015年，项目点只剩130个左右，且还在不断缩减。2003年，商务局牵头启动了放心早餐工程，最开始投放了200台早餐车，高峰时投放数达到850台，但近些年下降到500台左右。对有1000万人口的大城市而言，这种数量级的蔬菜直通车和放心早餐车惠民作用有限，经营企业承认，这些惠民工程并无经济效益。2013年，商务局取消了对放心早餐车的政策扶持。

从对小贩管理的角度言，蔬菜直通车和放心早餐车都存在难以克服的困境。占道经营的管理权限在城管部门，这里的政策目标一开始就与农业、商务等部门有分歧。城管虽是这些惠民工程的联合发起部门，但因相关文件未能详细规定蔬菜直通车、放心早餐车的经营时间和地点，且已确定的经营点也可能因为路况变化变得不适宜经营，多数蔬菜直通车和放心早餐车也会因市场变化而随意变更事先约定的经营时间和地点，这都有悖城管的相关法规。在实践中，蔬菜直通车和放心早餐车会在投放点产生市场集聚效应，吸引其他小贩加入。这样，合法投放点很可能成为其他小贩的护身符。

鲁磨路街区范围内并没有蔬菜直通车，但曹家湾社区出口处有小型菜场，在鲁磨路天桥边有一个综合市场。鲁磨路综合市场是一个正规建设的市场，是室内经营，也就不存在小贩占道的问题。但曹家湾菜场是以惠民的名义建设的，吸引了不少小贩前来占道经营。鲁磨路有3个放心早餐车，其正规身份并无实质意义，它和那些未纳入监管的路边食品摊已经逐渐趋同，它的经营地点会随人流而变更，而路边摊的经营时间一般也止于早上9点。

小贩的经营时间和地点未必符合政府规制要求，但其经营物品却被纳入了监管范畴。比如，售卖小百货的摊主均从电商平台和批发市场进货，基本上都是合规产品，小贩只不过是一种零售渠道而已。相较而言，小吃摊的食材来自本地菜场或较大型的批发市场，一般也受食品安全监管，但其制作过程却难以监管。而对那些售卖自产农产品的小摊，就更谈不上监管。事实上，路边摊的灵活性和正规化之间存在固有矛盾，如将这些零售食品的生产规范化、主体企业化，以便从源头上加强监管，必然导致提供食品过于单一，市场反应不灵敏等缺陷，最终让摊贩陷入经营困难——这便是蔬菜直通车和放心早餐车的现实写照。

小贩经济的合法与非法、正式与非正式的界限并不总是一成不变。历史上，小贩在相当长的时间内不为国家承认，并被赋予负面的政治面貌。但在改革开放初期，小贩经济又作为市场经济活跃的象征，以及解决城市待业青年的有效方式为政府所推崇。在国企改革攻坚期，摆摊儿成为下岗工人自主就业的主要渠道，受到政府鼓励。20 世纪 90 年代以后，随着城市化加速以及"创文创卫"活动的开展，它又转而被纳入市容管理。不同监管政策的叠加以及监管目标的多元性，使得非法摊贩在法律意义上的面貌不清。

鲁磨路上有一部分小贩，虽然违反了城管条例，但依据其他政策，却又多少有点情有可原。比如，残疾人、下岗工人、"两劳"释放人员等特殊人群，城管允许其摆路边摊，并规定了经营时间、地点和项目，既符合疏堵结合的监管精神，又符合扶弱济困的社区伦理。那些被第三方力量有效规制的路边摊，因其事实上已经固定化了，也会获得城管的默许，从而获得某种程度上的正式性。只不过，依据第三方职责权限及管理成效的不同，城管的认可度会有明显差异。城管对社区规制的小贩，认可度较高；对物业企业规制的小贩，认可度次之；而对团伙控制的小贩，最多是默认。鲁磨路共有 25 个小贩被城管认可，其中 5 个是社区和城管部门的帮扶对象，他们或因身体残疾，或因家庭困难，个别是因死缠烂打的行为，而被允许摆"爱心摊"。

鲁磨路上的小贩经济事实上是一个异常活跃的江湖，它虽复杂，却有一种受到各方承认的秩序。本质上，小贩江湖是一个

"违规"的空间，它并非由小贩单独制造，而是由包括城管、社区、特殊群体在内的多个行动主体共同生产的边缘地带。在江湖秩序中，每个行动者都有自己的位置。这种位置不仅体现在街角空间上，还体现在社会关系中。

小贩并不是一个没有任何门槛的行当。在鲁磨路，小贩得依据其自身条件和目的，选择适当的位置。如果想要安安心心做生意，却又找不到门道，那么小贩最好的选择便是夜市摊位，本土势力自然会上前寻租，而一旦交了租金，他们之间便事实上建立了庇护关系。如果熟悉鲁磨路的地形，想要自由、不怕吃苦，只想最大限度地获得摆摊利益，小贩也可以选择在夜市地盘之外打游击。如果有说得过去的理由，自身无所顾忌，有坚强的斗争意志，不怕做"钉子户"，小贩在鲁磨路获得一个城管默认的固定摊点，并不是不可能。

2. 夜市

小贩江湖的中心是鲁磨路夜市。夜市对消防、交通、物业和消费市场等方面均有要求，其合法化的门槛很高。武汉市经过批准的夜市只有80余家。夜市作为疏堵结合的疏导点，是城管"引摊入市"的前提条件。鲁磨路夜市已存在二十余年，开始是由当地村民自发形成的，随着外来小贩越来越多，曹家湾菜场作为"第三方"便介入了夜市的经营管理。鲁磨路夜市因其业态丰富、人流量大，在坊间很有名气。我们在调查期间盘点了夜市摊

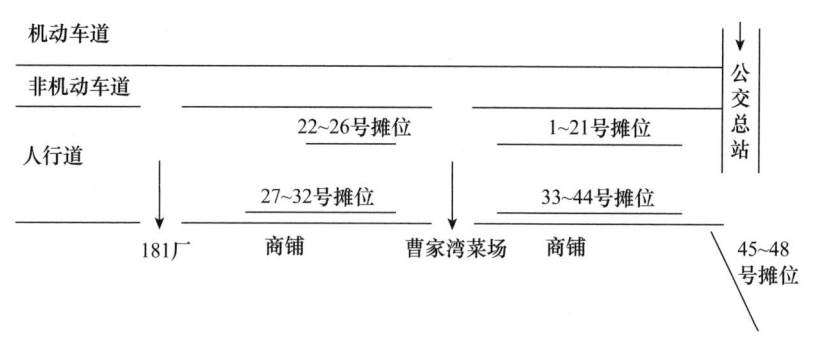

```
机动车道
───────────────────────────────────────────────
非机动车道                                    ↓   公
──────────────────────────────────────────────  交
                22~26号摊位    │   1~21号摊位    总
人行道                         │                站
         ↓    27~32号摊位      ↓   33~44号摊位
        181厂   商铺      曹家湾菜场   商铺   ╲
                                              45~48
                                              号摊位
```

图 3-2 鲁磨路夜市摊位分布图

位，以公交总站为据点的摊群，主要经营小百货；以181厂为据点的摊群，主要经营小吃。夜市共48个摊位，小吃摊和水果摊一般都有两个小贩，小百货摊位的小贩则为1—2人，总计从业人员近百人。

表 3-1　鲁磨路夜市摊位经营内容

摊位编号及摊名（无摊名则用经营内容指代）					
1	服装	17	杨阿姨鸡蛋灌饼	33	炒饭炒粉炒面
2	贴膜	18	油炸飘香美食	34	西安肉夹馍
3	台湾饭团	19	面筋大王蒙古肉串	35	正宗山东杂粮煎饼
4	贴膜	20	油霸天下	36	恩施土豆
5	水果	21	瓦罐野藕汤	37	煎包
6	服装/新疆大枣	22	潮汕粥	38	特色盖浇饭
7	水果	23	广东肠粉	39	锅巴饭
8	康乐冒菜	24	粉丝煲	40	专业炒饭
9	正宗广州炒米粉	25	水果摊	41	香浓酱猪手

续表

摊位编号及摊名（无摊名则用经营内容指代）					
10	外婆家锅巴饭	26	袜子	42	锅巴饭
11	舌尖上的美食	27	户部巷小吃	43	丝袜
12	炒酸奶	28	汽水包	44	水果芋圆烧仙草
13	炒饭	29	洪湖野藕	45	水果炒酸奶
14	新奥尔良烤鸡翅	30	长沙臭豆腐、高山洋芋	46	贴膜
15	香辣鸭脖	31	罐罐面	47	胖哥汤包
16	煎饺米酒汤圆	32	专业鸡蛋灌饼	48	正宗长沙臭豆腐

夜市并非完全杂乱无章，而是在空间形态上保持了有序性。夜市的摊位间隔适宜，保持人行道畅通，并在固定时间和地点经营。鲁磨路夜市以曹家湾菜场为中心，始于581公交总站，终于181厂。实际上，它是曹家湾菜场"非法占道"的结果。菜场的经营时间一般是白天，且有入室经营的要求。对菜场经营者而言，夜市的开办意味着经营时间上的延续和空间上的拓展。曹家湾菜场只有20个摊位，夜市却有48个摊位，这也意味着业务量的成倍增长。夜市的入场费为2000元，每个摊位的月租根据地段优劣从1200元到1800元不等，如此计算，每月夜市可以产生近10万元的租金收入。

按照于忠的说法，鲁磨路夜市已经"公司化运作"。这话有双重含义：一是鲁磨路夜市是有管理方的，且管理比较规范；二是管理方虽然在名义上成立了一个企业，但却并未被纳入政府监管，其经营方式和内容都处于灰色地带，甚至是非法的。最突出

图 3-3　夜市管理人员在收摊位费

的表现是，这些经营团队的底色是"灰色"的。张冲是曹家湾菜场的实际控制人，管理团队由本村刑满释放人员组成，曹天华代表社区监督其经营行为，其业务不仅包括管理菜场和夜市，还负责向村内各家各户收取卫生费。

从上世纪 90 年代末开始，不断有外地小贩进入曹家湾地界摆摊设点、占道经营。曹家湾菜场的管理团队亦发现了商机，以菜场管理方和社区的名义向这些小贩收取"管理费"或"卫生费"——这在小贩眼中是名副其实的"保护费"。这种状况延续多年，我 2006 年进入华中科技大学攻读博士学位期间，偶尔逛

"堕落街",还碰到过社会人员言辞威胁小贩、脚踢摊子后扬长而去的情景。一开始,管理方按照小贩营业额的 10% 提成"管理费"。如果营业额是 500 元/天,按 10% 收费,则每天收取 50 元管理费。但是实际操作却甚是随意,管理方会问,"爹爹,今天进了多少货啊?"然后结合其营业时间,计算其营业额。通常而言,管理方和小贩相互熟悉,营业额是透明的,租金也算合理。但遇到不熟悉的外地小贩,双方很可能因为信息不对称而产生冲突。

曹家湾菜场的管理团队对暴力的使用一直比较节制,他们在社区的监管下,一直力图将其活动合规化。他们的确把自己当成是生意人或食利者,向小贩炫耀暴力无非是宣示其管理权。要是小贩配合,他们通常会提供保护,比如,决不允许流动小贩抢占交纳保护费的小贩的位置。小贩在经营过程中如有冲突,他们也会出面调停。由于场地条件实在有限,菜场缺乏消防、安监、卫生等措施,几度面临被关停的风险。为了将经营活动合法化,张冲注册了企业,自任法人,并按照政府要求改造了菜场。同时,他对曹家湾地盘的控制也逐渐走向"公司化"。

"公司化"的主要表现是加强内部控制。曹家湾菜场那些有前科的初创员工已经不再参与街头活动,张冲转而依靠另一批年轻人,领头的老大叫陈豪。这五六位年轻管理成员往往会统一穿白衬衫、黑西服,按规则行事。夜市的经营时间是晚上 9 点至第二天凌晨 2 点,但小贩一般会晚上五六点开始出摊,其黄金经营时间是晚上 7 点到 9 点,这是人们下班吃晚饭或吃完晚饭在街上休闲的时间段。因此，陈豪会领着一帮小弟从7点开始入场管理，对已到缴纳租金时间的小贩当场收齐租金，对新出现的小贩当场盘查，告知夜市处于正规管理中。如有小贩愿意入场，则可以为其选一个摊点试营业3天，如效果不错，则可付入场费占据摊点，此后每月付租金。在摆摊过程中，如果有其他小贩退场留出空余摊点，已入场的小贩有更换摊点的优先选择权。

并不是所有小贩都理解规则。偶尔有不谙世事的大学生或不明就里的外来小贩闯入夜市，以为所谓摆地摊就是见缝插针、随意为之，质疑"第三方"的管理资格。这时，"第三方"还是少不得用暴力作为后盾，衣着光鲜的年轻人便会原形毕露。有些小贩因为生意不好，赚钱不多，想讨价还价，陈豪说点狠话也是正常。有一段时间，正逢全国文明城市复检。为迎接检查组，鲁磨路夜市计划关停一个星期。但检查组因故推迟了检查时间，小贩停业了好长一段时间。复市后的一天晚上，我刚好碰见陈豪领着小弟去收费，大多数小贩都爽快给钱，但好几位小贩不情不愿，有位小贩还抱怨了几句，说生意不好，没钱交摊位费，陈豪一听立马变脸，"再给你一天时间，不交就滚蛋！"

所谓公司化，意味着其经营活动受政府监管。街道和社区主要是从"管人"的角度监管曹家湾菜场，对菜场并不承担主体责任，而仅仅是作为属地政府配合"管事"部门。鲁磨路夜市是没有合法手续的市场，城管只能依法取缔。但事实上，取缔和清场并不容易，城管夜间管理力量极其有限，只能通过日常守控和不定期整顿来维持基本秩序，鲁磨路夜市还是顽强存续至今。

公司化仅仅意味着经营方比照正规市场，遵照市容市貌标准开展经营活动，而城管也按照法定管理规范进行监管。在我的田野工作期间，鲁磨路夜市的管理的确达到了相当水准，管理方绝不扩大经营范围，超过581公交总站和181厂的范围，就不会安排摊位，也不会去收管理费。管理方也严格约束小贩的经营行为，要求其保证摊位的清洁卫生。油烟污染较大的大排档在经营过程中还在地面铺上了一层薄膜，以避免产生路面灰带。当然，为了配合检查，管理方也随时接受城管指令，在特殊时期关闭夜市。

可以说，鲁磨路夜市建立在城管、社区和曹家湾菜场三方的默契基础上，故此管理方愿意给城管几分面子。只不过，这个面子甚是微妙，如无利益保障，则一文不值。2016年夏，我们在鲁磨路夜市也摆了半个月的地摊。一开始，陈豪等人来盘查，我们说是于忠介绍来的，说好是免费摆摊。他们以为是大学生练摊，玩玩而已，也就作罢。但在一个星期后，他们的态度渐渐变得恶劣，跟我们说只允许摆一个星期，"怎么还不走？"后经于忠的再次协调，我们才又摆了一个星期。我感觉，要是再摆下去，估计于忠的面子也不够用了。

3. 靠街吃饭

对大多数小贩而言，鲁磨路是进城落脚点，是职业生涯的准备阶段。在鲁磨路进进出出的小贩，心里都有一本生意经。对曹家湾菜场的经营者而言，鲁磨路是他们的家园——哪怕曹家湾村大多数土地已征收，但开发后的街角空间仍是其地盘。因此，他们对外来小贩收费，是以管理费或保护费之名，行收取租金之实。"靠山吃山、靠水吃水"，这个朴素道理，谁都懂。而今，曹家湾的土地没了，变成了街道，"靠街吃街"也是很多曹家湾人的共识。曹天华在社区长期负责治安和刑满释放人员的管理服务工作，我和他讨论过一个话题：曹家湾菜场的管理团队凭什么控制鲁磨路夜市？曹天华特别强调一点：本地人。

曹家湾也有少数村民在夜市摆摊，台湾饭团、水果炒酸奶都是本地小贩，他们占据最好的位置，却无需管理费。由于没有压力，其经营方式也就很是闲散，摊位上经常没人，顾客也不多。陈豪每次经过的时候，少不得要和摊主打声招呼。而鲁磨路上的修鞋摊、老婆婆摆的杂货摊，不受时间和地点限制，摊子几乎摆到人行道正中间，城管扫街时也只是稍稍提醒。我和于忠每次扫街经过杂货摊时，于忠都只是象征性地跟老婆婆说把摊子摆到边上去一点，别挡着道了。然后，说了也就说了，自行往前走，边走边感叹，"屋里头就她和老头子两个人，老头子还得了癌症，那么大年纪还要出来摆摊，有么斯（什么）办法呢？"曹家湾菜场还聚集了上十个老人摆地摊卖菜，菜品单一且数量极少，一看就是自产的。于忠很是困扰，对老人们而言，摆摊真是生活所迫，但对第三方评估而言，这又的确是占道经营的扣分点。思来想去，于忠还是妥协了。老人们在曹家湾生活了一辈子，这里再怎么变化，还不是自家村口？连张冲和陈豪也是不好干预他们的，大家都是本地人，都是靠街吃饭。

白天的鲁磨路是属于城管的，曹家湾菜场并不介入街头活动。武汉湖多，盛产莲藕，每年夏季正是莲蓬上市之时。武汉人爱吃莲蓬，临近东湖风景区的种植户会把自产的莲蓬拿到鲁磨路来摆摊销售。卖莲蓬的大多是老年人，衣衫褴褛，一眼便知其生活困难。老人们用扁担挑一担用蛇皮袋装着的莲蓬，路过如国光大厦台阶这样的阴凉地方，就停下来沿街售卖。一担莲蓬卖完，怎么着也有几百元，老人们甚是珍惜，也随时警惕城管。但事实上，城管并不轻易暂扣经营物品，哪怕是暂扣，也只扣经营工具（如小吃摊的液化气瓶、炉头等），新鲜蔬果是绝不会暂扣的。毕竟，扣了也没地方储存。因此，城管驱赶一下，卖莲蓬的老人们就收起摊子，装作要走的样子。但于忠很清楚，"他们不卖完，是绝不会走的"。事实也的确如此，城管往往从南到北扫街驱赶一次，从北到南扫回来时，同一个小贩在另一个地方又要被驱赶一次。夏季的鲁磨路异常闷热，对此，于忠还是一句感叹，"都不容易，有么斯办法呢？"

本地小贩由于有天然的地形优势，在鲁磨路摆摊落脚并不是难事。尤其是弱势人群和特殊群体，社区会以帮扶的名义让其栖息于此。但外地小贩要落脚鲁磨路，则多少需要有一些依仗。其中，最大的依仗当然是和本地人建立的联系。在鲁磨路夜市入场的小贩，基本上都是把入场费和租金视作是保护费。所谓保护，言下之意是到了鲁磨路，其摆摊行为免受他人侵害，少受城管袭扰。事实上，绝大多数小贩都希望有个固定摊位，除了利益考量,也源自对安全感的需求。鲁磨路夜市贴膜摊的摊主黄宇是大专毕业三年的女孩。在入场夜市之前,她曾经在光谷地区的地铁口、天桥上"打游击",也在光谷步行街租过一个小店。综合比较起来,她还是觉得在鲁磨路夜市摆摊合适。

黄宇说:"打游击太没有安全感了,搬着箱子在桥上,一边卖,一边观察周围,就怕城管上来抢东西。"有一次,城管抢了她两个耳机,还要抢充电宝,结果顾客说了一句,"你看人家一个年轻学生,你们怎么能这样对她",城管才作罢。守门面最大的不好是,有租金压力,一天到晚守着,耗时耗力不说,最后赚得也不多。相较而言,做夜市灵活机动,她说,"我现在是有源源不断的人,必须经过我这里,租金压力不大。店面守一天心情差,还没生意,但是夜市要没生意,我可以立马收了打游击去"。

黄宇入场夜市是经朋友介绍的,认识了管摊位的"老大"陈豪。后来,我们经过调查发现,小贩进入夜市多少都是经过类似的介绍,管摊位的社会青年和摊主也有不同程度的关系。比如,曹天华就常常做中介生意,如果介绍成了一个门面,会收取一定的中介费,但介绍夜市摊位,曹天华一般都不收取中介费,只收点烟酒。绝大多数摊主都会和陈豪搞好关系。比如,小贩过年过节会买一点烟酒打点,陈豪要是有需要,如要个充电宝、吃个盒饭,当然是不收钱的。客观而言,这种关系维系对小贩是有好处的,老大的关照对提高摆摊的效益有直接影响。比如,黄宇名义上的摊位费是1500元,但陈豪只收了1000元,还交代她别往外说,算是额外照顾。

第三章 小贩江湖

图 3-4 黄宇摊位

闭市期间，夜市的摊位费照收，很多小贩实在受不了，想要出摊把租金赚回来。但出摊意味着可能被惩罚，城管会驱赶，夜市管理人员也会干预。有一次，黄宇晚上九点到鲁磨路打游击，结果被陈豪发现了，陈豪也没为难她，交代她别那么早出来，影响不好，十点以后出来为好。而另一个小贩则就没那么幸运了，其物品直接被陈豪没收，转手给了黄宇，"丫头，你帮忙卖了啊！"

事实上，能够在鲁磨路夜市长期摆摊的小贩，多少都有一定的社会网络。他们一般租住在曹家湾，有亲戚朋友在武汉工作学习，经人介绍入场夜市。家族成员之间的"传、帮、带"，是小贩进城的普遍规律。比如，李成柏夫妇在鲁磨路扎根后，很快就将儿子、儿媳妇接来在鲁磨路另外摆了一个摊，其间其孙女在鲁磨路出生。由于商机可见，他们又介绍侄子、侄媳妇到鲁磨路周边摆摊。这样，以李成柏为中心，形成了3个摊位，6个小贩的家族式摊群。

我们统计了48个夜市摊位的经营方式，其中合作经营的占了一半，有夫妻档、亲子档、兄弟档，还有情侣档。大排档一般都是夫妻档，忙碌时得有子女或临时工帮忙。而普通小吃摊基本上都是全职摆摊，且都是经营多年。在我们调查期间，杨阿姨鸡蛋灌饼已经在鲁磨路坚持了7年时间。她主理小吃摊，其丈夫、儿子都在武汉上班，女儿则在武汉上学，丈夫儿子下班后会来摊位帮忙。和杨阿姨鸡蛋灌饼摊儿一样，一般的小吃摊无法支持所有家庭成员"全职"工作，但单个小贩又无法应对高峰时的经营需求，一个全职小贩再配上若干个兼职小贩就成了标配。如果没有家人帮忙，就需要考虑招聘临时工。在我们摆摊期间，水果炒酸奶摊位正挂着大大的牌子招聘临时工，上面写着"12元/小时"。

因为管理规范，鲁磨路夜市有稳定的经营环境，小贩只要选好项目，便有稳定收入。正常情况下，摊位月收入在5000—10000元之间。只有一个人守的百货摊，月收入比较低。但相较而言，这种摊位也比较轻松，每天晚上十点左右就收摊了，摆摊时间只有四五个小时，且不需要有太多准备工作。小吃摊的准备工作量大，经营时间也比较长，一般要摆到晚上十二点，但收入也比较可观，每月可达到七八千元。收入最高的是水果摊。一般而言，水果摊的销量大，摊位也比较大（其实是两个标准摊位），得2—3人经营，夜市里面的两个水果摊，月收入都过万。

对黄宇那样刚从学校毕业不久的年轻人而言,练摊纯粹是一种职业训练,月入五千虽然不多,却足以应付生活。最关键的是,练摊其实是职业台阶的第一步,它有较大的自由度,也有比较多的空余时间来学习,对将来开店或从事销售工作,都是有帮助的。而经营小吃摊的基本上都是中年人,八千的月收入并不亚于在工厂上班。我们在和杨阿姨交流时,她对摆摊也有准确定位。她的目的就是攒钱给儿子娶媳妇,攒得差不多了就回乡下老家养老。而我们所访谈的水果摊摊主,几乎都有鲜明的生意人气质。水果是一个讲究新鲜,有季节性,标准化程度不高,消费者也喜欢挑挑拣拣的商品。故此,地摊其实是适宜的水果零售方式。因此,只要摸清门道,水果摊是比较容易赚钱的,水果摊摊主在武汉买房买车是很正常的现象。鲁磨路上的成功小贩,如北省张、李成柏儿子,都是经营水果生意的。

4. 栖息地

鲁磨路上还活跃着另一种类型的小贩,他们有非常明确的"违法"意识,为个人利益最大化,倾向于占据最为有利的地形,利用最为有利的时间占道经营。这一类型的小贩虽然以"打游击"形式摆摊,却已将鲁磨路当作自己的"阵地"。他们的活动范围固定,摊位却不固定。在长期摆摊过程中,他们已经把自己当作鲁磨路的"主人",不愿意服从城管,也不受地方势力的管制,完全依靠自己的生存智慧在鲁磨路扎根。对于他们而言,

鲁磨路：城管、小贩与街头秩序

鲁磨路是栖息地。

现如今，在鲁磨路有一定根基的外来小贩，都可以说是鲁磨路从萧条到繁华、从混乱到相对有序的见证者。2000年前后，鲁磨路夜市开通不久，有了人气，吸引了一批来鲁磨路"打码头"的外来小贩。彼时，中国正在遭遇"三农"危机，农业收入极其有限，由于税费负担重，一些农民宁愿将土地抛荒也不愿意种田。一开始是农村壮劳力独自进城，后来发展成拖家带口到城市讨生活。湖北和周边中部省份都是农业大省，也是劳动力输出大省，而武汉是中部大城市，自然而然地成为农村进城务工人员的目的地。鲁磨路的外地小贩除了来自湖北各地市，主要来自北省农村。

北省籍小贩已经颇具规模，他们以鲁磨路为据点，在鲁巷地区流动，组成了一个有二十来个小贩的流动摊群。他们主要从事水果、炒货和小吃生意，摊子都是一平方米左右的手推车。这群小贩间都是老乡和亲戚关系，其领头人是"北省张"。"北省张"是五十岁左右的中年男子，已经完全脱离了小贩气质，衣着体面，头发梳得一丝不苟，抽20多元一包的黄鹤楼香烟。在调研期间，我从未在路边摊上见过他，每次见他都是在鲁磨路城管中队办公室。他每次都以小贩身份自居，向管城南诉说自己生活困难，这和他的形象真是形成了鲜明反差。我把这个细节和于忠说了，于忠听了就发笑，说"北省张"在武汉早就有房有车啦，比武汉普通市民生活得还好，哪里是弱势群体啊？

2015年9月，鲁磨路处于整顿状态，但凡有出摊的小贩，一律被暂扣经营工具。过了一个星期左右,"北省张"开始隔三差五给管城南打电话,想要到中队办公室商量商量。管城南知道他要来干嘛,就不断找理由推脱,说没空见他。但后来实在推脱不了,管城南就约了见面。果然,"北省张"见面就说他妹夫患了癌症,正在医院治疗,他要不出摊,家里就支持不住了。管城南当然还是一口回绝。"北省张"和一般的北省籍小贩不同的是,他是有相对固定的摊位的,不仅他有,他还帮忙自己的妹妹在鲁磨路附近弄了一个水果摊。而他自己的摊位早就租给老乡了,他只负责和城管打交道。也许是仗着自己和城管说得上话,他便要求有出摊的特权。

管城南说,"北省张"所依仗的倒也不虚。前些年,鲁磨路的街面秩序实在是混乱,不仅曹家湾的社会势力在充当小贩的保护伞,如"北省帮"这样的摊群,也在左冲右突,和城管斗智斗勇。尽管曹家湾势力和"北省帮"泾渭分明,却客观上互为犄角,让城管疲于应付。比如,只要城管暂扣了一个北省籍小贩的物品,"北省张"便会带着老乡浩浩荡荡来中队讨说法。那时,媒体对"城管打人"现象甚是关注,城管少不得要和他谈判来平息事件。"北省张"在鲁磨路混迹多年,和几任中队长都打过交道。而前几任中队长现在都成了大队领导,"北省张"也就更觉得自己有恃无恐了。有一次,在和管城南交流的时候,"北省张"还真当面和大队领导打电话,这着实让管城南吃了一惊。

管城南和于忠不太想理"北省张"的一个重要原因是,"北省帮"已经不太听他指挥了。有段时间明明是严控时期,但北省籍小贩还是在马尚的带领下到处打游击，搞得城管防不胜防、疲惫不堪。对于"北省张"而言，"打游击"这种缺乏安全感的日子已经过去了，也就不太愿意领头和城管争斗。因此，那些新加入"北省帮"的小老乡，并不服他。反而是他从老家带出来的马尚，渐渐扮演了"北省帮"话事人的角色。

于忠说，他是看着马尚在鲁磨路长大的。马尚刚到鲁磨路时，初中都还没毕业，还是个小孩。马尚初入社会便在"北省帮"的呵护下混迹鲁磨路，练就了一身"打游击"的本领。他甚至在鲁磨路结婚生子，鲁磨路也成了他的栖息地。马尚算是鲁磨路的老人，是"北省张"一手带出来的，又和其他小贩利益一致，和城管也算脸熟，当然也就成了"北省帮"的新领头人。于忠和管城南曾尝试让马尚走上"正道"，为此，他们费尽心思开车带马尚在鲁磨路街区转悠找店面，想要马尚入店经营。但找了好几个店面，马尚都不满意，就继续"打游击"。

对在鲁磨路谋生的小贩，城管其实做了非常多的帮扶工作。但于忠坦言，情况总是事与愿违，李成柏就是一个典型。李成柏已年过七十，满头白发却精神矍铄。2000年，李成柏夫妇和他儿子、儿媳来到了鲁磨路。他最开始的落脚点是华中科技大学西门外的背街小巷。彼时，西门还未关闭，是师生出入鲁磨路的捷径，这也为那几条小巷带来了繁华。由于小巷并不在鲁磨路的主街上，城管的管理并不严格，李成柏安心在此摆摊。2009年，西门关闭了，小巷里的生意也就逐渐凋零，李成柏便把摊子摆到了鲁磨路正街上。

李成柏诨名叫"疯子爹爹",但凡熟悉鲁磨路的人都知道,他特立独行,性格刚烈,敢于斗争。虽然也来自北省农村,但他和"北省帮"并无瓜葛,而是完全依靠自己的努力扎根鲁磨路。有一次,城管对其占道经营行为下达了"温馨提示单"和"限期整改通知书",但李成柏不予理睬,拒绝在通知书上签名,而是写上"停止打砸抢吧!你在犯法。好好学习中央精神,要给人生存权,努力维护和保障人民群众的生活",写完后将通知单往于忠脸上一扔。于忠没办法,只好拿着这个单子狼狈撤退。可李成柏并没完,推着自行车跟着于忠,一路破口大骂,引来路人围观。

　　由于堵不住,百般无奈的城管只好采用疏导的方法。2010年,区城管局基于人道主义精神,在181厂马路对面为他免费提供一个3平方米的报亭,希望他入室经营,不再占道。但李成柏却软硬不吃,并没有履行承诺,反而得寸进尺,将报亭变成其买卖日用百货的亭棚,为了招揽生意,还是照常出店经营。亭棚的顾客主要是生活在鲁磨路街区的老年人,主要销售老年人穿的衣服、腰带、帽子等。李成柏做生意的确是一把好手,面对顾客,说话幽默,动作夸张,很是讨人喜欢。

　　麻烦的是,李成柏还有更大的野心。他在报亭旁边摆了一个水果摊,交由其儿子儿媳妇经营。其子还买了一辆破旧的面包车,早上进货,白天便用面包车做摊位,晚上还可以睡在车上。由此,李成柏一家占道经营面积达到了30多平方米,比报亭大了十倍不止。为了搞清楚李成柏的底细,鲁磨路中队暗中调查,派了一个内勤,打着"北大青鸟"招生咨询的旗号,在其摊位旁边记录其流水。根据半个月的调查记录，水果摊周末每天的流水在2500元左右，工作日的流水则在1500元上下，其收入可谓相当可观。在他的示范效应下，附近的水果商铺也纷纷效仿出店经营，181厂附近俨然成了一个水果大卖场。以至于在2014—2015年间，武汉市在创建国家卫生城市和文明城市期间，城管采取了更大的代价疏导李成柏——在辖区内的一个公园门口，为李家提供了一个更大的亭棚卖水果。

李成柏之所以能够在鲁磨路扎根，很大程度上是因其自绝退路，将希望押注在鲁磨路。李成柏的妻子患有癌症，每天需要吃药；他的儿子年轻时在工厂打工，左手受伤，虽不影响日常生活，却是残疾。一家人离开家乡后，几乎就没有回过老家。2014年秋季，城管在当地政府的配合下，到李成柏老家调查。管城南是调查组成员，发现李成柏家确实已经荒废，院子长满了杂草，屋子里满是灰尘，房顶也漏雨，过不了多长时间估计就会垮塌。李成柏在以死相拼的过程中常说，"哪里的黄土不是土？"他是打算一辈子待在鲁磨路，再也不回去了。李成柏的孙女也在鲁磨路出生长大，在社区的帮助下，上了地质大学的附属学校——他家的希望也在鲁磨路。

5. 地盘

在鲁磨路，既有以曹家湾菜场为据点的"地头蛇"以及"北省帮"这样的同乡团体，还有更多像李成柏这样的独行侠。他们大多熟悉鲁磨路地盘划分的格局，了解城管的软肋，也对政治形势有一定理解。合纵连横是小贩们的常态，他们时而团结起来共同对付城管，时而为了占据有利地形而相互拆台，鲁磨路俨然成了颇有生机的江湖。

小贩经济的底色是非正规经济，它为小贩提供了市场机会，也为社会势力创造了灰色利益。离鲁磨路不远的靠水市场，同属鲁磨路城管中队管辖，鲁磨路的头面人物都知道靠水市场的由来。靠水市场的老板外号"八哥"，30多岁的年纪，满头伤疤甚是显眼。第一次见面的时候，我惊讶于他办公桌后的柜子上面放了一把刀，"八哥"解释说，这寓意"大刀阔斧"。他并不避讳自己的过往，反而对自己和城管的斗争历史津津乐道。他说，"我就喜欢和教授打交道，哪天给我也写一本书"，似乎真要我为他的辉煌历史立传。20世纪90年代，初中还未毕业的"八哥"来到武汉投靠姐姐和姐夫，依靠一股敢打敢拼的狠劲，将靠水地区的马路市场纳入自己的地盘，向小贩收取保护费。他组织了一帮社会青年"管理"市场秩序，让小贩们互不干扰，用拳脚管束那些不听话的外地小贩。当然，他们"管理"的重点是和城管斗智斗勇，让小贩免受执法干扰，保障小贩利益。

2012年前后，在城管的教育引导下，"八哥"趁着当地土地开发农民上楼的机会，在原马路市场建了正规的综合市场。同时，他还组建了一个清洁公司，置办了扫地机、洒水车等，承接了靠水市场周围几个"村改居"社区的物业服务。在我调研期间，城管正在将餐厨垃圾纳入监管，"八哥"觉得这是一个商机，正在购置餐厨垃圾转运车，希望和城管合作，承接业务。

鲁磨路菜场的发展历史和盈利模式，和靠水市场差不多。早年，张冲也是通过收编小贩、向城管说"不"来获取利益。并且，和"八哥"相比，张冲控制地盘更为便捷。张冲是本地人，又有特殊身份，社区会为其保驾护航，因此避免了不少打架斗殴的事情。在无法有效执法的情况下，城管转而采取疏导措施，在法律法规允许的范围内，引导这些社会势力建立企业，在马路市场的基础上建立综合市场，进行正规化经营，从而实现小贩入室经营的目标。只不过，受限于鲁磨路的地形，消防、安全等设施无法满足监管要求，曹家湾菜场合规化的目标一直未能实现。同时，鲁磨路人流量实在太大，且又是交通主干道，不可能成为通过审批的正规夜市。因此，鲁磨路的小贩经济始终处于边缘地带。

在夜市公司化管理之后，鲁磨路小贩江湖里面打架斗殴的情况已经极少了，各方的利益都有了保障。张冲和"八哥"这样的地方头面人物，在道上还有一定的话语权，对街头纠纷还是有能力调解的。但他们都不怎么公开露面，尽量不招惹是非。靠水市场和曹家湾菜场周围时常会聚集一些流动小贩，城管一般认为他们是有主体责任的，有义务驱赶这些小贩。但他们都认为，小贩占道占的是公共区域，不属于菜场经营范围，他们没有权力去干预小贩摆摊。因此，城管就得和张冲、"八哥"这些头目反复沟通协调，沟通的结果会迅速传导给小贩，久而久之就形成了一些默契，这个默契其实也是江湖规矩。

图 3-5 拥有人力三轮车的游击小贩

鲁磨路这个江湖,看似水深,但只要小贩掌握那些不言自明的规则,待下去是没问题的。这个规则的重要一条是,别与本地人争。曹天华说,"八哥"之所以能够在靠水地区立足,主要还是依仗了其姐夫,否则,一个外地人不可能斗赢本地人。同理,外地小贩要进入鲁磨路,实在是没资格和曹家湾人争利益。这是因为,外地小贩要在鲁磨路扎根摆摊,必然要在曹家湾和其他城中村租房住,而只要租房,其人口信息必然就会被本地人掌握。过去,计划生育是流动人口管理的重心,很多北省籍小贩都会超生,他们肯定会避免因为得罪本地人而惹上麻烦。因此，来鲁磨路谋生的外地小贩，哪怕势力再大，也会避免和本地人产生冲突。

早年，有来自边省的小贩试图抢地盘，拖着一车一车的香瓜在武汉各街道售卖，但本土势力总是有办法将其挤出去。采取的办法平常无比，无非就是在夜间偷偷破坏边省的摊位，把没有卖完的瓜"偷"完。外来的小贩只要不离开有"主"的地盘，必然会被袭扰。只要离开这些位置，就会相安无事。因此，鲁磨路夜市的"地界"，路人不懂，但小贩都知道。哪怕是"北省帮"和李成柏这样的"狠人"，也要避免进入夜市的地界。于是，"北省帮"的活动范围是581车站往南，向光谷广场拓展；而李成柏的摊位，则在181厂以北，且和曹家湾隔了一条马路。

小贩江湖都会有一个按照丛林法则"打码头"的阶段，胜利者占据地盘，失败者退出。一个新的"无主"地盘的出现，必然会引起多方势力的争夺。2012年底，地铁二号线一期工程竣工，鲁巷是终点站。光谷商圈瞬时人气爆棚，鲁磨路也更加热闹。在鲁磨路"打游击"的流动小贩瞅准地铁口商机，伺机想要占据地铁口附近的尖东花园广场。整个2013年，"北省帮"、来自湖北乡下的小贩以及来自边省的小贩，三方势力在此处展开了激烈争夺。在长期拉锯的过程中，谁都没有占据绝对优势，城管也就勉强维持住了局面。

边省小贩来到武汉摆摊，背靠一定的政策依据。早年，全国区域间的劳务协作机制慢慢建立起来，一些边远地区会鼓励和组织农民工到沿海和内地城市务工。由于距离遥远，且语言文化不通，农民工所在地政府往往会开个介绍信让他们带着，大意是请武汉市政府有关部门给予关照，允许其在街上摆摊卖特产。武汉市政府也给予了回应，在鲁磨路辖区就安置了几个摊位，让这些边省农民工在这里摆摊。其中一个摊位地处夜市核心地段，曹家湾势力也只能默认。城管每次路过这些摊位，询问有关情况的时候，守摊的小伙子总是摇头，表示听不懂。

一天下午，我终于碰到了摊主艾力，就和他闲聊。他竟然是个自来熟，介绍说这些守摊的小伙子都是他从家乡带出来的，每个月只发生活费，其他工资年底的时候一次性结算给他们父母。聊完了，他问我需不需要租摊位。他说，他不仅在鲁磨路有摊位，在其他街道也有。显然，这些小贩早就和"北省张"一样，转型成了老板，且老乡之间协同行动。其摊位要么雇佣从边省老家带出来的年轻人，以售卖边省特产为主，要么租给有需要的流动小贩。有些摊位可能是政府安置的，但有些摊位可能是"打码头"获得的。

2014年春节过后，边省小贩逐渐在尖东花园广场占据了优势地位，"北省帮"完全退出，只有少数几个湖北乡下小贩还在坚持。占据优势的边省小贩，在尖东花园广场经营起烧烤摊点，还将摊位"租"给原来在此打游击的部分小贩——一旦城管执法，他们便会现身阻挠。然而，边省小贩收保护费的行为，却激起了留守小贩的不满。留守小贩逐渐聚集起来，和他们"抢码头"。留守小贩的领头人是一位刑满释放人员，人高马大，宣称"我不怕他们，就要和他们争"。在一次争斗中，双方发生了激烈肢体冲突。城管趁此机会，联合公安部门取缔了业已成形的摊群。尖东花园广场是一个缩影，它表明，如今的鲁磨路，"丛林法则"已经越来越不适用，小贩们想要依靠拳头来开创一个新据点，几乎没有可能性。

但鲁磨路江湖的另一条规则是"死缠烂打"。小贩只要不破坏既有的地盘格局，专心和城管周旋，还是有极大可能性获得合适的据点的。城管的管理原则是疏堵结合，这个原则深谙人心。只要小贩有合理的理由，比如老人、学生、残疾人等弱势群体身份，城管在执法过程中都会网开一面。学生模样的黄宇在"打游击"的时候，经常获得执法人员的照顾。李成柏可以扎根鲁磨路，很大程度上是城管和社区出于帮扶弱势群体的善意而妥协的结果。我在鲁磨路调研期间，隔三差五就有小贩拿着各种证明自己困难的材料请求城管让其在鲁磨路摆摊设点。有些是其老家村委会开的介绍信，有些则是政府部门开的协调函。

2016年5月17日，有一位50岁左右的小贩携带一份省残联开的协调函以及"残疾人优惠待遇"的小册子找到中队，要求在鲁磨路摆摊设点。在找上门之前，城管已经对其摊位驱赶过多次，但他坚持不懈，去省残联上访后，获得了一份"协调函"，具体内容是：

> 武汉市城管执法大队：兹有残疾人×××（残疾证号×××）家住湖北潜江市浩口镇养殖场，2016年5月12日到我会反映：自己生活非常困难，目前在东湖风景区承包了

一个荷塘，其想在不影响行人通行的前提下，在洪山区鲁磨路地质大学人行道旁售卖藕带。请贵单位从关心关爱残疾人的角度，给予其帮助为盼。2016年5月17日（盖章）

严格说来，这种协调函并不合规。在某种意义上，"残联"也并不认为这是一个严肃的行政行为，而仅仅当做应对上访的一种策略。协调函的随意性非常大，错漏很多，如市城管委并没有城管大队，只有区城管委才有。严格说来，协调函应该是公对公的，但这份协调函却是让上访人持有。但城管也不太介意，对于管城南来说，介绍信和协调函表露出两个信号，一是这个小贩的确困难，有摆摊需求；二是此小贩对摆摊有极强的意志，堵是堵不住的，只能疏导。对此，城管当然还是以宣讲法规为主，但也会对其摆摊行为在可控范围内给予疏导，比如，强调不能随意流动，固定时间，固定地点，限期摆摊。

客观而言，差异化政策强化了小贩的身份塑造。在鲁磨路，几乎所有小贩都公开宣称自己是弱势群体，哪怕其事实上已经是老板。只要有小贩获得了城管的格外关照，必然会招致其他小贩的不满，进而想方设法获得同样的权益。在581车站附近有一个炒板栗的爱心摊位，摊主是余斯淼。2013年9月，来自北省农村的余斯淼为筹款给患癌症的妻子治病，借款10万元购进板栗50吨，由于联系不到买家，余斯淼便自己在鲁磨路摆摊炒板栗。城管多次执法，但余斯淼始终不退缩。城管经过了解得知，余斯淼家里确实有困难，炒板栗实属无奈。于是，城管便采取了疏导政策，和余斯淼签订了"君子协定"，在不能随意流动，卫生自行打扫的前提下，允许其在此摆摊，直到50吨板栗销完。

2015年夏，我在鲁磨路开展实地调查时，余斯淼还在他的爱心摊位炒板栗。城管每次去问，余斯淼都回答说50吨的板栗没有炒完。于忠苦笑着说，"谁都知道那50吨板栗肯定卖完了"，然而，"君子协定是要靠君子来遵守的，但协议人不是君子，可怎么办呢？"

2014年秋季，管城南接到了一封洪山区政府办公室转过来的匿名举报信，里面详细列举了余斯淼的经营之道。余斯淼在鲁磨路辖区拥有一个仓库，不断进货，他不仅自己炒，还把北省老家的亲戚和儿子儿媳妇也引到了鲁磨路，让他们和"北省帮"一起去打游击炒板栗。只不过，面对城管时，余斯淼还是孤身一人守着爱心摊位，他的仓库里，存货绝对还是有的，爱心摊位也是要长久保留的。举报人显然是鲁磨路的流动小贩，甚至很可能是余斯淼的老乡。于忠分析，他们应该是在生意上有竞争，就想借城管之手，把占据优势的余斯淼摊位取消掉。只不过，但凡是开了口子的摊位，摊主几乎都会如李成柏一样，牢牢占据既得利益，如要取消，那必须要用更大的利益交换才行。

城管局办公楼下的标语

第四章
兜底部门

小贩江湖是如此之复杂，于忠虽对江湖之事了然于胸，却并不敢将自己置于秩序的中心。他是鲁磨路的执法者，却常常陷入困顿。很多时候，他也扪心自问，"城管到底是什么呢？"1991年，他辞去了一份工厂的工作，参加统一考试当上了城管，其职业想象是成为像公安一样的执法人员。2016年8月，在其职业生涯20多年后，住房和城乡建设部印发《关于印发全国城市管理执法队伍"强基础、转作风、树形象"专项行动方案的通知》（建督〔2016〕244号），倡导"721"工作法。这在于忠的意料之中，他早就习惯了疏堵结合的工作方式。人们或许只记得他被"疯子爹爹"从街头骂到街尾，但还是带人移了李成柏亭棚的故事。人们不知道的是，在他和李成柏多年拉锯期间，他为李成柏一家的出路真是费尽心思。那些长期在鲁磨路摆摊"讨生活"的小贩，多少都是受过他的关照的。于忠的这些做法，既是出于本心，更是制度使然。我和于忠、管城南等人探讨过城管的作用，最后的共识是，城管部门是政府机构中的兜底部门，城管人员是"清道夫"，他们得把城市问题兜住。

1. 武汉城管

"城管"在语义学上已经是一个有独立内涵的概念，它并不能被简单视作"城市管理"的缩写。自城市产生以来，城市管理就已经存在。最早的城市一般都与设立固定的行政中心的需求有关，市场是依附于既定的政治或军事权力组织的。现代意义上的

第四章 兜底部门

城市管理有狭义和广义之分，广义的城市管理包括对城市政治、经济、文化等各领域的管理；狭义的城市管理则主要指与城市公共设施相关的管理。长期以来，哪怕在狭义上，城市管理也与市政、园林绿化、市容环卫等诸多行政部门相关。

改革开放后，随着知青回城，单位制解体，城市商品经济日益活跃，市容环境卫生管理走到了台前。1980年3月1日相关部门发布经国务院批准的《关于加强城市环境卫生工作的报告》，明确国家城市建设总局作为全国环境卫生管理工作的主管部门，从而确立了城建部门在城市管理中的主导地位。此后，城乡建设环境保护部于1982年12月11日发布《城市市容环境卫生管理条例》（试行）。

20世纪80年代中后期，城建系统开始探索如何解决分散执法的弊病，试图以"城建监察"的名义对各城市管理队伍进行归口管理。一是对广义的城建系统中的管理执法活动——规划、市政设施、公用事业（水、电、气）、市容环境卫生、园林绿化等五大块的行政执法活动进行归口管理；二是统一地方政府自主建立的城市管理队伍。根据1990年《建设部关于进一步加强城建管理监察工作的通知》要求，城建监察队伍由城市的建委或管委、市容委统一归口管理；城建监察队伍的工作范围，原则上应当与城市建设行政主管部门及规划、市政、公用、园林、市容环卫等专业行政主管部门的职责范围相一致。1992年建设部颁布《城建监察规定》，明确了全国的城建监察执法主体及职责范围等规定，实现了全国城建监察行政执法队伍名称、执法主体、执法内容、执法体制、服装标志、归口管理的"六统一"。

与城建监察归口管理平行的是，市容卫生管理系统在城市管理业务中的地位不断提升。1984年10月20日十二届三中全会出台《中共中央关于经济体制改革的决定》，明确要求市长的工作重点应逐步转移到城市建设管理的轨道上来，全国各地相继建立城市管理临时机构。1989年，国务院《关于加强爱国卫生工作的决定》出台，全国爱国卫生运动委员会启动国家卫生城市创建活动，奠定了市容卫生工作在城市管理中的关键地位。20世纪90年代中期，市容卫生管理部门一度取代城建部门，成为城市管理的主导部门。

1996年《行政处罚法》第十六条关于"相对集中行政处罚权"规定出台，诸多行政部门的部分或全部与城市公共设施相关的行政处罚权"集中"于城市管理（执法）局，"城管"作为一个具有独特内涵的概念才被广泛使用。（1）作为机构，它是城市管理（执法）局的简称。在中国的行政体系中，它长期作为一种"异数"存在。一反传统部门上下级间"职责同构"的机构设置原理[①]，城管并无上级主管部门，打破了条块结合的科层制设计。（2）作为上述机构中的行政执法人员，"城管"严格意义上只指那些拥有执法资格的从事城市管理执法的工作人员。只不过，在实际工作中，有执法资格的城管与辅助执法的协管员难以

---

① 朱光磊、张志红：《"职责同构"批判》，《北京大学学报》（哲学社会科学版），2005年，第1期。

第四章　兜底部门

区分，普通民众在大多数情况下也不会严格区分。故而，在宽泛意义上，城管还包括没有执法资格的协管员。

城管的产生是意外的结果：相对集中行政处罚权只是一种制度试验[①]，城管执法体制的确立仅仅是试验的可能后果之一。在相对集中行政处罚权进行试点之前，面对日益繁重的城市管理事务，城市政府在既有的行政体系中进行了积极应对，并通过综合执法等手段来解决部门主义的困境。甚至在城管产生并被确认为新型城市管理体制的过程中，城市综合执法的趋势也未消退。这就注定了城管从始至终处于激烈的制度竞争环境之中，这为其成为"兜底部门"埋下了伏笔。

进入21世纪以后，以暴力执法和暴力抗法"两暴"现象为主要表征的城管执法体制弊病，反而突显出来。这是历史的吊诡：一个以改革旧体制为使命的城管执法体制，很快就成为了被改革的对象。2015年12月21日，中共中央、国务院召开高规格的城市工作会议，并稍后出台了《关于深入推进城市执法体制改革改进城市管理工作的指导意见》，明确国家住房和城乡建设部为城管执法体制的主管部门，并确立了"权责明晰、服务为先、管理优化、执法规范、安全有序"的城市管理体制改革方向。这对相对集中行政处罚权试点而言，又是一种意外的结果。一方面，相对集中行政处罚权试点一直被相关部门视作对现有行政体系的一种

---

① 李振：《制度建设中的试验机制：以相对集中行政处罚权制度为案例的研究》，北京：中国社会科学出版社，2019年，第1版。

"破坏试验"①，即故意不按通行的上下级间"权责对等"原则进行部门设置，致使城管没有上级主管部门。重新确立住建部为城管的主管部门，是在事实上承认这一"破坏试验"并不成功。另一方面，相对集中行政处罚权试点的初衷是提高行政执法的效率，绝大多数城市的城管执法体制最终都走向了城市综合治理，在服务优先的导向下，管理和执法职能附属于城市治理。换言之，城管执法体制的意义已经将完善执法体制外溢为完善城市治理体系。

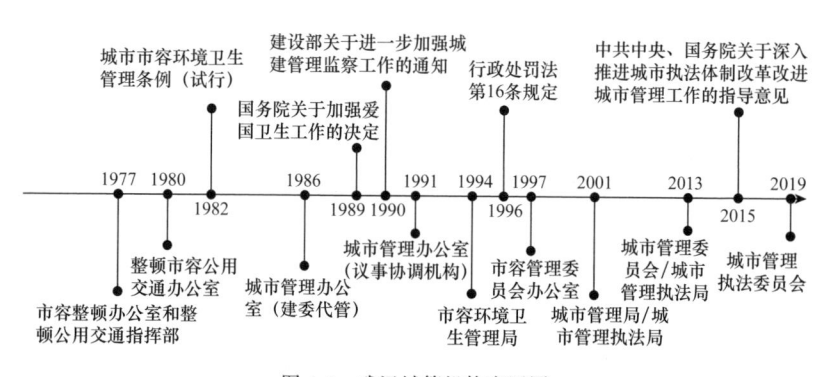

图 4-1 武汉城管机构变迁图

城管是一直未能在既有行政体系中找到准确位置的部门，因此一直处于改革进程之中。与其他传统、专业化的政府机构相比，城管是一个虽备受关注，却总是被有意无意地"剩余"下来的部门。从部门源流来看，城管主要源于城建监察和市容管理职能。但这一任务分派很难归置于单一部门。因此，其机构属性与

---

① 刘阳：《北京城管研究》，北京大学博士学位论文，2011年，第4页。

其说是行政职能划分的自然结果,还不如说是政治动员与机构改革共同作用的结果。武汉市城管部门在历次地方政府机构改革中,都是首当其冲的被改革对象,其机构性质在经过三十年的改革后才确定下来。

第一次改革——从临时性机构到"正式局级机构"。1980年,市人民政府决定将1977年为消除"文化大革命"时期给市容卫生、公用交通造成混乱状况而成立的市容整顿办公室和整顿公用交通指挥部两个临时机构,改建为武汉市人民政府整顿市容公用交通办公室(正式局级机构),定事业编制20名。从机构性质角度说,"正式局级机构"是一个未能完全定性的说法。以至在1983年的党政机构改革中,市整顿市容公用交通办公室仍被定为非常设临时机构。只不过,从机构的实际运作情况看,由于核定了级别和人员,它更接近于政府部门的常设机构。

第二次改革——从"正式局级机构"转变为半直属机构。出于市容管理的客观需要,市政府仍将市整顿市容公用交通办公室当做正式局级机构加以建设,并采取一些变通措施强化了其城市管理职能。1964年,市政府指定由市公安局负责全市市容管理工作,成立市政民警队,后改名为市政民警纠察队。该队伍全市共168人,主要任务是配合各区进行市政和清洁卫生管理,经费由城市维护费列支。1985年5月,市政府为加强市容卫生管理力度,决定将原市政民警纠察队编制全部划拨给市整顿市容公用交通办公室,并成立武汉市市容卫生督察大队。1986年这一机构被更名为城市管理办公室(局级,简称城管办），内设秘书处、市容管理处、交通管理处和城建监察大队，归市城乡建设管理委员会代管。至此，城管办实际成为一个规模并不算小，且正规化程度较高的政府直属部门。只不过，因归口管理的原因，受建委节制，它在正式科层体系中的地位要略低于直属部门。

第三次改革——从半直属机构变为直属机构。1991年9月，市政府决定将市综合治理脏乱差、加强城市文明建设工作小组改为市创建国家卫生城市领导小组。同时市政府还决定将市城市管理办公室由市建委代管改为市政府直接管理，作为市政府直属机构和市创建国家卫生城市工作领导小组的办事机构。从机构变更的动力来看，城管办之所以成为直属机构，根源在于它成为了创建国家卫生城市工作领导小组的办事机构。这意味着，这一次变更并非根据部门划分原理，反而是运动式治理所致，它本质上属于议事协调机构。

第四次改革——从直属机构变为政府部门。1994年的机构改革中，环境卫生管理局与城市管理办公室合并，组成市容环境卫生管理局，保留市人民政府城市管理办公室牌子。尽管城管办仍然在行使协调全市各部门开展市容管理的职能，但它事实上被原环卫局吸纳了，已经很难再起到有力的统一指挥、动员的作用。

第五次改革——再从政府部门变为办事机构。1997年4月24日，中共武汉市委、武汉市人民政府发出《关于充实加强市市容管理委员会的通知》。市容管理委员会办公室由原与市容环卫局合署办公改为挂靠市人民政府办公厅，为市市容管理委员会的常设办事机构，负责城市市容管理的统一指挥、督办协调、检查评比及市容管理委员会的日常工作。

第六次改革——从办事机构变为政府部门。2001年9月新组建的武汉市城市管理局、武汉市城市管理执法局（两个机构合署办公），是由原市政建设管理局、市容环境卫生管理局、公用事业管理局、市容管理办公室4个单位合并组成。城市管理执法局集中行使市容环境卫生、城市规划、绿化、市政、环境保护、工商无照经营管理、公共交通占道管理等方面法律、法规、规章规定的全部或部分行政处罚权。这是相对集中行政处罚权试点和政府机构改革共同作用的结果。一定意义上，它宣告了城管部门在形式上实现了政府部门的改造，其承担的对市容管理进行运动式治理的办事机构功能逐渐弱化。在2013年组建城管委，实行大部制改革后，这种弱化更加彻底——相当一部分之前需要专门部门来协调的职能归并到了城管委，成为其固有职能的一部分。2019年机构改革后，市一级由"两块牌子"变成一块牌子——市政府组建城市管理执法委员会，区级只保留城市管理执法局这一块牌子，其机构职能和内设机构都没有变化。但是，区城管执法局的一些职能下沉到街道，街道则以城管中队为核心，综合其他行政执法组建综合执法中心。

表 4-1 武汉市城市管理机构变迁简表

时间	机构名称	主管部门	机构性质	主要依据
1977—1980	市容整顿办公室和整顿公用交通指挥部	市革委会	临时机构	1977年，武汉市革委会开展"三整顿"（公用交通、社会秩序、市容卫生）工作，并开展爱国卫生运动。
1980—1983.5	整顿市容公用交通办公室	市政府	未定	改建带有政治动员性质的临时机构。
1983.5—1986.5	整顿市容公用交通办公室	市政府	临时机构	1983年的党政机构改革定位为非常设临时机构。
1986.5—1991.9	城市管理办公室	建委代管	半直属机构	《城市市容环境卫生管理条例》（试行）明确建设部门主导市容管理。
1991.9—1994.7	城市管理办公室	市政府	议事协调机构	1991年9月市创建国家卫生城市领导小组成立，城市管理办公室为其办事机构。
1994.7—1997.10	市容环境卫生管理局	市容环境卫生管理局	政府部门（增加办事职能）	1994年机构改革：环境卫生管理局与城市管理办公室合并，组成市容环境卫生管理局（保留市人民政府城市管理办公室牌子）。

续表

时间	机构名称	主管部门	机构性质	主要依据
1997.10—2001.9	市容管理委员会办公室	挂靠市人民政府办公厅	议事协调机构	1997年成立市市容管理委员会，城市管理办公室改为市容管理委员会的常设办事机构
2001.9—2013.4	城市管理局/城市管理执法局	市政府	政府部门	根据相对集中行政处罚权试点及新一轮机构改革，组建城市管理局
2013.4—2019.3	城市管理委员会/城市管理执法局	市政府	政府部门	按照2013年政府机构改革的大部制改革方向，构建"大城管机制"。
2019.4—	城市管理执法委员会	市政府	政府部门	2019年机构改革方案，执法职权下沉。

城管出现之日起就带有动员型部门的色彩。从部门设置原理看，政府机构是依任务分派而来的，不同的任务活动形成不同的单元，一般的科层组织强调单一任务只包括单一部门，以避免职能交叉[①]。不过，市容管理在我国城市管理工作中一直具有独特地位，它带有强烈的城市动员色彩，长期被视作城市政府的"政治任务"，很难化解为某一部门的具体行政任务。如果以相对稳定的科层制行政与带有政治动员性质的运动式治

---

① 〔美〕马奇、〔美〕西蒙：《组织》，邵冲译，北京：机械工业出版社，2013年，第22页。

理作为中国国家治理的两维①，城管始终体现着两种治理方式的结合。只不过，随着行政环境和政治氛围的变化，两者的结合形态有所变化。

　　1972年成立的市容整顿办公室和整顿公用交通指挥部仍带有鲜明的通过军事化组织进行群众动员的色彩。虽然在1980年时，两个临时机构改组为整顿市容公用交通办公室，被正式纳入行政系统。但是，从其职能发挥来看，这一行政机构显然难以完成庞大的市容管理职能。在整个20世纪80年代，市容管理除了依靠政府内部的行政动员，还依赖于群众动员。到1990年，区、街两级已经组织了相对稳定的800人的群众性的执法队伍。1984年3月，武汉市政府决定成立市容卫生督查大队时，其组建方式是向全市机关、团体、企事业单位借调850名职工，市设大队、区设中队，工作时间一年。从1984年开始，市政府组织了每年重点"整治3000米路段"的运动，到1988年底，全市共整治主要干道、连通道9.2万米。

　　通过"三整顿"、爱国卫生运动等活动，武汉市政府发动各单位、居委会参与市容管理。仅仅是在1982年3月第一次全国"文明礼貌月"活动期间，全市就清除占道物资3900多处、15.2万平方米；拆除乱搭乱盖的违章建筑820多处、1.3万多平方米；整顿门面5400多个；整顿阳台9290个；洗刷陈旧标语3.1万条。政治动员主导的市容管理，具有临时性、随意性特征，受一时一

---

① 周雪光：《运动型治理机制：中国国家治理的制度逻辑再思考》，《开放时代》，2012年，第9期。

地的政治因素影响。相关行政机构也只是辅助政治动员的手段，故具有临时性特征。

20世纪90年代，一种将政治动员常规化的运动式治理机制被广泛运用于市容管理中。组织政治动员的行政机构变为常设机构，人员、职责、编制、经费等等都按正规政府机构设置，其工作程序也遵循理性化行政原则。运动式治理机制有几个特征：第一，成立领导小组，进行"小组治理"；第二，建立办事机构，保障领导小组的日常工作常规化；第三，主要依靠政府间的锦标赛体制，而非群众动员方式，开展市容管理；第四，运用综合执法等方式，将综合管理与专业管理相结合。

全国爱卫会从1989年开始组织开展创建国家卫生城市活动，武汉市开始了长达25年的"创卫"活动。"创卫"活动本身具有一整套的标准流程，极大程度上将1980年代的政治动员式市容管理常规化了。1990年武汉市成立了创建国家卫生城市领导小组，城市管理办公室为该小组的办事机构，武汉市于1990年、1992年、1995年连续3次被评为"全国卫生城市"。1996年，武汉市向创建"国家卫生城市"高标准推进，于1997年成立市市容管理委员会，城市管理办公室改为市容管理委员会的常设办事机构。只不过，直到2014年武汉才获得"国家卫生城市"称号。

到1990年，武汉市配备的城管监察队员只有183名，市政、环卫、园林、房地、防汛等专业监察队伍共430人。市政府为了解决各个队伍分散执法效率低下的问题，同时服务于"创卫"等政治工程，联合执法和综合执法方式被广泛采用。1990年，在创建卫生城市活动中，由市、区城管监察队牵头，与公安、交通、市政、环卫、工商、园林、食品卫生、文化等部门组成联合执法队，共出动6700多人次，查处违章占道经营2139起，违章搭盖194起。

1990年《行政诉讼法》出台以后，这种联合执法涉嫌执法主体不明确问题，政府逐渐减少使用，继而开始运用综合执法方式。武汉市于1991年面向社会公开招聘790名城建监察队员，全市城区各街道共设置了79个城建监察分队。至今武汉城管系统依然普遍认为，此次"招干"标志着武汉城市管理专业执法队伍的建立。于忠回忆，从招考条件就可见这一队伍的素质保障：

> 第一，身体素质参照警察招考条件，身高男不低于170 cm、女不低于160 cm，还需要进行身体机能测验；第二，文化素质要求高中以上文凭，并统一进行专业笔试；第三，政审合格。洪山区共1000多人参考，但只录取了60名，录取率为5%左右。

从实际招收的队员来看，大多数队员曾是市内各企业的青年工人，他们一般都自修有大学文凭。其中个别为应届高中毕业生，以及原城管办、市容所等相关单位"转正"的合同工。我调查期间，武汉市城管系统上自城管委主要领导，下至区城管大队以及基层中队的执法队员，主要都来自城建监察队伍。鲁磨路城管中队共9名正式队员，包括于忠在内的5名队员都来自这次"招考"。

如此，武汉市形成了在市、区两级依靠联合执法进行重大问题专项治理、在街道一级依靠城建监察分队对市容管理进行综合执法的模式。1994—1995年期间，武汉市短暂实行了巡警综合执法模式。1994年，武汉市人民政府制定《武汉市人民警察巡察暂行规定》，组建巡警队伍，对交通、治安、市容等诸多领域进行综合执法。但1995年《中华人民共和国人民警察法》未肯定市容执法，巡警综合执法还未真正实践就终止了。巡警综合执法模式在制度变迁上只是昙花一现，但对于忠等人却是刻骨铭心的，这源自轰动一时的"大智路事件"。

1993年7月7日，武汉市正在迎接"两会一节"（市人民代表大会、市政治协商会议及渡江节），城管执法比平时要严格许多。大智路一位来自孝感农村的小贩因不服管理引起执法冲突，导致意外死亡。此事引起市民极大愤慨，导致了舆论风暴和街头抗议，时任市委主要领导指示要严办当事者。事后，当事城管被依法从重从快查办，带队城管被判处死刑，其他城管则被判处有期徒刑等刑罚。城管执法系统的同僚对此难免物伤其类，全市几百名城建监察队员都签署了请愿书，为当事城管求情，但未能改变结果。

在武汉城管系统，"大智路事件"是一个必提的事件。"大智路事件"过后，好不容易建立起来的城建监察体系顷刻瓦解。

街道城建监察队伍被市容监察收编，一度传出城建监察队伍要被并入警察队伍，实施巡警综合执法的说法。但无论是法律上，还是部门利益上，警察队伍都不可能接受这一方案。1997年《武汉市街道市容监察处罚规定》出台，街道监察中队的综合执法权获得了法律承认。城管逐渐放弃了对群众动员的依赖，转而依靠行政动员。事实上，因为"大智路事件"的影响，城管的执法权威和执法队员的积极性受到极大影响，行政动员的效果也不明显。

随着2000年全国爱卫会宣布不再组织全国统一的城市卫生检查评比，"创卫"活动的政治动员性质才逐渐减弱。与此同时，市容管理的科层化迅速推进。1996年《中华人民共和国行政处罚法》颁布，其第16条肯定了各地实行多年的综合执法试验，为"相对集中行政处罚权"的施行提供了法律依据。1998年政府机构改革继续强调机构精简及转变职能的主要方向，这为一些地方统一整合城市管理职能提供了机遇。武汉市于2001年正式获批开展相对集中的行政处罚权试点，并组建了城市管理局。自此以后，原属多个部门管辖的城市市容环境综合管理事项大多归入城管局统一行使，城管对城市管理事项实施综合执法。

只不过，城管局仍是一个有较强行政动员性质的部门。城市管理的基础性职能如规划、环保等仍保留在其他部门，城管局仍然无法完全容纳城市管理职能。并且，城管局虽然将有关部门的执法权集中在一起，但更为前端的审批、许可权等并未同时被移交，这在行政流程上制造了部门之间的分割。此外，城管局所集中的相关职能，尽管都属于"城市管理"范畴，但从专业行政角度上说，它们之间往往并无联系，无法构成完整的职能。换言之，尽管形式上城管局是单一部门，但它包含了多个联系并不紧密的职能。大部制改革以后，这一问题更为凸显。比如，治理占道经营和油烟噪音污染都属于城管职能，两者虽职能"相近"，但本质上却属没有任何交叉的两类职能。由此，城管局内部也要依赖行政动员来消除因行政资源不足、部门分割所造成的管理黑洞。因此，城管执法尽管已经科层化了，却常常需要运动式治理加以辅助。

2. 剩余事务

剩余事务的产生一方面源自城市的发展，导致人们的需求越来越多，市政职能也就越来越多。一些未来得及确定为市政职能，却又不得不处理的事务，也就成了剩余事务。当然，剩余事务是部门设置专业化制造的意外结果，新生的、难以处置的事务往往被划入专业化程度还较低的弱势部门。城管是各城市自行设置的新部门，它不具有传统部门的专业性，承担的大多是与别的部门有交叉的事务，是别的部门"剩余"而来的职能。大体而言，市政任务分为两类，一类是简单易处置的问题，另一类是复杂且不好处理的问题。后一类问题往往不存在固定的处理方案，也不存在一套可以衡量的标准。城管执法事项基本上是后一类任务。哪怕是市容管理这样的核心业务，也是由诸多细小琐碎、不易处理的事务组成的。

剩余事务往往源自市民的生活习惯，随时随地都有可能发生，其法律界限难以确定，即便是被列入执法事项，也因难以类别化而难以执行。并且，这类事务往往难以定性，在道德、法律界定上存在较大的模糊性。大多数剩余事务游离于合法和违法之间，即便是被纳入违法事项，也难以确定事实。哪怕是确定无疑的违法违规事件，处理方法和尺度也有较大争议。这些事项往往夹杂着不同价值观和利益群体的冲突，还夹杂着"历史遗留问题"，一些看似简单的剩余事务，实际上内含了诸多事项，具有牵一发动全身的特点。

按照于忠等人的内部说法，城管部门的现场控制力是严重不足的，大多数执法事项因为"没有手段"而难以处置。按照《中华人民共和国行政强制法》等相关法律规定，城管部门只具有暂扣经营物品和工具的权力，并不具有限制行政相对人人身自由的权力。一旦行政相对人不予配合，执法就难以开展，冲突就在所难免。

管城南2002年毕业于某211大学法律专业，通过考试进入了城管执法局，是武汉第一批大学生城管。他谈及加入城管的动机时说："当时武汉城管是参公编制，又是执法部门，虽不如公安，但穿上制服，怎么着也有威风八面的感觉。"只不过，上班以后他才发现，城管干的竟然是婆婆妈妈、鸡零狗碎的杂活。他工作的第一个单位是远郊执法中队，主要工作是"控违"和拆迁。彼时，群众根本就没把违建当作法律问题，城管也不按法律程序执法，双方都在玩"猫鼠游戏"。有一次，管城南仗着年轻气盛，冲锋在前，差一点出了人命，现在想起来都后怕。

一般而言，政府机构是依任务分派而来的，每一个机构都有相对稳定和独立的任务单元。但城管部门有其特殊性。它源于市容管理，而这项职能（典型如爱国卫生运动）一开始就具有综合性、临时性、动员性等特征，很难被分割成有清晰界限的任务单元。由此，城管部门处理的事务总会与别的部门发生交叉。基于相对集中行政处罚权的定位，以及新设部门的历史事实，在交叉职能的部门竞争中，城管往往起"兜底"作用，一些模糊、零碎、不易处理的事务被慢慢归于城管部门。从另一个角度看，这些新产生的、或被别的部门抛出、最后为城管部门"兜底"的事务，事实上是一种剩余事务。作为兜底部门，城管的业务基本上由别的部门"剩余"而来（见表4-2）。

表4-2 武汉市城管业务情况简表

业务类别	剩余事务	业务划拨时间	原业务部门
核心业务	违法占道管理	改革开放初期	工商及建设、环卫等部门
	立面（招牌、广告）管理	改革开放初期	原建设、环卫部门
	"三乱"（乱涂、乱刻、乱画）整治	改革开放初期	原建设、环卫部门

续表

业务类别	剩余事务	业务划拨时间	原业务部门
扩展的业务	工地、渣土管理	2002 年	原建设、环卫部门
	违建查处	2002 年	规划部门
	建筑物内底层地面非法下挖	2012 年	多部门交叉职能
	沿街违规开设门店	2012 年	多部门交叉职能
	油烟、噪音污染	2011—2013 年	环保部门
	餐厨垃圾	2013 年	多部门交叉职能
	影响市容的架空管线	2012 年	各权属单位
	道路挖掘管理	2001 年	原市政局
整合的业务	井（沟）盖管理	2001 年	原市政局
	燃气煤气管理	2001 年	原燃气煤气管理办公室
	城市绿化执法	2013 年	园林局
	治超（货车超载）	2013 年	原道路运输管理局

城管的核心职能是市容卫生管理。1982年，城乡建设环境保护部制定的《城市市容环境卫生管理条例（试行）》，将市容管理确定为建设部门的专门职能。此后，随着爱国卫生运动和"创卫"活动的开展，市容管理逐渐从运动式治理走向常规治理，其法律依据也得到加强——国务院于1992年颁布实施《城市市容和环境卫生管理条例》。以此为标志，各城市的市容管

理业务逐渐从原建设部门独立出来，并与更具亲缘性的环境卫生管理相融合，进而组建了城管部门。在相对集中行政处罚权试点之前，城建监察及环境卫生的执法事项构成了城管部门的基本职能。

武汉市在2001年组建城市管理执法局以后，其职能开始迅速扩展。传统上，市容管理主要指违法占道管理、立面管理及"三乱"整治。但随着城市发展，市容管理的内涵开始扩大。比如违建，它一直属于规划部门的职能，但长期以来也与市容管理沾边儿，且因街道城建监察分队的存在，使城管管理更为便捷，故而规划部门一直委托城管进行执法。2002年城管局成立后，违建执法被正式移交给城管部门，城管局在2004年成立了"拆违专班"。一些原本并不认为是影响市容的事项也逐渐成为城管的重要职能，比如渣土管理、油烟噪音污染治理等。通过机构改革，城管部门整合了与市容管理具有表面相似性的职能，比如燃气煤气管理等。

城管部门相当部分的拓展职能是因群众投诉增加、政府积极回应、城管部门主动或被动采取行政措施而增加的。2011年，武汉市开启"治庸问责"和电视问政风潮，一些职责不清的剩余事务引起市政府重视，许多事务被指定为城管部门的职责。在2012年的"治庸问责"活动中，有关部门梳理了群众反映强烈的十个突出问题，在明确责任主体，并进行部门职责分工时，城管部门承担了其中六个突出问题的主体责任。按照2012年市人民政府办公厅《关于进一步明确沿街违规开设门店等十个突出问题涉及部门管理责任的通知》，武汉市城管委在2013年的"三定"（定编、定岗、定责）方案中，正式将这六个事项纳入城管部门职责。这六个事项的具体职责规定为：

1. 沿街违规开设门店的管理：负责对沿街门店的违法建设和影响城市容貌的行为进行管理。

2. 建筑物内底层地面非法下挖的管理：负责制止并依法查处建筑物内底层地面非法下挖中的违建行为。

3. 户外广告设置的管理：会同有关部门编制本市户外广告设施专项规划和户外广告设施控制性详细规划，组织实施并监督相关部门落实，负责对本市内除交通运输部门审批外的其他户外广告设置的审批。

4. 城市道路井（沟）盖的管理：在日常巡查中，发现井（沟）盖破损、移位、丢失或者妨碍通行的，应及时设置警示标志并通知所有权人或维护管理单位限期更换、修复，对责任落实不到位的所有权人或维护管理单位，依法处理。

5. 影响市容的架空管线的管理：组织相关权属单位日常巡查和维护，对擅自设置影响市容的架空管线行为依法查处，对权属不明影响市容的架空管线依法处理，发现管线脱落、倾斜等现象，及时通知权属单位限期维护，对责任落实不到位的管线权属单位，依法处理。

6. 建筑垃圾的管理：负责建筑垃圾运输资质的管理，查处无证运输建筑垃圾，查处违规倾倒建筑垃圾和建筑垃圾在运输过程中污染路面的行为。

"治庸问责"、电视问政、加强办理群众投诉等行政措施，在无意间发挥了信息收集整理及职能固定的功能。因投诉足够多，可以进行有效的数据分析，从而具备了决策参考的价值。群众集中投诉的事务往往来自日常生活，符合剩余事务细小琐碎又难以处置的特征。此类事务要么是新增事务，要么属于各部门的交叉职能，容易出现管理真空。对市政府而言，其关注的重点在群众投诉是否能够较好地得到处置，是否能够提高处置效率，即时回应群众诉求几乎是压倒一切的考量，"实用、便捷、高效、属地管理"，这成为了剩余事务处置的原则，也是剩余事务固化为部门职能的主要路径。

除了系统数据，突发事件往往具有典型性，容易引起领导注意，市政当局往往会顺势启动行政措施，意图建立长效机制，从根本上解决类似问题。在武汉城管史上，一些重要事件在形塑城管部门特征、规范相关职能方面，起到了关键作用。高空抛物治理本是一件典型的剩余事务，虽属于城管职能，但由于取证难等原因，并未被纳入日常管理。但一件偶发的高空抛物致女婴伤残案，使得武汉市《城市市容环境卫生管理条例》的相关条例得以激活。2014年11月20日15时许，出生46天的女婴何欣怡在汉阳世纪龙城小区11栋2号房楼下南侧晒太阳，被高空抛掷的水泥块砸伤。何欣怡被送医治疗，后被法医鉴定为七级残疾。2015年11月10日，汉阳区法院一审判决，80户业主被认定需承担赔偿责任，共赔偿何欣怡经济损失36万余元。一审宣判后，不服判决的陈某等47人提起上诉，请求市中院撤销一审判决中对自己判定的补偿责任，改判自己不负责任等要求。2016年9月8日，武汉市中级人民法院二审宣判，维持原判。在事件引起舆论关注后，城管部门联合公安局、房管局于2015年5月1日开展高空抛物整治行动，组建高空抛物整治专班，设立有奖举报，并在有条件的小区安装高清摄像头。自此以后，高空抛物治理成为城管部门的一项常规职能。

城管部门的业务扩展在大多数情况下是被迫的。但是，也有一些部门职责是其主动扩权，进而再生产出了剩余事务。渣土管理就是城管部门主动扩权的典型。一开始，渣土只是被作为"路面扬灰"之表现进行管理，并不是独立的执法事项。随着城市化的提速，渣土逐渐成为影响市容的罪魁祸首。城管部门发现，从渣土的生产、运输到消纳，是一个高度专业化的过程。工地管理一直是城建部门的职责。城建监察队伍与城管执法队伍有较深的历史渊源，城管对工地管理并不陌生。因此，城管一开始就介入了工地管理的外围职能，包括规范打围、文明施工等。这些职能与其说是渣土管理，还不如说是占道管理的延伸，其本意是通过规范施工保障市民出行。只不过，工地及周边扬尘、污水、泥浆，工地出入口地面未硬化，未按规定设置冲洗设施等，不仅会污染周边环境，还可能通过渣土车将污染源带入市区。故而，城管的工地管理职能反而附属于渣土源头管理。渣土车不同于一般的运输车辆，是一种"特种车辆"。为节约运输成本，赶时间，渣土运输车辆常有带泥上路、超高、超限、漏洒等现象。因此，管理渣土车及其运输企业，实际上是渣土管理的中间环节。消纳场的规划管理是渣土管理的最终环节。如果消纳场规划不合理，导致渣土无处去或处理成本太高，必然导致渣土运输无序进行。

可以说，渣土管理的每一个环节背后都是巨大的行业利益，将之纳入规范管理，无疑是一种显而易见的部门利益。城管部门通过多年的探索已经主导了渣土运输行业的管理，并掌握了消纳场的规划、审批权。武汉城管部门于2002年成立了渣土专班，专司渣土执法。2016年，城管部门还对全市渣土车进行了改造，渣土车智能监控平台上线，以实现用现代科技规范行业管理。在一定意义上，渣土管理的专业化程度已经相当高了。

城管部门是市政当局的自设部门，虽然有市容管理这一核心职能，但市容管理本身就内涵宽泛，界限不清晰，离专业职能距离尚远。城管部门一直通过综合执法、联合执法等实践，承担别的专业部门的执法事项。对市政府而言，城管部门承担剩余事务，实在是"实用、便捷、高效"。这决定了城管部门具有兜底性质。

3. 弱势部门

按照于忠的形容，城管就是"有爹没娘"的弱势部门。长期以来，城管只是各级地方政府的组成部门，并没有相对应的上级垂直管理单位。2016年住房和城乡建设部组建城市管理监督局以后，全国和省级层面的城管执法指导、监督职能才建立起来。但城管部门仍然是以"块"为主，上级"条条"在人事、财政及监督上，都难以干预地方政府意图。

从行政流程上看，城管面临上、下游之间的部门协调问题。城管部门的主要职责几乎都是其他职能部门移交来的，导致其与其他部门之间仍存在千丝万缕的关系。通常情况下，城管是末端执法部门，前端审批管理仍归属于原职能部门，两者之间形成上下游关系。执法流程上的部门分离有利于打破部门专权，却增加了部门协调成本。上、下游部门之间因协调不畅而导致的推诿、扯皮现象甚为普遍。上游部门因无执法权，其管理职能很难高效履行，对违法行为没有震慑力。下游部门因无审批权，也就意味着无法进行源头治理，导致其执法效率也不高。城管执法易于触及社会问题，在执法保障上严重依赖公安，在化解社会问题上又依赖属地街道和社区的配合。

从于忠的心理地图中可知，仅是鲁磨路出店经营及占道经营这一最为简单的日常执法，也存在诸多难以解决的"钉子户"。特殊人群占道经营的核心问题是，其特殊身份承载着其他的社会问题，只不过是通过占道经营表现出来而已。占道经营成了残疾人收入来源、无业人员社会安置、外地农民工城市融入等社会问题的出口，城管根本就无力承担众多如此重要的城市问题。

鲁磨路天桥附近的残疾人修鞋摊、老婆婆的杂货摊、地大天桥下的烤馕摊，乃至曹家湾菜场本身，涉及的都是特殊人群，他

图 4-2　天桥上的求助者

们都被赋予了某种"特权"。"北省帮"虽无"特权",但因其相互援助,使得他们善于和城管打游击,敢于制造冲突。公安机关倾向于通过民事调解解决问题,多数情况下城管执法程序有瑕疵,城管在调解过程中并不占优势。客观上,善"闹"的小贩在冲突化解中是容易占上风的,久而久之也就成了特殊群体。

此外,出店经营问题,其主要管辖权在工商部门。如无工商部门配合,城管无权查验商店的工商登记信息,连执法文书都难以下达,遑论严格执法。对机动车上卖水果的小贩,城管则毫无办法。对占道经营,城管能够采取的行政强制措施是暂扣其经营工具和商品。但机动车执法权在交警部门，水果又容易腐烂，不适合暂扣。

在部门协调过程中，城管部门往往处于不利位置。占道经营和出店经营属于城管的核心职能，其执法依据充分，管辖历史也最长，执法按理不应有多少阻力。然而城管部门依旧多受制于相关职能部门。小贩是否合法经营（工商执照信息），属工商部门职权，如无工商执照，工商部门可采取措施；如有，城管部门可依照工商信息下文书、做案卷。所有饮食类小贩的食品安全问题，管理权限属于食品卫生管理部门，如食品卫生管理部门联合执法，城管可销毁不合乎规定的暂扣食品。如果是当街"生宰活

图 4-3 利用机动车占道经营

羊"等贩卖行为，还涉及动物检疫问题，只有动检部门配合，未经检疫的暂扣动物才可做销毁处理。少数民族小贩的占道经营行为，由民族与宗教事务管理部门沟通协调，他们在执法尺度把握方面具有不可替代性。残疾人等特殊人群的占道经营行为，涉及弱势群体权益保护和民生问题，由街道社区的群众工作负责可缓解执法难度，也可促进疏堵结合。其他非核心职能以及一些新的"相对集中"过来的职能，比如油烟噪音管理、工地管理、违建管理等，城管执法受到的牵制更大。以致于城管内部形成一个共识，"只要执法，必定犯法"。

　　城管只要进行暂扣，开展整顿活动，执法冲突就难以避免。城管部门每次开展大型整顿活动，都要区政府办协调公安机关配备特警，以维持秩序。而在日常执法中，公安部门的调解技术、治安保障水平决定了城管执法保障的力度。于忠和管城南等一线城管，其重要工作之一便是和辖区派出所保持良好关系。比如，于忠的据点就在鲁磨路治安岗亭边上，他和辖区民警非常熟悉，还经常有业务交流。管城南谈起执法保障时说：

> 　　如果要说对城管执法影响最大的部门，那无疑是公安机关。城管执法是很难避免冲突的，一旦发生冲突，肯定要报警，有些是小贩报警，有些是队员报警。只要有警情，派出所就得出警，实际上是增加他们的工作负担。尤其是在整顿期间，街面管理力度加大，冲突就多，警情也多。民警都是倾向于民事调解，倾向于给小贩好处息事宁人。"城管素质

差"是不少民警的共识。我们肯定很不服气,毕竟这是执法冲突,不是民事纠纷。但也没办法。我肯定不能让手下兄弟吃亏,不能让他们流血又流泪。所以,和派出所搞好关系,是中队长的职责所在,逢年过节发短信问候一下派出所领导。别无所图,就是希望有警情的时候,派出所在调解过程中能够秉公处理。

我跟着管城南去派出所处理过一件执法冲突案件。管城南和派出所领导以及办案民警都很熟悉,打了招呼以后,他就陪涉事协管员在办案室做笔录,我和另一位队员则在办案大厅等候。其间,小贩在办案大厅里大吵大闹,在地上撒泼打滚,民警过去呵斥了一番。不过,调解结果还是让城管"赔"小贩1000元了事,但调解记录里加上了一条,小贩"以后保证不再在鲁磨路占道经营"。管城南说,这已经不错了,"花钱买平安"。否则,看小贩这个样子,指不定还要闹出什么大事来。

城管的弱势部门地位,不仅表现在它是下游部门,主要职责是别的部门"剩下不要"的,履责依赖于"借法执法"、联合执法,还突出表现在,城管与别的部门竞争时,总是"败下阵来"。我在调查期间,管城南和于忠都比较困扰的一个问题是油烟噪音污染治理问题。从任务分派的专业化原则以及既有的法律法规认定,这些问题都不适合由城管承担。但最终结果是,2012—2013年间,油烟噪音污染被确定为城管的法定职责。

长期以来,油烟噪音污染并未单独成为一项政府职能,而是附属于相关的职能之中。比如，施工噪音长期附属于城建部门有关工地文明施工的管辖范围之中，只要环保部门核发夜间施工许可，城建部门规范工地管理，就不存在延伸而来的施工噪音管理问题。可是，近些年来武汉城市建设突飞猛进，城建部门根本就管不过来，而重点工程夜间施工的情况也不断增加，噪音扰民投诉就不断增加。社会生活噪音之所以会成为市民投诉的重点，也与城市发展密切相关。在城市发展较为落后的情况下，商业活动不多，噪音源较少，市民也谈不上有多强的环保意识，社会生活噪音就构不成一个单独的执法事项。但是，近年来，商业活动中空调器、冷却塔等设备的使用及高音喇叭揽客等行为产生的噪音污染，居民小区内水泵房及冷热源机房、配电房等设施产生的噪音污染，逐渐成为群众投诉的重灾区，迫使市政部门做出回应。当然，餐饮单位所产生的油烟、噪音污染，也是商业活动繁荣的必然结果。

从污染治理的专业性角度看，油烟、噪音污染当属环保部门职能。只不过，一直以来，环保部门的工作重点在工业污染，施工噪音污染的管理虽已归入其职责范围，但因工地管理在一定程度上覆盖了这一职能，故而并未真正履行这些职责。因对工地、渣土管理负有责任，城管部门在一段时间内连带管理了施工噪音问题。在2011年的电视问政节目中，施工噪音成为被曝光的重要问题之一，城管部门便以职责未明确为由将问题推给了环保部门。而生活噪音和商业活动产生的噪音问题，对环保部门而言，也是一个全新事项。

客观上，将城市建设、社会生活和商业活动所产生的环境污染问题都归为环保部门的工作职能，环保部门几乎没有承担的可能。如何合理界分部门职责，有效回应群众诉求，成为了摆在市政府面前的迫切任务。经过长期酝酿协调，2013年武汉市最终将社会生活噪音污染、建筑施工噪音污染及餐饮单位油烟噪音污染的执法单位明确为城管部门，并以编制办的名义下发了文件。尽管如此，噪音污染仍面临职能交叉问题，各部门之间相互推诿的现象时有发生。2015年，武汉市围绕群众投诉处理不及时、不到位的问题进行重点整治，鲁磨路所在的洪山区政府借此进一步明确了噪音污染投诉整治的部门分工。其中规定：1.城管部门负责牵头全区噪音污染治理联席会议，对噪音污染投诉进行处置；2.对可以直接认定的噪音污染投诉，各部门分别处置；3.对不能直接认定的，则由城管部门先行查处。这一规定实际上明确了城管部门在噪音污染治理中的主体责任。

只有在那些专业性极强，且相关部门也有能力承担职责，事实上符合"属地管理"原则的领域，城管部门才不用介入。比如，学校、公园、农贸市场及文化娱乐场所，它们一直都有明确的行政主管部门，由其主管部门规制噪音污染就更为实用便捷。客观上，施工噪音污染应该由城建部门管理，但因其与城管部门有极深渊源，城管部门早年就接收了城建执法事项，城管承担夜间施工噪音污染也不算过分。

表4-3 噪音污染治理部门分工一览表

噪音类别	责任部门	具体分工
夜间施工噪音污染	城管委	
日间施工噪音污染	建管站	建管站处置,城管、监管联合处罚
文化娱乐场所噪音污染	文体局	文体局查处,环保局提供技术核查
学校产生的噪音污染	教育局	
商业活动产生的噪音污染	城管委	
小区设施设备产生的噪音污染	城管委	
工业生产产生的噪音污染	环保局	
公共场所聚会、家庭内娱乐、室内装修产生的噪音污染	公安局	
车辆在道路行驶中产生的噪音污染	交管部门	
农贸市场、居民楼宇电梯运行等特种设备产生的噪音污染	工商局	
公园及公共绿地范围产生的噪音污染	园林局	
餐饮噪声、油烟污染	城管委、食药监局、工商局	相关部门联合查处,城管委负责监测排放是否达标,如能够整改达标,环保局负责指导安装相应设备并负责监测,再转交各单位纳入管理;对拒绝整改的,及整改仍不达标的,城管委组织综合执法予以整治取缔。

政府确定部门职责的意图以及酝酿的过程，基层未必完全了解。但管城南和于忠等一线城管对此类事务却甚是关心，系统内的讨论也很多。如何评价城管油烟噪音污染治理的职责，于忠的说法很有代表性：

（油烟噪音污染）我们连检测设备都没有，即便有设备也看不懂，上面完全是瞎搞。环保局有专业设备，但他们说他们只管大型企业，办了证的单位，这些理由都是瞎扯。还不是因为城管局很弱势，领导顶不住？

我在城管局调查的时候，局领导却有另一套解释逻辑：

城管局的确是弱势，但不接下这些活儿，不更不被区领导重视，更加弱势？

无论如何，城管的兜底部门的性质在短期内难以改变，且有其存在的合理性。城管的核心业务市容管理本身就是随着城市化进程产生的，其特征是专业性不强，很难通过明确的职权划分以及规范的行政流程来加以规制，这就意味着城管部门必然是非专业化的。尽管城管部门一直试图科层化，尤其是相对集中行政处罚权试点后，城管作为一个政府组成部门的部门地位得以奠定，城管内部也加强了执法规范化进程。但是，意外的后果是，这一部门地位的确立却吸引了更多的城市治理事务，以至"大城管"

模式渐渐成为城管体制改革的目标。这意味着,城管将容纳更多相互之间无必然联系的职能,非专业化程度反而加剧了。

4. 街头官僚

城管制度的变迁,决定了其兜底部门的性质,也塑造了其街头官僚部门的属性。在市政体系中,城管的主要工作界面都在街头,具有典型的街头官僚特征。相较于较高层级或专业化程度较高的部门,街头部门的特殊性在于更需要处理环境不确定性问题,也更容易拥有自由裁量权。"街头"不是对工作场景的直观描述,而是对不确定性程度极高的工作界面的一种高度抽象[1]。街头官僚往往面临复杂的、无法标准化与程序化的工作环境,为此,他们充分运用自由裁量权,发展出一套适合自身工作情境的行动策略,他们事实上具有政策制定能力[2]。

城管的街头官僚属性,是官僚制和街头行政共同作用的结果。政府机构是依任务分派而来的,不同的任务如生产、协调、服务、监督活动形成不同的单元。通常而言,单一部门只完成单一任务,以避免职能交叉。官僚制的基本特征,如权限清晰、层级制、有完善的文书档案系统、职务活动专业化和专职化、依规则执行业务

---

[1] 韩志明:《街头官僚的空间阐释——基于工作界面的比较分析》,《武汉大学学报》(哲学社会科学版),2010年,第4期。
[2] 叶娟丽、马骏:《公共行政中的街头官僚理论》,《武汉大学学报》(哲学社会科学版),2003年,第5期。

等[1],仍然是地方政府部门设置的基本依据。因此,地方政府基本上都由领导机构、协调机构、职能机构和派出机构等不同属性的部门构成。但是,同一层级的不同部门司职任务轻重缓急不一样,拥有的行政资源也不一样,事实上存在强势部门和弱势部门的区别。

但组织的活动往往都会遭遇偶然性问题[2]。比如,组织的活动可能属于明确的、高度例行的类型,但这些具体活动执行的时机又都取决于环境刺激。并且,组织活动的应急程序通常不是事先给定的,需要日复一日地为新活动制订程序。概言之,剩余事务往往不能按照专业程序和"惯例"处理,而是要因地制宜。同一个组织乃至同一属性的政府机构中,通常存在性质完全不同的两类部门。工作界面在办公室的部门,组织活动明确、高度例行,且任务是事先给定的。工作界面在街头的部门,组织活动通常不明确、无法例行化,任务往往是偶然发生的。

因此,考虑到街头行政的环境不确定性以及剩余事务的复杂性,市政体系的组织类型要复杂许多,既包括专业性强、处理常规事务的部门,又包括一些专业性不强、专门处理那些偶发的非常规事务的兜底部门。

领导机构和协调机构工作界面都在办公室,可以有效控制组织环境。这种部门属于组织的"内核",几乎不受环境不确定性

---

[1] 〔德〕韦伯:《支配社会学》,康乐、简惠美译,桂林:广西师范大学出版社,2004年,第1版,第22—24页。
[2] 〔美〕马奇、〔美〕西蒙:《组织》,邵冲译,北京:机械工业出版社,2013年,第1版,第25页。

第四章 兜底部门

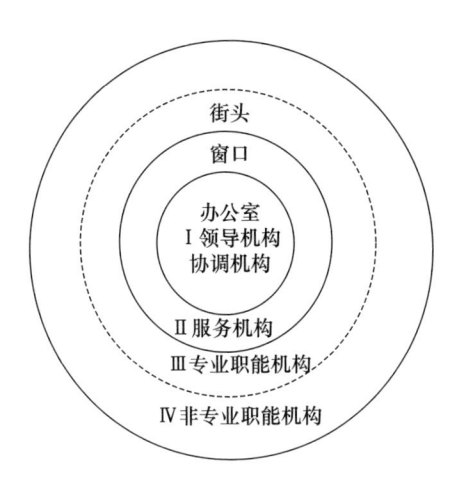

```
        街头
      窗口
    办公室
   I 领导机构
    协调机构
     II 服务机构
    III 专业职能机构
   IV 非专业职能机构
```

图 4-4 市政部门的组织类型

的影响。领导机构属于组织的权力中心，掌握控制权，对组织的目标设定、检查监督和激励分配都具有支配性。协调机构（典型如各类"领导小组"）往往属于组织的高层，集中掌握行政资源，其主要职能并非处理各类具体事务，而是协调各职能部门共同处理相关事务。服务机构是通常所说的"窗口单位"，它虽然属于一线行政部门，但其组织活动却是高度常规化的，工作界面"窗口"是一种相对可控的组织环境。

大多数职能部门的工作界面都有"街头"空间。但有些职能部门有较多的行政资源可以应对环境的不确定性，专业化程度也极高。典型如公安，这样的部门虽然也要处理诸多剩余事务，但它们借助人身控制权和完善的技术装备，可采用强制力控制现场，或将工作环境从街头转移到窗口或办公室。而城管这种兜底部门，组织任务往往琐碎且无法分类，组织活动无法常规化，又因是弱势部门，难以得到有效的行政支持，专业化程度比较低。在市政体系中，类似于城管这样的兜底部门并不属于组织的内核，不承担组织常规、重要的专业职能，只承担那些看似不重要却又是组织必须承担的非常规、非专业的职能。由于处在组织的边缘，它们往往行政资源不足却又拥有事实上的自由裁量权。

城管是公安之外最为重要的街头官僚。城管与公安有很多相似之处，比如机构设置更具灵活性，雇佣大量的辅助执法人员，街头执法时自由裁量甚为普遍。但是，两者又存在明显差异。城管与公安虽属平级政府机构，但它们的地位实际上并不平等。不仅是相对于公安这样的强势部门，即便是相对于工商、环保、食药监等传统机构，城管也稍显弱势。城管参与组织决策的机会、财务费用等办公资源的分配、员工待遇、人员晋升和发展的空间、对组织成员的尊重和尊敬等，都要比别的部门少。一些在传统部门不易处理的业务很容易被转移到城管部门，城市管理中新出现的难以定性的业务也容易由城管部门"兜底"。城管在政府机构内部的地位极其特殊，它的组织地位虽然不高，却必不可少，承担了数量庞大的政府职能。

从内部视角看，城管在部门设置上模拟的是市政体系，但充分考虑了街头行政和剩余事务的处置特征，因此建立的是一个富有弹性的组织结构。一是在内设部门中，将专业职能部门和街头执法部门适当分离。专业职能部门依托于各个办公室，负责那些专业化程度较高、不易受街头环境挑战的事务，如燃气管理、市政设施管理、环卫管理。街头执法部门依托执法大队，负责那些专业化程度较低、易于受到街头环境挑战的事务,如违法占道经营、拆违、渣土管理等。

二是在上下级指挥链的设置中,将任务分派和执行适当分离。具体而言,任务分派主要基于市长热线、数字化城市管理系统等管理平台,任务执行则依赖于基层执法中队。这样,上下级指挥链转化为内勤与外勤、前台与后台的合作。而这个指挥链的特殊性在于,无论是上级领导,还是基层执法队员,服从的是系统命令,而非主观意志。这使得基层执法队员更易于按照自己的判断回应街头环境的挑战。

城管部门的机构设置大致包括几个类型:一是由办公室、人事、计划、财务、纪检监察等部门组成的控制部门,它协助领导人员有效控制机构的运转过程,是组织运作的中枢;二是由市政管理、环境卫生管理、市容管理等科室组成的业务部门,它体现的是城管局的专业性,确定了其主要管理职能,并由此决定了综合执法的具体内容;三是由政策法规、行政审批、质检等部门组成的支持部门,它赋予行政执法以合法性;四是城管执法大队主导的执行部门。

在组织结构中,城管执法大队比其他部门要高半级,显示其地位的重要性。其暗含的行政逻辑是,控制、业务、支持部门事实上服务于执行部门,以保证城管执法的有效性,这既符合相关法律法规的要求,又符合效率逻辑。以执行部门的专业术语来看,那些控制、业务和支持部门,承担的是"内勤"工作,他们可以在办公室内分派任务、督查任务完成情况并为任务执行提供资源保障。实际工作流程中内勤和外勤的区别,将等级制弱化了,使得组织结构更加扁平化。在这个意义上,城管实际上是一个混合型组织,但其组织底色是兜底部门。

城管部门的地位甚为特殊,与其余专业职能部门格格不入,因严重缺乏专业资源,故而容易成为各城市政府的"兜底部门"。又因街头官僚的属性,使其面临着极大的环境挑战,城管必然是充满矛盾、极度不规范的。因此,城管执法必须发展出一套与兜底部门和街头官僚属性相匹配的行政子系统,来克服其部门困境。

中午时分鲁磨路一街角

第五章
街头行政子系统

在我的田野工作期间，全国各地的城管执法冲突事件仍然时有发生，城管部门通常采取的措施是辞退当事协管员以回应公众压力。舆论对此颇有批评，认为是临时工在替城管"背锅"。从内部视角看，临时工"背锅"与其事实上拥有一定的街头权力是相匹配的。城管需要处理大量剩余事务，严重依赖协管员，这是一个"劳动密集型"工作。而城管部门对协管员的制度激励极其有限，给予协管员一定的容错空间，可谓是一种领导艺术。鲁磨路中队每周四中午都会开班组长例会，传达上级工作要求，总结本辖区街面秩序。有一次，管城南强调要杜绝吃、拿、卡、要，但协管班长陈金接话说，"协管员待遇那么低，兄弟们图个什么呢？无非就是一包烟和一餐饭"。管城南无言以对，只能回应说"希望不要这样"。管城南其实非常清楚协管员的情况，但多

图 5-1 城管是劳动密集型行业

数情况下是"看破不说破",万不得已也会采取严厉措施。事实上,城管建立了一套街头行政子系统,其目的是在有效处置剩余事务及合理规制协管员之间取得平衡。

1."家庭化"组织

鲁磨路城管中队是一个具有正规建制的基层执法单位,有正式的分工和等级秩序。但它的实际运作更像是家庭组织,队员之间有鲜明的代际和性别分工特征,彼此熟悉、讲究感情,依靠相互信任开展工作。

作为区城管执法大队的直属中队,鲁磨路中队属于正科级单位,具有完备的组织要素。中队共有9名城管队员,配备了1名中队长,1名指导员,2名副队长,另有5名队员。中队长和指导员虽然属于组织的双头领导,但基层中队被认为是业务单位,中队长事实上是一把手。

管城南的"一把手"地位,是通过人事关系来实现的。在我调查前期,管城南以副科级的职务级别担任中队长,而指导员李川已经是资深正科级干部。李川曾担任过多个中队的中队长,由于长期负责一线执法,渐感身体吃不消,便向组织申请退出一线。组织上让其和管城南搭班子,既满足了其个人意愿,又可以协助管城南顺利履职。李川是一个称职的搭档,他从不过问业务工作,在中队内外都极为维护管城南的权威。当陈金在公开场合吐槽没办法约束其队员、管城南无言以对时,李川及时接话说,

"不要讲条件,协管员吃拿卡要,一经查实,严格处理"。

副队长冯雄和翁郡都是能力极强的业务骨干。冯雄50岁左右,是1991年街道城建监察中队时代的老城管,对拆违、占道、渣土、广告等业务都极为熟悉,且对三教九流都很有办法。翁郡40岁左右,是2002年通过考试入职城管的参照公务员管理的事业编制人员。当时,全区共招聘了13名队员,他和管城南是其中两人。翁郡工作后一直在自学法律,是全区城管系统通过司法考试的两名队员之一。翁郡善于研究业务,2013年夏他和一位同事白天执法,晚上卧底做小贩,因被媒体意外曝光"卧底执法"而名噪一时。于忠虽然没有副队长的职务身份,也没有副科级的行政级别,但他也是业务骨干,是和冯雄一样的资深城管。

管城南和冯雄、翁郡、于忠在实际工作中,更多的是合作关系,而非领导和被领导关系。中队辖区分为三个管理片区,冯雄、翁郡和于忠分别担任片长,承担日常管理责任。片长可谓是一方大员,他们是带班城管,事实上掌握着协管员的管理权。他们负责辖区内的所有业务,辖区内的商户、小贩的各种需求,都由他们处理。辖区管理的尺度,也由他们决定。管城南的主要工作是巡查,发现有明显问题的点位,会直接指挥守点协管员处理。但对涉及各辖区的重要行动,他则会和片长商量。

除了这些业务骨干,另外几位城管都属于协助者角色。卫兰和刘晶是资深女城管,随着年龄渐增,不再上街执法,转而从事内勤工作。卫兰负责中队的财务以及重要报告的起草工作,可谓是管城南的内管家。刘晶则负责市长热线和网格化管理平台的工作，她需要接警、分派任务并将处理结果上传平台，事后还得打电话回访报警人。张超已经接近退休年龄，局里给他解决了主任科员的职级，中队给他安排了一个"门前三包"管理的岗位。但"门前三包"本来就属于各辖区管理的业务，绝大多数工作都由各片长完成了，他只是在中队集体学习或有重要活动的时候出现在中队。张超在中队有个雅号叫"张局"，大家都这么称呼，他也乐于接受。我第一次这么称呼他的时候，他笑嘻嘻地解释说，家里条件好，夫人的职业很赚钱，给他买了一辆宝马。在待遇一般的同事面前，他天天开宝马来上班，很是吸引眼球，大家就这么调侃了，这从侧面说明这里同事关系融洽。另外一位城管老宋长期病休，中队给其安排的工作是协助冯雄。但在我调查期间，他从未出现在工作场合。

鲁磨路的城管队员有明显的代际分化特征。在9名队员中，7位都是50岁左右的资深城管，他们基本上出身于上世纪90年代的街道城建监察中队。这一批队员，可谓是武汉城管队伍建立和发展的见证人，经历相似，有非常多的共同话题。因为执法工作的流动性比较大，这些队员在不同中队都有过共事经历。管城南和翁郡虽然年富力强，但在中队却属于资历较浅的队员，属于小字辈。他们在刚入队的时候，都是拜上一代城管为师，学习工作经验，彼此间其实也非常熟悉。

同事间的交往并不根据职务身份进行。最典型的表现是，日常称呼并不严格按照职务称呼，而是代之以普通用语。资历深的队员，男同事都按照"老+姓氏"命名，女同事都按"姓或名+姐"来命名。资历浅的队员，则以"小+姓氏"命名。管城南一直被大家称呼为"小管"，哪怕是在升任队长后，同事们在非正式场合还是愿意这样称呼。当然，如"张局"这样的有来历的同事，同事间也愿意取个外号以示亲近。

队员的实际工作并非完全依据职务和职责分工，很大程度上是以队员的实际需求为导向的。大致而言，这9位队员分为三种类型。一是业务骨干。冯雄、于忠和翁郡有极强的业务能力，也有一定的工作动力。他们担任片长，拥有较高的自由裁量权，也拥有事实上的日常管理决策权。比如，于忠是资深城管，早就符合副科级的资历和条件，但一直没有解决待遇。让于忠担任片长，至少可以让他在中队内部获得认可，他也因此成为管城南的左膀右臂。二是业务助手。片长岗位虽然重要，却因为是外勤工作，耗神费力且无规律，上了一定年纪的女同志并不愿意从事这项工作。因此，卫兰和刘晶都从事内勤工作。内勤实行八小时工作制，且都在办公室，不用日晒雨淋。相较于外勤，内勤的可替代性更强。在我调查期间，上级对市长热线和网格化平台管理的要求越来越高，如回告的规范性、及时性以及回访的满意度等，都比之前要求要高。刘晶感觉工作压力有点大，请求再派一个人协助其工作。不久后，管城南果然满足了她的要求，招聘了一位协管员协助工作。三是受保护对象。张超和老宋都属于中队的受保护对象，他们承担的任务大都是象征性的，但队员们都理解他们的特殊处境，在组织内受到了极好的保护。

我在调研期间,体会最深的是中队的午餐。城管局统一规定,每位队员每月有360元的餐补。中队有个小厨房,请了一位阿姨为大家做饭。卫兰负责登记第二天吃饭的人数,阿姨则负责买菜和做饭。阿姨一般做三菜一汤,都是本地家常口味。偶尔要改善伙食,如吃排骨、牛肉之类的,卫兰都会提前告知大家。每天中午十二点到一点之间是午餐时间,队员和内勤都在中队吃饭。午餐时间是中队最热闹的时候,大家三三两两聚在一起吃饭聊天。我在调研的时候,经常和管城南一起边吃饭边讨论我关心的话题。冯雄和于忠喜欢聚在值班室,和值班大爷一起边吃饭边看武汉卫视的斗地主大赛,其间还交流一下业务。

中队但凡出现一点事儿,人们都会在第一时间得知。街上哪个点位出现了难缠的小贩,哪个协管员受伤了,上级要搞什么重要活动,大家都会讨论一番。队员有什么思想动态,大家也会第一时间得知。在我调查的时候,翁郡刚通过司法考试,准备离职当律师,主打业务是行政执法冲突案件,专门为城管部门辩护。其离职动向和职业规划,众所周知。

2. 临时工

在劳动法规中,临时工这一劳务形态已不复存在,是一个不具法律意义的概念。但作为一个描述性概念,临时工广为大众接受。它指的是政府机构通过购买服务、劳务派遣等市场机制招聘的编外人员,其工作具有临时性、辅助性和替代性特征。在公安、城管等"劳动密集型"政府机构中，临时工是一个制度化了的行政现象。洪山区城管大队城管员不到200人，协管员却有600人左右，城管员和协管员的比例为1∶3。其中，局机关工作人员占了正式编制中绝大多数，一线执法人员中城管员和协管员的比例小很多。鲁磨路城管中队共有城管员9人，协管员则有54人，两者比例为1∶6。而鲁磨路片区的带队城管只有于忠一人，协管员为13人，两者比例为1∶13。

"铁打的营盘流水的兵"，用这句话来形容协管员队伍，再合适不过。协管员是一个流动性较强，具有"临时"工作特征的工作岗位。城管执法大队的协管员每年大概更替200名，流动率达1/3。根据2011—2015年离职协管员数据，在职时间不超过1年的离职人员达37.29%，在职时间不超过2年的离职人员达57.47%，76.33%的离职人员工作不到3年。我调查期间的在职人员名册中，在职时间不到1年的占30.71%，不到2年的占50.49%，不到3年的占69.35%。

从择业者的角度言，协管员只是一个临时性、过渡性的岗位，由此也就决定了协管员群体的人员构成特征。尽管协管员招聘"面向全社会"，并无严格的户籍限制，但从数据上看，武汉本地人占93.35%，以武汉市远郊农村青年居多，另一部分群体是40、50岁的下岗工人。有一次，我和管城南到辖区见某位社区支部书记，他们虽然早已因工作关系相熟，但社区支部书记还是很正式地请托管城南，希望其刚退伍的儿子能在城管做一个协管员。管城南满口答应，并很快为其办好了入职手续。从工作需求来看，城管部门巴不得有更多的退伍军人加入协管员队伍。在招聘公告中，退伍军人是优先录用的对象。

城管是纪律队伍，实行类军事化管理，这吸引了一些有教化需求的家长。很多远郊农村的父母都愿意把刚从学校毕业的孩子送到城管"锻炼"。从带队城管的角度看，他们客观上也在迎合家长的需求，在工作中教协管员做人做事。于忠对协管员情况可谓了如指掌，日常都是把协管员当作孩子看待。比如，他经常跟我提起不同协管员的个性特征，如"这小孩家里条件好，上班佛系……""这小孩聪明，就是耐不住性子……""这小孩非常踏实，很不错……"我和于忠巡街的时候，经常遇到协管员脱岗。有一天下午，天气酷热，我们到街边一家小店查看情况，竟然发现协管班长陈金自己就躲在二楼吹空调玩手机。但出乎预料的是，于忠并不责怪其脱岗，而是提醒其注意影响。过后，他边走边叹气说，"协管员工作就这样，待遇就那么高，莫得没法"。

于忠说的是事实。多年来，协管员的基本工资是 1500 元 / 月，绩效工资是 200 元 / 月，年终奖金按 200 元 / 月发放，工龄工资 50 元 / 年，由单位统一办理五险。而同时期武汉市的最低工资标准是 1550 元 / 月。协管员的待遇足够低，低到和武汉市的最低工资水平相当，成了最为关键的人员筛选机制。那些以挣钱为目的，有养家糊口任务的协管员，从进入协管队伍之日起就想着离开。2015 年 5 月，鲁磨路附近的东湖高新区开了一家工厂，待遇诱人，可达 5000 元 / 月，鲁磨路中队有 7 名协管员同时辞职，占中队协管员总数的 15%，管城南立即感受到了极大压力，连关键点位的守控工作都安排不了了，只能紧急打报告请求大队派机动队员来增援。颇有黑色幽默色彩的是，有些协管员在摸清了门道之后，直接辞职成了小贩。协管员以高中和中专学历为主，有少量有大学学历，鲜有本科以上学历。在区执法大队的600人左右的协管员队伍中，有本科学历的只有23人，无一例外都是因还未通过公务员或事业单位考试，在协管员岗位上边工作边备考。

但低工资却也使得那些不太在意待遇的协管员，能够安安心心地干下去，从来不用担心丢失岗位。鲁磨路中队的几位协管员班长和内勤，家里都是拆迁户，手握多套房产，衣食无忧。他们在城管上班，只是为了"有件事做"，顺便还有一份稳定的社保。陈金是个富家子，总是开奔驰来上班，还是个"潮男"。于忠每次遇到他，总是提醒他要低调一点，注意一点形象。邹贤浩是管城南的司机，也是一位协管员，但他投资了几个健身馆，协管员其实是其"第二职业"。他的一家新馆开业时，邀请我和管城南去体验。据邹贤浩介绍，这家健身馆他是大股东，总投资一千多万，面积有一千多平米，各式设备都齐全，教练队伍实力强大。

客观上，协管员很难从工作中产生获得感，这也是协管员队伍、流动性强的原因。很多协管员一开始对城管执法有一定的想象，以为自己是一个辅助执法人员，尽管待遇低，但工作至少还是受尊重的。但在工作一段时间以后却猛然发现，"现实很骨感"，无论是城管部门，还是小贩，乃至大众，对协管员都没有正面评价。因此，稳定协管员队伍的并不是荣誉机制，而是隐形利益。小金库是基层中队开展工作、调动协管员积极性的最核心的手段。小金库的资金一部分来自协管员的餐补。在推行公务卡制度之前，餐补是以现金的方式发给协管员的，各基层中队往往把餐补纳入绩效考核范畴，作为约束协管员纪律的重要杠杆。

另一部分资金则来自罚没收入。在相当一段时间里，城管部门内部财务制度规定，罚没款中的50%返还中队。这一财务制度事实上赋予了中队部分财务自由，用于解决协管员激励不足的问题。鲁磨路中队规定，对依法暂扣的占道经营物资，参与执法的协管员每件奖励10—100元（其中，木杆称10元、门面门口招牌20元、电子称30元、煤气坛30元、推车50元、电动三轮车100元），每片儿每月最高奖励金额为1000元。这些奖励资金绝对数量并不多，但相对于基本工资而言，却也不算少，对协管员有一定的激励作用。

2016年初上级发文清理各单位的小金库，严格了收支两条线的财务制度，废除了"撕小票"的罚款行为，这间接导致暂扣作为一项处罚办法，已经不具备实际操作条件。2016年，鲁磨路中队虽然采取了不少暂扣措施，但并没有正式办理过暂扣案卷，也没有对小贩处过罚金。

鲁磨路中队过去多年积累的小金库，也在执法活动中被逐步清理。2016年，鲁磨路中队为了保证适度的执法整顿力度，以加班费的名义激励协管员。春节、劳动节、国庆节等法定节假日，一般保证2/3人员在岗；七月和十二月份的两次电视问政期间,保证全员在岗;省、市两会以及重要领导视察期间,保证全员在岗。除此之外,根据街面秩序情况,需要开展临时综合执法活动时,协管员也会加班。2016年,鲁磨路中队协管员的加班费用共7万元,但大队只报销了节假日加班费用41200元。鲁磨路中队打了多次报告,请求大队解决开展执法整顿活动的资金缺口,但大队迟迟不予回应。原因是,大队知道中队还有小金库,还撑得下去。

事实上,小金库是高度机密的,只有管城南和卫兰掌握具体情况。大队领导虽然知道中队有小金库,但故意装作不知,也不过问。其中的微妙之处在于,清理小金库是一项政治任务,大队领导在公开场合都会不折不扣地传达上级文件精神,强调此项工作的严肃性。但大队也非常清楚,要在短时间内让中队主动清理完小金库也不现实,只能在执法活动经费往来中不断试探对方底细。

小金库的确提高了基层中队的自由裁量权。有了小金库,基层中队就能根据街面秩序灵活调整执法力度,应对执法力度加大后面临的风险。通常而言,城管只要采取严厉整顿措施,执法冲突就很难避免。而在冲突事件的化解过程中,公安机关通常的策略是肯定城管执法的正当性,同时给小贩以一定的利益补偿,以此达成和解。如此,城管总会落入"花钱买平安"的怪圈。按照财务制度,只有公安局出具纠纷调解书,有病历证明,上级才会报销受伤队员的医药费以及小贩的赔偿金。但在实践中,"私了"是解决纠纷最合适的方法,基层中队必须依靠小金库来处理此类问题。2016年鲁磨路中队有2起较大的执法冲突事件，3位城管员负有轻微伤，总共产生医疗费2万元。运气比较好的是，这2起冲突都属于正常执法所致，公安部门都做出了有利于城管的调解，大队也报销了医药费。但一个意外是，由于医院诊治有误，一位受伤协管员在复查时又产生了新的医药费，而此时报销程序已经走完，新产生的500元医疗费用只能由中队承担。

而那些较小的冲突，一如既往地还需从小金库中开支。调查期间，我跟着管城南处理过一个纠纷案。某小贩在被暂扣经营工具的时候和协管员发生了拉扯，其衣服被扯破了一条缝。在派出所调解期间，小贩很是强势，狮子大开口索要赔偿。管城南很是硬气，不想惯着小贩，调解不成功。但此后数日，该小贩不断打投诉电话，但凡是和政府监督有关的热线电话，如城管、纪委和媒体的热线，都打了一遍。管城南很是无奈，最终在派出所的调解之下，赔偿了1000元给小贩。管城南说，"（这种小事）如果不快刀斩乱麻，最终到了上级领导那里，领导还会说不会处理事情，增加麻烦。而一旦等到公安、纪委等部门来处理，他们可以提出一大堆理由来说城管的不是，如没穿制服，没有执法记录，执法时事先没有告知等。最后还是不讨好"。

客观而言，财政可谓是基层中队运转的基础，也是执法规范化的前提。但从管城南的角度看，财务制度的规范管理造成的困扰要比解决的问题多。2016年的小金库治理，对鲁磨路中队产生的影响是显而易见的。通过推行公务卡制度，协管员的餐补不再以现金形式发放，协管员只能被迫吃中队的统一配餐。结果是，中队减少了绩效考核的杠杆，协管员感觉少了福利。协管员从未将餐补用于工作期间用餐，而是将之看成工资待遇的一部分。这是因为，协管员在上班期间其实并不需要支付用餐成本。鲁磨路的城管员都有自觉意识，主动回避在辖区用餐，即便用餐也会按市场价格支付餐费，以免落下口实。但协管员在辖区用餐，实在是没动力支付餐费。关键是，绝大多数小贩和商户都欢迎协管员免费用餐，以换得协管员的额外照顾。严格说来，协管员在辖区免费用餐，是典型的"吃、拿、卡、要"行为，但这是一个被默认的事实，只要小贩不举报，管城南就不会主动查处。

3. 扁平化管理

城管部门依赖协管员等编外人员开展工作，既要调动协管员的积极性，又要约束协管员的越权和滥权行为。不同层级对协管员的管理重心是有差异的。对市级部门而言，维护城管部门的合法性，是压倒一切的目标。为此，它们对协管员违纪现象采取零容忍态度，一旦被市督查机构核实，就严惩不贷。对区级部门而言，既要维护部门形象，又要追求实效，优先选项往往视情况而定。但对基层中队而言，保证队伍的稳定性和工作效率，是首要目标。在多重目标下，基层中队的城管员和协管员之间，形成了扁平化的组织结构。

在实际工作中，城管部门的正式结构与其实际运作发生了分离。它仍然保留了正式结构，其日常运作也遵循科层制设计要

第五章 街头行政子系统

求,接受自上而下的命令控制。城管部门对协管员队伍也按照科层制要求进行专业化、规范化改造,设计出了"协管大队—协管中队—班组"的组织形态,并明确了协管员队伍的职能和行为规范等。协管员的招聘也是按照科层制的要求进行的,即按照协管员的专业化条件进行招聘,避免其他因素的干扰。

然而,基层行动单位却基本上抹去了等级制的色彩,变成为若干更加适应复杂环境的分散的行动小组。行动小组实行带班制,城管员被组织授权领导和指挥协管员。协管员没有执法权,其职能发挥依附于城管员的授权,城管对协管的工作内容、考核等方面有较大的决定权。同时,城管工作又严重依赖于协管员。协管员扮演了城管员"辅助警力"的角色,承担了巡逻、守控等任务。因此,城管员和协管员之间是相对平等的分工合作的关系,街面管理和执法活动的开展依赖于协管员的辅助工作。城管员如要有效调动协管员的工作积极性,往往要以破坏专业性为代价,以获得协管员的信任。通过带班制度,城管员与协管员之间消弥了等级界限,彼此之间从科层制的结构关系转变为扁平化的组织结构关系(见图5-2)。具体而言,这一转变关键在两个环节。

一是内勤和外勤的划分在一定程度上消解了等级制。城管部门将具有科层制特征的等级制、部门划分转变为内勤和外勤这两个执行任务的"岗位"。内勤负责执行任务的下达、行政资源的调配以及任务完成后的督查,外勤则负责任务的执行,如此形成一个完整的政策过程。在鲁磨路中队,卫兰负责后勤,包括财务

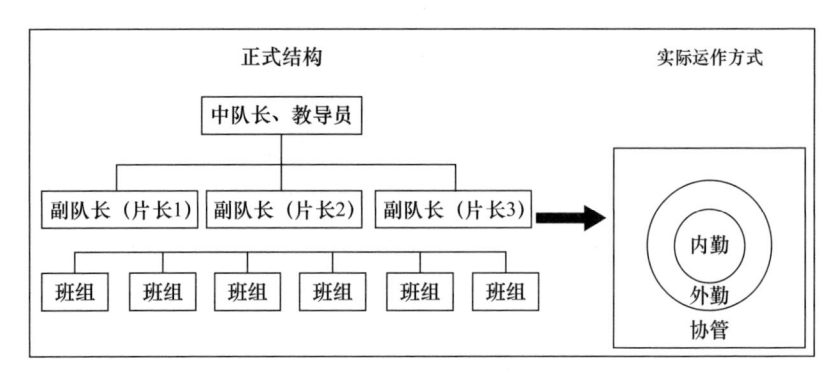

```
        正式结构                     实际运作方式
       中队长、教导员
   ┌──────┼──────┐
副队长(片长1) 副队长(片长2) 副队长(片长3) → ( 内勤 / 外勤 / 协管 )
 ┌─┴─┐   ┌─┴─┐   ┌─┴─┐
班组 班组 班组 班组 班组 班组
```

图 5-2 基层中队的实际运作结构

管理、重大事项的请示汇报等；刘晶则负责各类指挥平台，包括接警、下达任务、向上回告等。冯雄、翁郡和于忠既是片长，也是带队城管，并无下属指挥。管城南的主要职责是巡查，目标是发现问题、督查队员的执行情况，遇到疑难问题时，还需亲自带队执行任务，并跨片区调动队员。

因此，基层中队的真实组织结构实际是扁平化的，他们只存在内勤跟外勤之间的责任分工，并无明显的上下级关系。基层中队通过内勤和外勤的划分，将科层设置的专业化原则贯彻到内勤，而内勤和外勤之间的协调只是任务指令与执行之间的配合，而不是专业分工。所有基层执法单位都有较为简约的内勤队伍，他们负责任务的传达，以及任务完成后的案卷制作等工作，而外勤只负责执行。内勤往往会有专业分工，如后勤保障、督查、案卷制作等，都有专门岗位，而外勤则无固定的岗位分工。一般而言，外勤只按照"属地管理"原则进行配置，即每个外勤都有相对固定的点位，以此为据点守控、巡逻。但凡是在这个范围内发生的事务，都归其处置。简言之，内勤和外勤的分工合作，本质上是科层制的专业化原则向街头治理的普遍化原则的转化。

二是将协管员与城管员之间的正式等级关系转化为非正式的庇护关系。基层中队的工作方式是班组制，即由一个带队城管带领7—8个协管员组成的班组开展日常工作。从制度起源看，班组制是从公安部为防止治安联防队员越权执法而创设的民警带班制发展而来，而后这一制度形态扩展到了其他领域的街头行政中。客观而言，剩余事务细小琐碎的性质，决定了其专业性要求并不高。因而，哪怕是实行了班组制，城管员与协管员之间也并无严格分工。大多数情况下，他们之间只是按实际工作需要自然分工，城管员一般从事较为简单、但也更能显示执法权威的文书工作，协管员则从事维护现场秩序等工作。在城管员不足的情况下，协管员承担执法工作甚为常见。只要获得带队城管员的默许，协管员就会自主开展暂扣物品等执法活动。

在班组内部，无论是城管员还是协管员，都是全能型的。由于街头事务庞杂，且任务并非事先给定的，具有偶然性，城管需即时做出反应。一般来说，街头事务处置的第一原则是现场控制，而非专业化处置。管城南在巡查的时候，对讲机总是呼叫不停，他只要发现某个点位有异常情况，如出现流动小贩、有丢失的窨井盖、出店经营严重、广告牌不规范、商店在用高音喇叭做宣传等行为，都会第一时间通知守点儿队员，而非带队城管。而协管班长的重要职责是时刻关注对讲机，一旦有指令，就第一时间出现在现场，并即时做出反应。

现场处置的合理分工，重新界定了城管员与协管员之间的关系。在大多数情境下，街头事务的处置并不需要过多的专业技术，反而需要一线人员的经验。这一经验的核心在于，如何在最短的时间内控制现场。城管员具有的执法权威、协管员提供的人多势众的气场，共同服务于现场控制。我在田野调查期间参加的大大小小的执法活动，除了政府组织的多部门联合执法整顿，人们并不会过多讨论现场分工，而是非常自然地发挥各自的优势。第一时间到达的协管员往往会自觉地"看管"现场，对现场信息作出及时汇报。于忠或管城南是主要对话人和决策者，他们到达现场后会根据不同的对象和场合采取合适的措施。

很多情况下，普遍化是现场控制的关键。专业化意味着"切事化"，就事论事；而普遍化则意味着特殊主义。剩余事务往往具有复杂性、争议性，如果按照专业化原则处置，往往会连带发生更为复杂的事项，这意味着"现场失控"。而普遍化的处理则可以在最大程度上避免这一后果。通常情况下，协管员在守点儿或巡查期间发现的各类违规行为，都会以普遍化的原则处理，如将小贩劝离，让出店经营的商户配合一点，理由都是"别挡道"，一般就用不着城管员出面。而如果严格按照专业化原则等待城管员到达现场，并采用正式的执法措施，则很可能使矛盾升级。

班组只是一个行动小组，可以因时因地调整。就组织运作而言，城管部门把"守控＋巡查"作为主要管控措施，按照地

图 5-3　曹家湾菜场门口路边摊，城管"隐身"不见

理特征、事务属性、人流量分布等情况合理安排点位。城管以点位为中心，组织 2—3 人的巡逻小组，形成一定的辐射范围。"守控＋巡查"的任务模式，并不是按照专业分工模式设置的组织结构，而是依据环境不确定性原则设置的开放式工作方式。一旦某个点位发生了需要处置的街头事务，中队可以随时调配力量前去支援。

4. 庇护关系

协管员与城管员之间存在身份鸿沟，他们并无建立正式关系的诉求，却有相互保持默契的需要。按照科层制行政要求，协管员的工作几乎"不是人干的事"。比如，按照协管员管理办法，协管员的主要职责是巡查，需要在街面上着装巡逻，正式制度不可能为特殊情况做出一般规定。因此，协管员哪怕去上厕所或坐下来休息都很有可能算作是脱岗。但是，歇息又是必须的，城管员在监督过程中，就需要对有意脱岗与必要歇息做出合理判断。客观上，城管员掌握着考核协管员的诸多自由裁量权，比如本应处于巡查状态下的协管员到临街店里休息，既可将其视作合理，也可将其视作违纪。

于忠的工作风格是注重结果，并不在意细节，注重对协管员的总体评判，并不纠结于一时一地的具体行为。在街面秩序良好的情况下，他并不在意协管员偷懒；只要小贩没有投诉，协管员即使存在"吃、拿、卡、要"的情况他也装作不知道。但城管员的不在意，恰恰意味着协管员有很多把柄被抓在带队城管员手上，他们唯有满足城管员的要求才能稳定地工作。如此，城管员与协管员之间的关系很自然地就转化为非正式的庇护关系。

庇护关系的本质是非官僚式关系。城管员对规章制度的解释较为灵活，对协管员的考核需要契合情景。这样街头行政就形成了独特的职业特征及工作文化。协管员有独立的生存空间，有轻微违纪的特权。在鲁磨路，协管员轻微违纪现象极其普遍，严格的工作纪律是无法真正贯彻的。在协管员的工作体验中，上班自由这一点具有极其重要的吸引力，而这恰恰又与对纪律严谨、服从的规则要求相悖。理论上，城管员可以依据制度要求和技术手段来杜绝协管员的违纪现象，如通过拍摄"全家福"照片打卡来掌握队员上、下班的时间,通过定期或不定期的轮岗来减少协管员"吃、拿、卡、要"的行为。

但是,任何严格措施都意味着工作自由的缩减,这会降低协管员工作的积极性。这对注重实效的基层中队而言,是得不偿失的。因此,城管组织调控的目标并非杜绝协管员违纪,而是将违纪控制在可控范围内,尽量不触碰底线。

在清理小金库之前鲁磨路中队执行一套简单粗暴却极其实用的协管员队伍管理制度。简单而言,其管理制度可以简化为奖惩制度。该中队共有3个片区,每个片区由一位带队城管员(片长)负责。中队内每月每个片区设1000元绩效奖金,每位协管员设200元绩效奖金。对片区的处罚,以每月1000元的绩效奖金为限,扣完为止。如片区责任人或班长及时向中队长告知问题,则片区可免于处罚。对队员的处罚,如每月200元的绩效奖金不够扣除,则从餐补中扣除。

表 5-1 协管员队伍管理制度简表

类别	违纪内容	对片区处罚	对队员处罚	备注
考勤	迟到	扣100元	扣100元	
	旷工	扣100元	扣200元	无故旷工3天或一年内超10天,辞退
	请假(不包括婚、丧、病假)		扣50元	节假日和重大环境保障期间不得请假,否则以旷工论处
	早退	扣100元	扣200元	规定下班时间前15分钟离岗

续表

类别	违纪内容	对片区处罚	对队员处罚	备注
队风队纪	着装不规范	扣100元	扣100元	上班期间着便装或混穿
	宿舍不卫生	扣100元		
	当班路段吃早餐		扣50元	
	收受执法相对人钱财	扣100元	辞退	
	乱填写中队考勤表	扣200元		

对中队长和带队城管这些负有日常管理职责的"管理官僚"而言，是否对违纪人员进行处罚，必须考虑是否影响其工作的积极性。故而，对规章制度的解释是极其灵活的。

对迟到的解释就极具模糊性，这源自城管上班时间本身并不严格按照时间刻度来进行。城管员和协管员存在上班时间差。协管员上班实行两班倒，分早班和晚班，早班为早上7点到下午2点，晚班为下午2点到晚上10点。城管员则按正常时间上班，上班时间是上午8点到12点，下午2点到6点，中队长和片长晚上轮流值班。尽管规定协管员上班晚到15分钟即算迟到，但因城管员通常不在现场，很难精确计时。故而，"7点"之于协管员而言，并非一个时间点，而是一个时段。普遍情况下，协管员一般都是7点30左右上班，城管员一般也接受协管员在8点之前到岗。

与迟到难以被认定一样，严禁早退这一项纪律也难以执行。对上晚班的协管员而言，本应是晚上 10 点下班，但客观上，晚上 9 点半和晚上 10 点的街面秩序并无本质区别，并且，一些家在郊区的协管员需要赶最后一班公交车下班。因此，协管员早退是默许的潜规则。

如严格按照规定的标准看，脱岗是常见现象。巡查规则有明确的规定，超过 20 分钟未在规定点位，就可认定为脱岗。但是，街头情况复杂，如队员需要上厕所，总得提供方便。武汉夏季异常闷热，冬季又异常阴冷，而城管部门又没有足够的换岗条件，如执法岗亭无法全覆盖、岗亭的条件也极其有限，协管员长期在街头工作而不歇息，既不人道也不合理。因此，城管员往往会根据队员的日常表现综合考量后，再决定是否将脱岗计入纪律处分。城管员采取的惩戒措施，往往不是针对某一次违纪行为，而是对某个协管员的整体否定，意味着庇护关系出现裂缝。

请假本不应被视作违纪，但除了婚、丧、病假这类容易界定清楚的事由，城管部门很难辨别其余事假的合理性。故而，为了杜绝以事假为由脱岗，鲁磨路中队视一般事假为脱岗，扣除当天的工资。这种一刀切的做法，有一定的合理性。对城管部门而言，节假日是街头管控的重点时段，任务繁重，通常需要全员加班来应对。但节假日也是亲朋好友欢聚的时刻，几乎每个协管员都有请假的动力。为保证组织的正常运转，城管部门将节假日请假视作极为严重的违纪行为。因此，节假日往往也是协管员主动辞职的高峰，期间是否长期脱岗是城管部门识别协管员是否有职业操守的关键指标。

协管员管理制度的操作化标准，基本上以处罚为手段，且只局限于罚款和辞退两个选择，并且，队员考核与片区考核捆绑，事实上具有连坐性质。这意味着，真正能对协管员进行日常考核的，其实是带队城管员，上级领导只能通过不定期督查的方式偶然发现协管员的违法违纪行为。带队城管员对协管员日常违纪行为的详细掌握，以及上级领导对协管员情况的不了解，客观上形成了带队城管员和上级领导的分权，也为城管员和协管员建立庇护关系创造了条件。

鲁磨路中队虽然每年都有因严重违纪而被辞退的协管员，但这只是冰山一角。只有在协管员触及底线的时候，中队才会采取措施。对管城南和于忠这些资深城管员而言，判断协管员是否触犯了底线，是再简单不过的事。如某个点位形成了摊群，且中队每次要采取措施整治时，小贩总会提前消失得无影无踪，则可基本判定是协管员收受了贿赂，成了保护伞，且大概率是窝案。如某个点位有小贩反复投诉，大概率是某个协管员特别照顾某小贩，从而引起其他小贩（也是竞争对手）的嫉妒。一般情况下，中队在接到投诉时，会软化处理，回告说查无实据，这事实上是给协管员留退路，也算是警告。但如反复投诉，则说明协管员并无悔改，必须采取断然措施。2015 年 10 月，虽无确切违纪证据，但管城南集体处分了某班组的协管员，其中调离 3 位，要求主动辞职 1 位，协管员都毫无怨言地接受了处罚。

5. 反向保护

2016年国庆假期刚过，管城南碰到了一件麻烦事。网易新闻发表了一篇自媒体人的爆料文章，标题是《武汉城管十一期间值班，一男一女关在车内睡大觉》。"有图有真相"，图片的文字说明是"武汉城管车被摊贩车'包围'"，文章写道：

> 武汉光谷广场天桥边的人行道堵塞总是被市民反映。十一假期，×××（自媒体人）突然查看这里，果真见到糟糕的交通状况，人流黑压压的路上，众多的小摊车横七竖八挡在其中，边卖边加工，不时有行人撞上，场面混乱。有的摊车烟气腾腾，热气逼人，车下部都摆有正在燃烧的火炉，万一发生挤踩，后果会不堪设想。管摊贩的部门在哪？在现场找了几圈也没见到城管人员。问环卫工城管是不是放假了。回答说不会。
>
> 之后，有人暗指了一下停在路上有"武汉城管"字样的车。暗拍员接近从车窗口往里看，发现车内有一男一女都在睡觉。暗拍员两次到现场拍摄，也未见他们醒来。男子穿的制服上有城管标识。当时的时间为上午10点多钟。

管城南在收到上级转达的舆情警示后，第一时间就核实了情况，确认了爆料事实确凿，睡觉的两位是协管员。其中，女协管在中队担任执法车司机多年,男协管则是当班的守点儿队员。管城南当天上午就开了班子会,讨论了事件的处置原则,下午则开了全员大会,通报事件及处置情况。大队很快批复了对当事人的处理意见:开除两名协管员,带队城管通报批评。所幸,该事件并没有进一步发酵,爆料者也没有继续制造舆情。

管城南一开始还是有点紧张的,过去多年里,不知有多少城管因为舆情而受到处分。但面对突发舆情,管城南还是冷静下来。经过多方查证,爆料者曾是武汉某媒体的记者,后因违反新闻纪律被开除,就做起了职业爆料人的工作,城管系统已经被他爆料很多次了。按照以往的规律,爆料者会一步一步放出消息。爆料者手上有没有掌握更多黑料,其目的是什么?管城南有点吃不准。因此,唯一的办法是快刀斩乱麻,在事情可能发酵或上级过问之前,开除两位协管员,化被动为主动。

客观而言,这两位协管员的确有违纪律,但如果不是因为被爆料引发了舆情,肯定不可能被辞退。带队城管被通报批评,虽不是正式处分,却表明其负有一定责任。这说明,城管员和协管员之间的确具有连带责任关系。从另一个角度看,协管员其实保护了城管员以及组织的合法性。对协管员的处分或保护,其实都是服务于城管部门的正常运作。当城管部门需要实效时,协管员往往冲锋在前。当城管部门面临极大风险,威胁到了组织合法性时,协管员往往又是被牺牲者。以至于连管城南都感叹,"协管难当啊"。

某种意义上,协管员是城管部门的缓冲带。从环境不确定性的应对机制来看，组织会在技术内核与环境之间建立缓冲区，以保护组织内核免受干扰[①]。如果将临时工置于分析中心，则可见协管员处于"混合型"组织中城管员与组织环境间的缓冲区，它们之间形成了相对稳定的同心圈结构（见图5-4）。城管中队是一个完整的执法单位，中队长事实上担任了组织内部控制者的角色，辅助其工作的内勤则扮演了行政支持者角色，而城管员则是专业化处置剩余事务的核心力量，他们是组织技术内核。协管员扮演了处理各种细小琐碎的剩余事务的"清道夫"的角色，直接面对街头环境不确定性的挑战，以缓解外部的冲击。

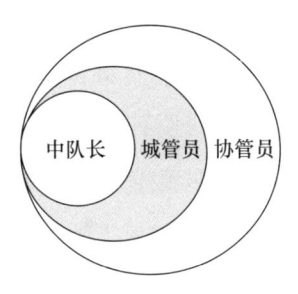

图 5-4 基层中队保护性结构

在日常管理中，基层中队创造了一种隐蔽、容忍和刺激有用的反向保护机制。协管员具有一定的管理权限，客观上承担了执法风险。司机之所以在执法车上睡觉，其实是因为国庆期间城管临时采取了"放任自流"的街头控制策略。光谷商圈的人流量和车流量实在是太大，协管员根本就不可能采取积极策略。在人员

[①] 〔美〕詹姆斯·汤普森：《行动中的组织：行政理论的社会科学基础》，敬乂嘉译，上海：上海人民出版社，2007年，第1版。

聚集的情况下，贸然采取驱赶、暂扣等措施，很可能制造更大的街头混乱。因此，用于调动机动队员以及装运暂扣物品的执法车，其实是没有工作任务的。

很多情况下，协管员会自主采取激进策略。沿街店铺将招牌放置在人行道上，是第三方检查最为常见的扣分点之一，协管员对此问题甚是敏感，一般都会第一时间做出反应。2016年5月24日下午，有家店铺将灯光招牌放在店外人行道上。由于此店铺屡教不改，协管班长便临时决定暂扣招牌。但在装车过程中，老板娘上前阻挠，对协管员又踢又打，协管班长的左手被扯住。在推搡过程中，协管员不小心打了老板娘眼角。店主发现情况后，也上前帮老板娘拳打脚踢协管班长。其他队员见状，便将店主围住，以保护班长。但店主并不甘心，返回店里拿了两把砍刀追砍队员，队员逃离现场，躲藏到了马路对面的公园里。

事后，协管员和店主双方都报了警，协管员第一时间向管城南汇报了事件经过。管城南和警察几乎同时到达现场，警察将双方当事人带回派出所，进行问询笔录。在管城南的协调下，派出所进行了调解处理，双方和解，并签署了调解协议。类似执法冲突事件，在基层中队可谓再普通不过。它表面上是协管员激进策略激发的偶然结果，实质却是街面环境不确定性的必然结果。管城南在处理类似冲突时，总是秉持保护协管员原则。受伤协管员不仅会受到妥善照顾，还会得到安抚。管城南亲自陪同协管员去调解，既是为了得到合理的调解结果，也是为了给协管员撑腰。

从执法规范角度说，协管员没有暂扣物品的资格，这一做法一旦引起反抗，则城管会陷入风险境地。只不过，在鲁磨路中队，上自管城南，下至带队城管，都默认协管员可以根据实际情况"越权"暂扣物品。这种隐蔽和容忍的授权行为，并非制度使然，而是对工作有效性的因时因地的即时反应。在工作过程中，协管员承担了执法风险，反向保护了城管员。但在执法冲突的处理过程中，城管通常采取的策略并非"弃子"，而是尽力保护协管员。每一次执法冲突，都强化了城管员和协管员之间的庇护和反向保护关系。

城管是兜底部门，这意味着它要处理许多剩余事务，面对更多的风险。因此，城管建立起一套不同于等级制的具有环境亲和力的街头行政子系统。这一子系统最重要的特征是，它是一个任务中心的、嵌入街头环境的高度扁平化的混合型组织结构。基层执法单位通过班组制的任务小组，在城管员和协管员间建立起相互依赖的关系，通过平衡内部控制和充分授权，既有效回应了任务需求，又保护了城管的内核组织。临时工广泛存在于公共部门，临时工现象之所以能够在具有高度风险挑战的城管部门稳定存在、重复再生，得益于混合型组织机制将城管员和协管员有机地组合在一起，并形成了相对稳定的组织结构和运作方式。

第六章 空间治理术

曹家湾的出租房，随处可见的摊车，远处的珠宝大厦

鲁磨路：城管、小贩与街头秩序

于忠对鲁磨路的情况了然于胸，随手就可以画出心理地图。某种意义上，于忠的心理地图是空间治理术的图像化表达，它是城管对鲁磨路区域化控制策略的产物。鲁磨路街区几经嬗变，从一个城郊空间演变成了主城区空间，鲁磨路也从城市次干道变成了主干道。城管和小贩等街区"主人"，都在适应地形变化以采取合适的空间策略，他们共同塑造了独特的城市景观。于忠说，鲁磨路"一眼望去，没有一处不是违规的"。这句话出自执法者之口，多少有点黑色幽默。在一次整治行动中，鲁磨路中队辖区的"占道"问题高达2204处，其中占道经营1119处，出店经营976处，夜市6处，车辆占道82处，洗车占道2处，基建占道19处。这表明，城管看似控制着街头空间，但其行为受制于特定的权力形态。鲁磨路作为一个"违规"空间，是各行动主体共谋的结果，也是城管"在场"的具体形态。

1."违规"的空间

鲁磨路长期存在各种明显的违规、违法现象，比如随处可见的违建、违法占道、无证经营、胶囊房出租等。它们虽被纳入城管的监管范围，却长期得不到清理。这些隐形经济，往往被视作藏污纳垢之所，像是一个现代社会的异物。在这个空间中，各种违规行为已固化为物质性的城市景观，如握手楼、摊贩群等，充斥着各种城市力量间的竞争、共生等混杂关系，乃至于形塑了与高楼大厦、车水马龙等现代城市意象不同的"非正规性"城市特质。客观上,"违规"空间已经成为城市中共享的社会空间[①],其内部是一种自组织的、有序运行的系统,是弱势农民走向城市的"新社会空间"或"过渡地带"[②]。

"违规"空间具有多重属性,其最直接的表现是景观制造,其间混杂着乡村和城市景观。某种程度上,它之所以被定义为"违规",乃是由规划专家、市政部门的技术官僚以及房地产开发商基于专业知识贴上的标签。鲁磨路街区从乡村景观主导的空间,被改造成城市景观主导的空间,体现的是城市运营者的意志。无论居住其中的人们愿意与否,也无论改造的方案如何,鲁磨路只是被改造的对象。只不过,它确实是居住者和使用者直接经历的空间,是村民、外来人口在日常生活中共同创造的产物,哪怕它不符合城市精英的要求。

表 6-1 鲁磨路"违规"空间形态的演变过程

时间	聚落景观	人口构成	经济形态	社会形态
1986 年以前	乡村聚落	村民	种水稻	同质性
1986—1993	乡村景观为主	村民变居民	进厂、种菜	同质性较强
1994—2007	半城半乡景	外来人口为主	非正规经济崛起	异质性较强
2008—	城市景观为主	外来人口为主	非正规经济规制	异质性较强

20 世纪 50 年代伊始,陆续有高等院校和国有企业"落脚"鲁磨路,各单位像是孤岛散落在田野之中。改革开放初期,这

---

① 陈映芳:《"违规"的空间》,《社会学研究》,2013 年,第 3 期。
② 蓝宇蕴:《都市村社共同体——有关农民城市化组织方式和生活方式的个案研究》,《中国社会科学》,2005 年,第 2 期。

些单位逐步征用了沿路各村湾的土地，部分农民也被安置在这些单位上班，成为集体所有制员工。曹天华说："哪个单位要了地，就到哪个单位上班去。"1980年分田到户的时候，曹家湾的土地就已经没有多少了，村民由稻农变为菜农，供应武昌大东门市场。现华中科技大学的集贸市场和教师小区一带，原属于蛇王村，村民在征地拆迁后被安置到学校后勤，农民也上楼住进了华中科技大学南三门旁边的小区楼房。1986年是鲁磨路空间形态变迁的关键一年，沿线各村湾都实行了"村改居"，农民变市民，各村湾由相邻单位代管。曹家湾挂靠181厂（武汉仪表厂），彭王村和大张村挂靠中国地质大学，土库村和蛇王村挂靠华中科技大学，前张村挂靠邮电科学研究院，小张村挂靠高压小区。

进入20世纪90年代以后，国企效益下降，工人下岗，集体所有制员工成为第一批下岗者，曹家湾村民几乎全部下岗。1993年，基层政府成立了南望山社区，统一管理挂靠各单位的村湾。为了解决下岗居民的生计问题，属地街道协调各项政策，鼓励居民盖自建房用于出租，社区为居民摆摊创造条件。到2000年前后，鲁磨路"违规"空间的特征日趋显化。其突出表现是，居民在基层政府的默许下，加盖房屋以扩大出租房屋，助推小贩经济的崛起。曹天华家在2001年加盖房屋，共五层。土库村某户居民，房屋加盖到了7层，其产权面积只有400平方米，但实际面积却高达1000平方米。2010年，该户户主因不满无证面积的拆迁补偿标准，在抗拆过程中从楼顶扔砖头砸伤了施工人员，"打飞的"赴北京自首，在舆论上名噪一时，此为后话。居民的自建房吸引了众多外来人口聚集在鲁磨路。曹家湾共104户，本村常住人口还不到250人，但外来常住人口有3000多人，如果加上村内小旅馆的流动人口，可达到5000人左右。其中，小贩家庭和"小白领"是主要外来人口。

鲁磨路沿线单位和村湾犬牙交错，小贩经济异常繁荣。由民房改建的临街门面房和社区划片出租的门前空地，在地形上很不规则，却天然地适合小贩经济。一些在门面房中经营的小老板，将门前空地连起来，扩大经营面积。小贩则更多利用不规则的地形从事各自的经营活动。经营空间的不规则，反倒丰富了业态。比如，华中科技大学西门通往鲁磨路的500米长的无名道路，被当地居民、小贩和学生称为"西门堕落街"，小吃、书摊、卡拉OK、网吧、小商品店、水果摊等应有尽有，真是周边高校学生和上班族的"堕落"天堂。

小贩都想以某个有利地形为据点向周围扩张，但事实上做不到，各空间使用权界限分明，大家对此都心知肚明。因此，看似混乱的小贩经济，其实是有内部秩序的。概言之，这一秩序以"谁受益，谁规制"为原则。依惯例，房前屋后的空间使用权是宅基地使用权的延伸，房主一般会将此作为一楼门面房出租的议价条件。路口、边角与插花地带等"无主"空间，其主导者往往是灰色势力。灰色势力往往有社区赋予的"合法"身份。他们可能是不领工资的联防队员或卫生管理员，"管理费""卫生费"等灰色利益是被社区默许的"自收自支"项目。在曹家湾，灰色势力还拥有菜场等据点,他们事实上私有化了"无主"空间。公共用地上的棚屋属于村集体资产,"村改居"后社区接管了资产管辖权,将收益用于社区公共建设。小贩经济是没有纳入政府监管的非正规经济,却因契合了社区的地方性规范,具有极强的社会合法性。小贩一般以口头合约、按月交租的方式获得空间使用权,只要城中村的空间使用规则没有外部压力,他们的经营基础就能够稳定存在。

城中村"违规"空间的形成,是基层政府民生导向政策以及社区自主空间利用共同作用的结果,小贩只是顺应规则,创

图 6-1　曹家湾菜场

造性地利用地形而已。从 2008 年开始，鲁磨路街区内的城中村被纳入改造范围，土库村等几个村湾被纳入征拆范围，华中科技大学和中国地质大学在此建起教职工居住小区，村民搬进原址还建楼。曹家湾虽然没有被征拆，但也进行了基础设施改造，连带着清理了街面上的小贩。华中科技大学先是关闭了西门，后在征拆过程中，几乎完全堵死了和几个相邻村湾的通道，只留下一条和鲁磨路直通的校门。"西门堕落街"消失了，小贩逐步从城中村转移到鲁磨路街面上，鲁磨路街头也就成了"违规"空间。

客观上，鲁磨路周围高校学生、上班族、农民工以及本地居民对小贩经济的市场需求还存在。并且，鲁磨路公交总站是连接鲁巷片区和郊区的交通枢纽。2007 年光谷步行街开街以后，吸引了大量的郊区大学城学生聚集在鲁磨路，这又进一步扩大了小贩经济的市场空间。光谷步行街的繁荣，带动了鲁磨路地段的发展，市政基础设施在不断建设，"珠宝一条街"也开始成形。大规模的市政建设，为小贩经济从城中村转移到马路上创造了空间条件。

小贩经济的空间转移，主要通过两个路径进行。一是以曹家湾菜场为代表，灰色势力以私有化的公共空间为据点，将小贩经济集体转移到路面上。曹家湾菜场正好处于曹家湾和鲁磨路的交叉路口，是曹家湾和相邻小区进出鲁磨路的必经之路，人流量有保证。并且，菜场的经营内容和小贩经济具有产业互补性，它们分别经营原材料以及加工好的小吃和食品，这些都面向普通市民，结果导致菜场逐步将鲁磨路街头空间中传统上属于曹家湾地理范围的公交总站和181厂门口，纳入管辖范围。他们仿造城中村时期的管理方式，聚集摊群并进行规范化管理。

二是部分小贩以"游击"的方式，向暂时"无主"的空间和"尖板眼"聚集。比如，有些大厦在建设过程中因不同原因停工，工地管理留下缝隙，这就为游击小贩提供了据点，让他们得以栖身于此。在市政公路和配套设施建设过程中，总会因工期的原因留下管理真空期，游击小贩几乎是见缝插针，把"无主"空间填满。还有像李成柏这样的"钉子户"，社区为了让其配合城中村改造，特意为其设置疏导点，李成柏一家也就以此为栖身之地，长期驻扎下来。

很多小贩经历了城中村时代向马路时代的变迁，他们对草根秩序都有一定认同。对小贩而言，"保护费"并无不可，只要能保证经营稳定。只不过，此时鲁磨路的城市景观在发生变化，各类规范在强势挤压草根秩序。街头空间已不是社区、居民以及灰色势力主导的自主空间，而是被城管严格控制的公共空间。哪怕曹家湾菜场已经公司化经营，且获得社区和市场监管部门的默许，乃至于由他们主导的鲁磨路夜市在坊间已有名气，也获得了社会认可，但在城管部门看来，由菜场主导的街头秩序也只是城管非正式授权的结果。

从社会控制的角度看，"违规"的空间并未失控，反而存在一种广受承认的秩序。其中，鲁磨路城管中队在规制小贩经济的过程中建构的社会控制网络，起到了关键作用。

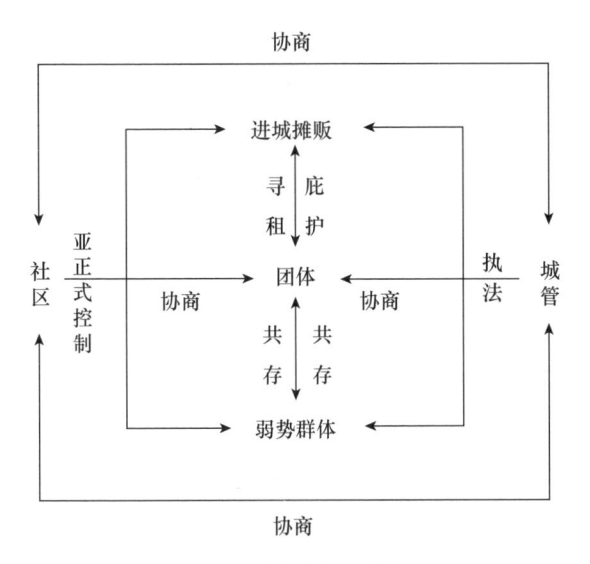

```
                       协商
        ┌─────────────────────────────────┐
        │         进城摊贩                │
        │      ↓ ┌──┬──┐ ↑                │
        │      寻│  │庇                   │
   ↕    │      租│  │护    ↕              │   ↕
  社    │亚      │  │     执              │  城
  区    │正  协商│团│ 协商 法              │  管
        │式  ───→│体│ ←───                │
        │控      │  │                     │
        │制      │共│ │共                 │
        │      存│  │存                   │
        │      ↓ └──┴──┘ ↑                │
        │         弱势群体                │
        └─────────────────────────────────┘
                       协商
```

图 6-2 鲁磨路社会控制网络图

鲁磨路的社会控制网络，主要包括三个子系统。一是基于城管执法建构而成的正式控制。正式控制通常由官方组织实施，一般采取形式控制及法律控制的方式。鲁磨路城管中队是正式控制的实施者，以城市管理综合条例为法律依据。同时，依据行政强制法等相关法律，正式控制遵循一系列的行政执法程序，具有形式控制的特征。只不过，由于正式控制需符合形式法律的要求，城管执法受到诸多限制。正式控制规定了城管与小贩之间的非对称关系，城管对小贩具有支配权，对小贩经济的存废也有决定权。但是，非对称支配关系达不到宰制效果，小贩可以利用地形获得自主空间。

二是基于社区工作形成的亚正式控制。社区居委会虽非政府机构，却发挥官方作用，履行授权职责。其工作人员来自当地社区，更倾向于与服务对象建立个人关系，支持采用道德伦理等非正式控制方式。在中国城市的社会控制中，社区往往是诸多公共事务"属地管理"的实际承担者，如人口与计划生育、社会保障、失业就业等等。这些公共服务本身具有社会控制功能。相对于市政部门，社区在掌握辖区内的社会状况方面具有信息优势，也有更多的"手段"对小贩采取措施。故而，鲁磨路城管中队努力建构与社区之间的密切关系。具体而言，当正式控制方式难以奏效时，城管部门会与社区协商，由社区运用非正式控制方式协助城管执法。

社区为照顾弱势群体、特殊人群的生活，也会与城管部门协商，在规定时间、规定地点让这些人群摆摊。有一次，城管驱赶了一位在鲁磨路摆摊的曹家湾刑满释放人员。曹天华出了一个主意，由他居中协调，让小贩跟门面房主签租赁协议，协议内容是门面房主把门前空地出租给小贩，还签字盖了章。但实际上，小贩并不支付租金，只是拿着协议给于忠一个说法。于忠掌握情况后，对协管员下达指令，对该小贩网开一面。只不过，在曹天华的见证下，于忠和该名小贩也有君子协议，要求上级有检查时，小贩要随时配合城管撤摊。

三是基于初级群体关系建构的非正式控制。中国是一个以人际关系为基础的社会，家庭、老乡和同侪团体等初级群体往往处在集体道德情感及地方性规范之下，这些"情感""规范"在特定领域容易为官方组织所利用，形成由非官方或私人团体执行的非正式控制。鲁磨路马路市场本质上是由一系列初级群体构成的摊群，小贩中不仅存在大量的家庭自主经营者，且小贩之间还存在着千丝万缕的关系。因此，鲁磨路马路市场秩序的形成，很大程度上来依赖通过协调关系开展的非正式控制。多年前一个荆州小贩和一个咸宁小贩的摊位相邻，两家为了分界线争吵起来。荆州小贩有钱，放话说一定要争赢，"无论花多少钱"。他想尽办法，既找白道，又找黑道。咸宁小贩也不甘示弱，也花钱找了黑道。结果，曹天华前去处理纠纷时，发现两伙黑道上的人他都认识，且这两伙人彼此之间也都认识。于是曹天华把咸宁小贩的摊位换了一个位置，此事就此了结。

通常，官方组织是正式控制的实施者，但为了突破正式控制的局限，官方组织往往会借助情感及道德的力量。团伙组织往往是非正式控制的实施主体，但通常做法是"踩线不越线"，尽力遵守相关法律和规章制度，时刻和城管保持沟通，掌握管理尺度。社区居委会的半官方背景及来自当地的社区工作者，是亚正式控制的实施主体，具有正式与非正式控制转化中枢的功能。

社区居委会与辖区居民间存在庇护关系，于是社区居委会城管执法的亚正式控制主体。占道摊贩能否获得一定的"合法性"，取决于有无"第三方"介入。对于城管部门而言，社区居委会是一个行之有效的"第三方"。社区介入往往有较为明确的时间、地点及潜在对象，再加上政策工具较多，管理成效较为明显。但对社区而言，"街头"具有极强的道义色彩，是弱势人群和特殊群体的出路。但凡敢在鲁磨路公开占道经营而不用顾忌城管执法的，如残疾人修鞋摊、无子女照料老人的杂货摊，基本上都是受社区庇护的弱势群体。一旦社区居民受到城管的驱赶，社区就会如曹天华所做的那样——想尽办法赋予居民摆摊以合法性。

张冲等人之所以能够"合法"经营菜场，进而控制鲁磨路夜市，很大程度上是因为社区居委会的庇护。曹家湾菜场是以曹家湾自然村的名义建立的，但了解内情的人都知道，实际上是张冲创业的结果，和社区并没有产权关系。按照曹天华的说法，张冲年轻时并不坏，只是犯了小错，阴差阳错碰到了"严打"。刑满释放后，张冲非常努力，想要自食其力重新做人，但刑满释放人员的身份，实在是不利于找工作。于是，张冲便在街道社区的支持下盖了一个简易菜场。作为对社区的回馈，菜场雇佣了另外 7 位刑满释放人员作为中层管理人员，由张冲发"基本生活费"。可见，菜场是社区解决特殊人群生活、维护社会稳定的主要依仗。曹天华在张冲公司兼职，帮张冲管理业务，每月工资 900 元。他具有双重身份，既代表菜场和街道社区、政府部门打交道，维护菜场利益，也代表社区监督菜场，尤其是保证 7 名刑满释放人员的基本生活费足额按时发放。

张冲的诉求是街头利益最大化、菜场合法化，并以菜场的名义经营夜市。但社区的核心诉求是社会稳定，通过菜场疏导特殊人群的生活问题，并以菜场为中介规制外来力量。曾有外地老板想出价 20 万元收购菜场，张冲一度动心，想要达成交易。曹天华见状晓以利害，"这个菜场一定不能卖给别人，否则你们就没有'码头'，外地人来又镇不住，肯定会生乱"。因占道经营过于严重，群众举报多，市政府曾一度考虑取缔曹家湾菜场。有次，分管副市长来到曹家湾视察，现场研判，社区便实事求是地汇报了曹家湾菜场的特殊性以及取缔可能滋生的社会问题。市领导觉得社区反映的情况在理，取缔计划便暂时搁置，改为规范化管理。

客观上，鲁磨路城管中队与张冲存在利益共谋。鲁磨路城管中队夜间执法力量严重不足，仅仅依靠城管力量，无法有效规制众多流动小贩的无序经营，无法解决由此带来的油烟噪音污染、废弃食物及垃圾遍布街面的情况。而曹家湾菜场的公司化管理，反而避免了街面失序，达到了规范管理的目标。

社区居委会与进城小贩间存在管理与服务的双重关系，这是正式控制的重要一环。城管中队要对占道"钉子户"做工作，就得依靠社区流动人口登记记录查询其户籍、电话等基本信息，如需进一步了解其家庭、社会交往等信息，还要咨询社区的消息灵通人士。很多情况下，社区在疑难事务的处置中更具优势。曹天华说："社区可以协调处理那些占道'钉子户'，因为社区什么都管，有办法整治那些不听话的小贩。"通常而言，城管并不会将小贩简单视作法律意义上的行政相对人，而是将之视作以家庭、家族、老乡乃至团伙为单位的行动者。一旦有需要，城管通常会利用其社会关系减少执法阻力，通过与社区、团体、老乡群体打招呼，提醒其在规定的时间、地点范围内禁摆。

可见，鲁磨路存在一个错综复杂的社会控制网络，其内圈以团伙为中心，在弱势群体、进城小贩间形成了寻租、庇护、共生等社会关系，它为城管的关系控制提供了社会基础。外圈则以社区居委会为中枢，它将城管执法的正式控制引入亚正式控制体系，并使非正式控制成为可能。这种由城管"规定"，却由社区、团体、小贩等多方共同塑造的网络，制造了"违规"的空间。在"违规"空间中，非正规性与正规性之间，并非界限分明，非此即彼，而是相互依存，因时因地发生转化。

2. 控场

　　街头是市政空间，城管是空间主人。小贩从城中村转移到马路，无异于一种侵入行为。小贩在马路上占道经营，社区自主空间的草根秩序并不适用。理论上，城管对背街小巷也有充分的管辖权，但由于街头力量的不足，只能依赖社区自治。但大马路上的街头空间并非社区空间，城管一直在场，并全力控场。小贩意图入侵、灰色势力企图复制城中村的草根秩序，城管是不可能答应的，街头秩序必须纳入正规监管。当然，城管和小贩都依赖于空间策略。

　　小贩依靠地形，努力将街头改造为经营空间。鲁磨路公交总站有多条公交线路，人流量大，曾一度是小贩的聚集之地。2012年光谷地铁站通车后，公交集团将公交站位置向北迁移了100米，且停止了部分公交线路，这里的人流方向和规模都发生了变化。小贩便聚集在公交车站连接鲁磨路主路的三角地带经营。城管在马路和三角形地带之间设了一堵墙，规定小贩必须

第六章 空间治理术

靠墙经营，摆成三排，不能越过界限移动到马路上。这样，城管和小贩实现了划界而治。城管控制了大马路，小贩则控制了马路边缘地带。2014年，公安机关在三角形地带建起了警务站，不允许小贩在站前空地设摊，警务站也阻隔了人流，该摊群之后自然消失。

街头是一个缝隙空间。边缘化、缝隙化空间不仅在现实空间中有着特定的位置，而且总是对应着特定的社会阶层，契合着一定的社会结构和社会运作机制[1]。街角社会不仅在物理形态上表现出边缘化、缝隙化的特征，且在社会空间层面也有显著的边缘空间特征。尽管城管在街头划界而治，希望塑造一个高度可见的地方，且动用力量进行保护、巡查、控制。但城管的每一个空间策略，都被小贩利用，他们总是抓住缝隙，在街角建立据点，并试图走向街面。

权力实施具有区域化特征，通过区域化机制集中配置性资源和权威性资源[2]。"缝隙"是区域化空间策略的产物，是区域之间的"边界区"。通过划界而治，街头空间被分割为不同的部分，城管可能控制了核心空间，小贩却占据和利用了边缘空间，甚至改变了这一地带的物权性质。通过工作时间表，城管严格控制关键时期的街面秩序，小贩却因此获得了非关键时期的街面使用权。城管内部的行政区划、部门职能划分以及上下级之

---

[1] 童强：《权力、资本与缝隙空间》，《文化研究》，2010年，第2期。
[2] 〔英〕安东尼·吉登斯：《社会的构成：结构化理论纲要》，李康、李猛译，北京：中国人民大学出版社，2016年，第1版，第112页。

间的分工,都在客观上制造执法权的分裂,为小贩乘虚而入创造了条件。

表 6-2 街头空间的"区域化"

类型	空间要素	相互作用	空间策略
局部化	封闭空间/开放空间	过渡	放置和利用遮蔽物:如遮阳伞、横幅、挡板、屋檐、台阶、栏杆
	私人物业/公共空间	中介	占据与利用:如放置桌椅、摆摊设点、驻足停留
时空分区	工作时间/休息时间	疏堵结合	不同时间段内城管控制力存在差异:(1)早晚与白天,工作日与周末;(2)协管员"两班倒"制造的交接班间隔;(3)必要的时间间隔,如吃饭、上厕所、歇息;(4)城管员与协管员工作时间不一致
	整顿时期/日常时期	疏堵结合	执法强度差异:"整顿"时期满负荷运转,执法手段以暂扣为主;日常管理"两班倒",以教育为主。
	守控时间/巡查时间	疏堵结合	执法力量配备不均衡:"守控"只能控制点位;巡查虽可覆盖全区域,却意味着控制力度有限。
机构分割	行政区划	守土有责	游击:行政区域间的边界并非有规则的"线条",而是多不规则的"门槛",边界处往往是"游击区"。
	职能划分	分工合作	交叉:不同职能部门按专业化职责行事,制造了职能交叉地带,使得某些行政事务成了"三不管"。
	层级制	命令服从	自由裁量:街头执法者并不严格遵循科层法治逻辑,而是根据经验开展一线行政工作。

第六章　空间治理术

借用空间设计的术语，街头具有"灰空间"的特质——它在内部空间和外部空间之间起着中介、连接、铺垫、过渡作用，从而使两种不同性质的空间走向融合[①]。在街头，小贩通过放置和利用遮蔽物（如遮阳伞、横幅、挡板、屋檐、台阶、栏杆），占据与利用小空间（如放置桌椅、摆摊设点、驻足停留），让街头这个纯公共性的开放空间具备了封闭性和私人物业性质。小贩在"灰空间"中休闲、干自己的营生借此与城管、消费者、路人等人建立起多种社会关系。

我跟于忠巡街时发现的一件趣事，很能说明地形和缝隙是如何形成的。有一段时间，鲁磨路天桥上总是聚集不少小贩。按常理，武汉的冬天极其湿冷，冷风呼啸，过往行人都来去匆匆，小贩不可能长时间驻足。我们仔细观察后才发现，街道在国庆期间沿天桥栏杆挂的横幅一直没有撤下来，这在无形中产生了遮风地。如售卖烤红薯的小贩，炉子可以取暖，烤红薯的同时还满足了过往行人暖身子的需求，生意自然火爆。发现玄机之后，于忠当机立断让协管员把横幅撤了，从此小贩不再聚集在天桥上。

工作时间表、班组制和守控点位的结合，实际上是时空分区和城管机构内部区域化的有机结合。只不过，这也意外生产出小贩的机会空间。显而易见的，鲁磨路城管中队的控场方式在极大程度上影响了小贩的生存样态。通常而言，工作时间表其实是日

---

① 詹和平:《空间》，南京：东南大学出版社，2011年，第1版，第32页。

常惯例的表现，它在规定机构运行的常规的同时，也产生了"时间差"，这其实是方便小贩生存的隐而不宣的另一种惯例。比如，早晚与白天，工作日与周末执法力量的区别，很容易为小贩识别，他们往往形成晚上出摊、周末出摊时间提前的习惯。在节假日，如果城管投放警力有限，且消极管控，协管员甚至放任不管，小贩极可能抓住机会狠赚一笔。协管员两班倒，以及城管员与协管员工作时间不一致，制造了交接班间隔，这也为小贩提供了足够的生存空间。比如，城管有午休，下午五点半就下班了，协管员的管理力度自然下降，这都为小贩创造了机会。协管员必要的时间间隙，如吃饭、上厕所、歇息等，也为小贩伺机而动的游击创造了条件。

在鲁磨路，因行政区划、职能划分及层级制造产生的缝隙，甚是常见。小贩可以充分利用城管部门的时间差、执法强度差异、执法力量配备不均衡，以及游击区、交叉地带、自由裁量等"边界区"，获得自己的机会空间。行政区域间往往有管理漏洞，边界处成为小贩突破管制的"游击区"。鲁巷广场是洪山区和东湖高新区的插花地段，双方城管部门管理责任不清、管理单位互相推诿，形成了管理真空。小贩在这里聚集后，市民反复投诉、媒体多次曝光，但问题一直得不到解决。

2011年7月，武汉市启动"城管革命"时，市城管委在现场踏勘、征求各区意见的基础上，明确了鲁巷广场的管理责任。具体规定为：鲁磨路方向至人行天桥为止，珞瑜路方向至信息港为止，虎泉街方向至房地局为止，民院路方向至尖东花园为止，

图 6-3　插花地

珞瑜东路方向至高压所为止转盘内，以及光谷步行街（鲁巷广场转盘至关山大道）由东湖开发区负责；鲁磨路人行天桥由洪山区负责；珞瑜东路家乐福门前人行天桥由东湖开发区负责。

对鲁磨路城管中队而言，这一规定解决了部分问题。根据市城管委的文件精神，鲁磨路天桥的桥面由鲁磨路城管中队管辖，桥底则归东湖高新区管辖；另一座桥的桥面归东湖高新区管辖，桥底则由鲁磨路城管中队管辖。因为责任对等，互相都没吃亏，双方没有异议。于忠的责任就是把鲁磨路天桥上的小贩"赶下来"，至于他们在不在桥底继续经营，那就不管了。久而久之，小贩也识别了其中的奥妙，看到于忠的队员，就往桥下跑；但看到高新区的队员，就往桥上去。

然而，市城管委有关辖区的规定和实际地形其实有一定出入，在实践中仍然界限不清、责任不明，也就导致事实上还存在管理真空。比如，信息港与其说是一个地点，还不如说是一个地域，并且没有明确界限。信息港门口有一大块公共用地，东湖高新区单方认定这片区域归洪山区管辖，市城管委口头上也支持东湖高新区的主张。但鲁磨路城管中队一直没"接"，在没有明确文件规定的情况下，上级的口头说明并没有法律效力。鲁磨路城管中队对信息港区域的管理，也就极其消极。于忠在扫街的时候，会"顺便"驱赶一下占道经营的小贩，但并不会派协管员守控。只不过，为了应对第三方考核，于忠在这一地带长期树立一块警示牌，上面写着"城管正在处理中"，以此规避第三方检查扣分。

不同职能部门按专业化职责行事的同时，也制造了职能交叉地带，使得某些行政事务成了"三不管"。如机动车占道经营，城管和交警间因存在职能交叉而难以常规化管理。在鲁磨路辖区，有三四辆机动车长期占道经营，城管和交警虽然进行过联合执法，取缔过几次，但每次联合执法过后，占道行为又会死灰复燃。截至今日，机动车占道经营在武汉市依旧极其普遍，属于"三不管"事务。有些兼职小贩，将那些小商品，如皮带、包、首饰等，放在小轿车上面，随时停靠在路边就可以售卖。有些职业化的小贩，专门购置了敞篷式的货车，稍微改装就可以卖水果，还可以把制作机器放在车上，现做现卖各类饼干、点心和爆米花等。

只不过对城管和小贩而言,他们的空间策略有所不同。在控制辩证法看来,处于支配位置的个人或群体所运用的全部控制策略,均在居于从属地位的个人或群体那里唤起了反对的策略[①]。城管部门通过区域化机制,利用时间表、制图术等微小的权力技术,塑造了街头的可治理空间,支配了街头秩序。而小贩则通过游击战术,为自己获得机会空间。城管和小贩在街头空间中的权力运用并不对等。城管可以通过对行政资源与控管对象之间力量关系的计算,建立可视、可控的专属地点。而小贩只能在城管划定的地点中利用机遇,并依赖机遇获得生存空间,他们不可能构建全面计划,也无法建立自己的专属地点——在这个意义上,小贩只能是流动的。

管城南和于忠都是2012年前后调入鲁磨路中队的。在他们上任之初,张冲通过前任中队负责人来接洽,希望将鲁磨路夜市正规化,纳入城管部门的备案。但这显然有难度,管城南无能为力。鲁磨路人流量实在是太大,且随着八一路延长线的开通,它已经是武昌联通光谷地区的重要干道,并不适合成为夜市。但管城南也很给对方面子,与其达成了口头协议:

> 1. 遵循曹家湾的传统地理范围,夜市的经营地点南起鲁磨路公交总站,北至181厂门口,经营时间为晚七点以后。

[①]〔英〕安东尼·吉登斯:《社会的构成:结构化理论纲要》,李康、李猛译,北京:中国人民大学出版社,2016年,第1版,第11页。

2. 按照正规夜市规范设置摊位，只能在人行道和非机动车道旁边摆摊设点，保留一定距离的通道。

3. 实行公司化管理标准，满足市容卫生管理要求，如杜绝油污、大排档需垫油布、各摊位按照"门前三包"原则清理卫生。

4. 服从城管的临时管制措施。

在这个口头协议里，最关键的第四条却语焉不详。这一条事实上确立了城管对街头空间的主权，表明城管具备控场能力。管城南会根据街面秩序以及上级管理要求，随时决定是否采取整顿措施。而一旦整顿，便意味着清场，关闭夜市。于忠会提前通知张冲团队，陈金负责通知租了摊位的小贩。通常情况下，于忠会向沿街商户发宣传单，并向长期在鲁磨路其他地方打游击的小贩头目透露口风，明确告知他们禁摊的时间和地域范围。可见，城管对鲁磨路控制的主要目标是控场而非清场。从结果上来说，他们并没有能力完全杜绝小贩经济。但管城南善于借助清场契机，进一步加强对街头秩序的控制能力。

城管控场的尺度依据2012年修订的《武汉市城市市容环境卫生管理条例》以及2013年出台的《城市综合管理条例》，两部法规都明确规定禁止"违法占用城市道路、桥梁、公共广场、地下通道及其他公共场所堆放物品、摆摊设点、销售商品"。在实际操作中，城管对各道路进行了差异化管理。

城管将全市所有道路分为A、B、C、D四个类别。A类为"九桥一隧";江滩、园博园、4个开发区的主次干道;中心城区快速通道、桥;共计126条。B类为中心城区除快速通道外的干道146条。C类为新城区干道54条。D类道路则一般是背街小巷,天桥和地下通道也比照D类道路进行管控。就控场尺度而言,A、B、C、D四类街道依次减弱。A类道路一般是连接重要部门、窗口单位、重要商圈的主干道,是严控街道。B类道路一般是市区内人员较为聚集,但道路设施不够完善,管理难度较大的次干道,是重点管控道路。C类道路一般指的是城市外环线外人流稀疏的交通干道。城管部门制订了统一的道路管理考核标准,依据城市道路的等级、道路设施的完善程度、人流及商业活动的聚集程度等指标,制订了差异化的考核基数。街道等级越高,考核基数就越低,允许出现的问题数就越少。鲁磨路本身是B类街道,这一街区的背街小巷、地道、天桥等,则按照D类管理标准管理。管城南非常重视第三方的检查通报,上级部门每月的检查通报和质检报告他都会仔细研究,一旦发现第三方检查出的问题数临近或超过了考核基数,便会立即加大管控力度。

在很多情况下,控场尺度的加大,并不取决于管城南。管城南和于忠在鲁磨路中队工作期间,正好是武汉城管深刻变革的阶段。2011年7月1日,武汉市掀起"城管革命",目标是利用三年时间,在2013年达到创建"国家卫生城市""国家环保模范城市"和"全国文明城市"市容环境标准。鲁磨路夜市作为全市有名的夜市,综合整治的任务极其艰巨。按照道路管理标准,鲁磨路的路面、招牌、路牌、指示牌、灯光亮化等方面，均存在管理失序问题。仅仅依靠执法和管理，这里很难达到"改头换面"的要求。因此，城管在鲁磨路采取的管理措施，是综合性的空间策略。

公交总站摊群的消失，很大程度上得益于公交总站空间规划及公安等强力部门的"助攻"。曹家湾菜场的"君子协议"，也主要依靠的是"借力打力"，城管借用中间力量，将小贩规制于特定的时空秩序中。这都说明，城管并不能随心所欲，他们甚至还会受到个别"钉子户"的挑战。2014年，武汉"创文创卫"工作进入关键时期，城管屡次三番做工作，李成柏一家却一直与其周旋。期间，双方实在僵持不下，上级检查又迫在眉睫，城管迫不得已启用了杀招，协调属地政府在该路段修路，把李成柏的据点围住。修路是非常典型的空间策略，这无异于釜底抽薪，它彰显了城管的意志，也断了小贩的客源，尤其是在清场摊群的过程中，几乎没有哪个游击的普通小贩能持续抵抗。

城管控场尺度的变化是极其没有规律的，管城南的决策虽然有行政依据，但何时采取何种措施，却不可预知。从管城南的角度看，他每次启动整顿措施和极端的空间策略，都是外部压力的结果。关键是，这些压力源极多，包括上级检查、突发事件等，压力程度大且产生得很偶然。小贩经常一个月只能出摊十来天，如果冒险出摊的话则难逃被暂扣物品的制裁。

从小贩的视角看，相较于城中村持续而稳定的经营秩序，马路市场风险太高，可预期性太弱。这不仅是因为政府的空间策略容易破坏"地形"，更重要的是，相较于城中村，马路是一个更适合大商业和大资本聚集的空间，正规经济也更容易挤压非正规经济。鲁磨路珠宝一条街的规划由来已久，但正式成形于2013年。该年九月，地方政府推出了"武汉·珠宝谷"的项目计划，以中国地质大学珠宝学院为依托，在中国地质大学和曹家湾区域规划了五个地块，用于建设写字楼、商业住宅、珠宝艺术品中心、珠宝大厦和珠宝交易市场。2014年，这几栋建筑已经完工，开始招商试营业。珠宝街大楼门前设置了铁制路栏，禁止摆摊者进入。为配合珠宝谷高端大气上档次的定位，城管联合其他部门集中整治了珠宝街沿线的占道经营问题。

客观上，鲁磨路是不同阶层、不同观念、不同经济行为相会、接触、融合、毗邻的地方，城管的本意并无可能在此完全实现。小贩需要生存，消费者需要服务，路人需要通道，城管需要秩序，他们之间的关系是相互依存、互相掣肘的，城管和小贩在社会空间意义上有共处的可能性。

可见，城管的终极目标可能是清场，最好一个小贩都没有。但清场意味着极其严苛的空间策略，需要通过空间规划和修正，去改变地形让小贩没有容身之地。这在局部是可以做到的，如商业广场、重要单位的专属空间，以及公共性极强的公共空间。多数清场并不单纯依靠城管，需要基层政府或一些强力部门的支持，城管并不可能单独主导空间秩序。因此，城管现实中的空间策略是控场。这也就意味着，在小贩的视角下，街头虽属于"被统治的空间"，却从从属的、外围的、边缘化了的领域诞生了"反面空间"。"实际的"，或者说多方正在经历着的街头空间，并不简单受制于支配和反抗的二元对立关系，而是隐藏着巨大的可能性，城管和小贩的共处是完全可能的。

3. 制图术

"制图术"是现代国家治理的一个重要技术①。"治理"关联的是一种由人和事构成的复合体，其重心并不在于占领和统治，而是把人与人、人与物及人与事件之间的关系和特性作为"物"来管理。"制图术"将抽象空间视作经过和实际空间分离、抽象和加工的可治理的空间，治理也就成了把纷繁复杂的实际空间转换成可分析和控制的抽象空间，并据此进行计算、规划、控制和监督的过程。

简单而言，权力是空间化了的，"物理"权力"玩弄一整套空间、线条、格网、波段、程度的游戏"②。城管必须通过"权力的技术学"，运用一套"微小"的技术程序来实现对"违规"空间的控场。鲁磨路城管中队通过划分片区、点位等空间策略，以及班组制等力量组合，使得辖区的重要位置成为街头行政的专属地点。但是，小贩利用各个点位之间的缝隙，以及城管上下班之间的时间差，抓住机遇伺机而动，并通过拖延、

---

① 杜月：《制图术：国家治理研究的一个新视角》，《社会学研究》，2017年，第5期。
② 〔法〕福柯：《规训与惩罚：监狱的诞生》，刘北成、杨远婴译，北京：生活·读书·新知三联书店，2003年，第2版，第200页。

游击、反抗等战术,为自己赢得了生存空间,乃至于形成规模庞大的"违规"空间。

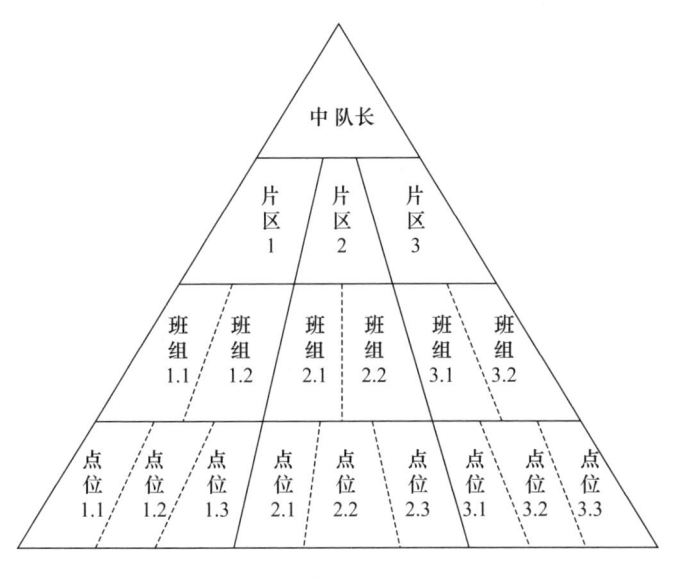

```
                        中队长
                片区    片区    片区
                 1       2       3
           班   班   班   班   班   班
           组   组   组   组   组   组
           1.1 1.2  2.1 2.2  3.1 3.2
         点 点 点  点 点 点  点 点 点
         位 位 位  位 位 位  位 位 位
         1.1 1.2 1.3 2.1 2.2 2.3 3.1 3.2 3.3
```

图 6-4 "班组制"示意图

街头行政子系统是一种空间治理术,其行政架构的设定以及具体的运作方式,均以对街头空间的规划和控制为目的。街头行政子系统虽名义上存在由中队长、片长及协管员形成的等级制,但其实际运作却是以班组制为基础的。班组以带队城管员的名字命名,但班组成员全是协管员,协管员具有相当大的自由裁量权。在班组制中,带队城管员又叫片长,而每个班都有固定守控的点位,"守土有责"是城管系统内部的常用术语。城管通过对行政力量的重新编排,以及对"违规"空间的重新编码,来实现街头的可治理化。

班组制是一种极具特色的空间治理术，它对辖区重新进行地理编码。为了便于控场，城管对土地表层统一、建筑空间相似、道路用途一致的街头空间重新编码。鲁磨路城管中队的辖区被分成三个片区，每个片区由一个带队城管员负责，每个带队城管员管辖两个班组（实行轮班制），每个班组的协管员又相对固定在若干个点位中。点位的选择是编码的基础。点位往往是街头空间的重要位置，聚集着诸多社会问题，是开展街头行政的据点。那些聚集了大量摊群、有多个交叉路口、人流量大、商铺多的地方，自然是重点防控的点位。属地管理是鲁磨路城管中队日常运作的基本原则，协管员对各自的点位负责，各带队城管员对片区负责，中队长则负责对鲁磨路全面巡查。

　　本质上，科层制也是一种空间化的行政设置，一个办公室往往对应一个层级，成为所谓的科室。在鲁磨路城管中队，由中队长、片长（带队城管员）、班组（协管员）所形成的混合结构，也可以还原到地理空间中。等级越高，其"辖区"越大，控制能力也越强；同时，等级越高，离街面越远，离办公室越近。客观上，城管员和协管员之间是"管理官僚"和"街面官僚"的差异。城管员的主要职责是监督协管员，调度各片区和各点位协管员；而协管员则负责某个具体点位的守控和巡查。

　　管城南的工作，就是在车上巡查，在办公室协调处理事务。管城南有一辆自用的东风小轿车，普通配置，它既是其上下班的通勤车，也是执法巡逻车。在巡查过程中，管城南一般不下车，在车上发现哪个点位有问题，就立马用对讲机呼叫守点协管员去处理。城管中队只有两辆执法车,一辆是破烂不堪的五菱货车,还有一辆是半新的皮卡车,这都是供协管员机动调遣以及装暂扣物品用的。因此,管城南的私车公用是客观形势所迫。中队每个月给管城南报销一定额度的油费,还配置了一个司机,管城南也觉得不错。管城南和卫兰共用一间办公室,卫兰差不多是管城南的秘书,在同一间办公室方便沟通。但卫兰主要是做财务工作,其主要工作地点不是在办公室,而是在局里报账,以及和各部门外联。这样,管城南每天中午也可以在办公室沙发上休息一下。除非有重要的事,一般协管员要找管城南并不容易。事实上,管城南也只认得班长和副班长,对大多数协管员并不熟悉。

于忠等三个片长共用一个办公室。于忠的主要工作是步行巡街,监督和调度协管员。如果协管员上报了无法处理的事务,于忠还得在现场处理问题。因此,办公室只是于忠的备勤室。事实上,于忠习惯于在定康大药房备勤,办公室只是他在午餐或需要回中队开会时的暂时落脚地。在午餐的时候,于忠喜欢待在值班室,和值班大爷一起观看电视上的斗地主比赛。相较于中队长,片长是带队城管员,天天都要和协管员见面,离一线的距离要近得多。

理论上,协管员的工作地点就是街面,且每个协管员都有固定点位。但在实践中,协管员并不总是在守点儿。他们需要离开点位到其他地方歇息,也可能机动到别的点位执行任务,甚至在点位失控的情况下,临时撤退。协管员永远在一线,但他们也在想尽办法逃离一线。

城管所建立的点位，本质上是一种专属地点。它意味着，城管有权也有能力管控、制止小贩占领这些地方。专属地点的有效管控，建立在各点位协管员之间的行动协调基础之上。通常情况下，鲁磨路城管中队要求协管员通过"守控＋巡查"的行政技术，实现"以点带面"的控制效果。但街头环境复杂多变，点位、片区之间的行政事务并不均衡，临时调配行政资源就势在必行。一个点位通常由2—3名协管员组成，相当于一个最小的行动单位。一个片区则由8—9名协管员组成，片长可以根据实际需要，自行决定各点位协管员的投放量。如果某个点位的行政事务过于复杂请求支援，中队长还可以跨片区调动协管员。

在鲁磨路，于忠拥有两个班组，每个班的协管员共8名，其中1名班长1名副班长。为了适应街面控管要求，每个班组又进一步分成三个小分队。三个小分队选择合适的点位作为其布控地点，并按照工作内容分配控管力量。三个小分队分开管控时，主要工作是巡查、劝阻、制止违规行为，只进行管理和服务。在管理无效的情况下，协管员通过呼台上报带队城管员，带队城管员也通过呼台调集必要的人员、装备集合到执法点位，在带队城管员的带领下开展执法工作。

由于各点位的重要性不同，事情也有轻重缓急，于忠对执法力量的配置是非均衡的。在于忠的心理地图中，鲁磨路是由几个重要点位辐射组成的。具体而言，他以公交总站、曹家湾菜场、181厂和执法岗亭为核心，辐射管理沿街出店经营、"北省帮"、本地菜贩、东北胶囊房广告和重点"钉子户"，并由此组建起一个机动性极强的执法单位。

表 6-3 鲁磨路城管执法力量配置表

执法单元	控管范围		控管力量		控管内容	
	点位	辐射范围	人员	装备	重点事项	重点人员
1	公交总站	全路段	带队城管员	呼台	巡查、协调	各类占道行为
2	执法岗亭	天桥—公交总站	副班长+2名协管	呼台/执法记录仪	出店经营出租屋小广告	电机店胶囊房广告
3	菜场	公交总站—181厂	班长+1名协管	呼台/执法记录仪	占道经营	卖菜小贩
4	181厂大门	181厂—地大	2名协管+1名司机	呼台/执法车	占道经营	"钉子户"

如此,鲁磨路城管中队通过划分片区、点位等空间策略,以及班组制等力量组合,实现了对辖区的治理。在空间治理,尤其是专属地点建立的过程中,小贩也在想方设法从缝隙中获得机会空间。在执法力量有限的情况下,城管会采取补充策略,如按情况调配行政力量、不定期地袭扰、组织联合整顿等,以图压缩小贩的机会。

于忠和管城南曾经做过实验,如果要"对标对表"上级要求,对鲁磨路实行有效管控,执法力量得增加一倍以上。2015年12月,鲁磨路中队连续两周全员全天候加班,其中天桥至公交总站每天配备早晚班人员8+8名、公交总站至181厂路口配备8+8名、181厂路口至地大配备8+8名，采取巡查守控与综合整治相结合的方式，才维持了良好的市容环境秩序。2017年5月，武汉市实行城管执法体制改革，推动城管执法力量下沉。各街道正式成为辖区城市管理的责任主体，负责辖区内城市综合管理执法工作。鲁磨路中队从区城管局直属中队转变为街道执法中队，管城南不仅担任了执法中队长，还兼任了街道综合执法中心负责人。在管城南的请求下，街道在保留原有的城管员和协管员的基础上，还购买了保安服务。鲁磨路增加了50名保安开展守控和巡逻工作，基本上满足了管理需求。

"违规"空间并非游离于国家权力的"法外之地"。恰恰相反，"违规"空间是市政部门对辖区内"人和事构成的复合体"，包括社会关系、治安（户籍）、就业（财富积累）、教育、计划生育、交通管理、食物供给（便宜方便的零售商品）等公共事务进行重组的结果。对街头空间的治理，使得城管和小贩间建立起一种非对称关系，城管获得了控场权，小贩享有了机会空间。在"违规"空间中，城管的控场并不完全基于形式法律原则，反倒充满道德情感色彩。在鲁磨路，不同人群都有自己的"位置"，他们虽处于监控之下，却都获得了自己的生存空间。鲁磨路俨然是一个共享的空间，是城市问题的消纳场、边缘人群的庇护所。

第七章
常规化治理

管城南有写工作日志的习惯，每天的工作要点和感受，都会事无巨细地记录下来。他大小是个领导，但事必躬亲，各种脏活累活干了不少。他块头大、嗓门也大，还操着武汉话，在和小贩对抗时，气势上占优势，完全可以控场。碰上那些难缠的小贩，偶尔发生肢体接触也是在所难免，被迫无奈给点好处也不鲜见。更多时候，他得和小贩周旋，玩"猫鼠游戏"，使点阴招损招也是有的。他每次采取行动，无论方式是否拿得上台面，都会和大队领导打电话通气，获得对方的许可。因为见识过太多事情，他耳濡目染，以记日志自我保护，"万一有事，能够回忆起来，有个证据，说得清楚"。管城南的日志，其实没有什么秘密可言。他能够向上汇报其控场的各种策略，并不自行其是，说明各种策略已是常规。那些看似偶然的事件，都有其产生的制度根源，也有既定的处置方式。

1. 分类处置

街头空间具有开放性，剩余事务会源源不断地产生，城管扮演着清道夫的角色，只能被动兜底。城管处置的大多数事件，并非事先规划，而是"遇见"的。小贩何时出没，协管员遭遇什么意外，于忠和管城南都无法预见。他们唯一能做的就是随时待命，即时处置。

2015年初冬的某个下午四点半左右，管城南给我打了个电话，说中医院门口来了几个小贩，公然摆摊卖红枣。协管员上去劝阻，对方根本不搭理。我接到电话立马动身，差不多和管城南同时到达现场。管城南负责指挥协调，于忠当面宣读法律法规条文，要求小贩立即撤摊，冯雄和翁郡则带着协管员在外围布控，并暂扣了红枣。小贩很不服气，说为什么旁边的货车可以卖水果，他们就不行。他们任由城管暂扣物品，边用手机拍视频边说"吃不了兜着走"之类的话。几位小贩见我戴着眼镜，还拿着手机拍视频，以为我是记者，向我投诉说他们受到了区别对待。在城管和小贩对峙期间，货车摊主一直在观望，我就提醒他们，"你们还是走吧，否则等下连你们一起处理"。货车摊主说"吓死人了"，很快就消失了。

对突发事件的处置，管城南通常会采用两种综合策略。一是"以时间换空间"，在最短的时间内作出判断，并进行即时处理，以免形成遗留问题，增加后续处置难度。对管城南而言，"快刀斩乱麻"是问题处置的基本原则。尽管他很清楚，小贩肯定还会找上门来索要物品，并连带要求"赔偿"，但他管不了那么多。他想传递的信号是，此处无机可乘，城管肯定会采取坚决措施取缔一切占道经营行为。二是"以空间换时间"，即把处理现场从街头转移到办公室，在可控的空间环境中就事论事，避免群众围观、媒体曝光等事件影响事务处置。在城管和小贩的对峙场景中，小贩天生喜欢开放空间，并将"围观"当作潜在的力量。城管则通过布控（"围起来"）和暂扣物品（到中队办公室）的办法，减少外界影响。

"以时间换空间"强调运用自由裁量权，依靠经验处理小贩;"以空间换时间"则强调专业化的处置流程,依靠制度流程处理小贩。事实上,城管在实践中形成了一套不成文的多阶段处置流程(见图7-1):对城管事务进行准确分类,将剩余事务识别出来,在此基础上确定应对策略。

在事务的认知阶段,城管需要凭借经验或专业知识对问题作出判断:该事务是否属于城管管辖的事务?是否为新出现的事务?是否为重复出现的事务?城管在大多数情况下是被动处置剩余事务的,他们或接受指令处置某个事务,或偶遇某个事务必须做出反应。

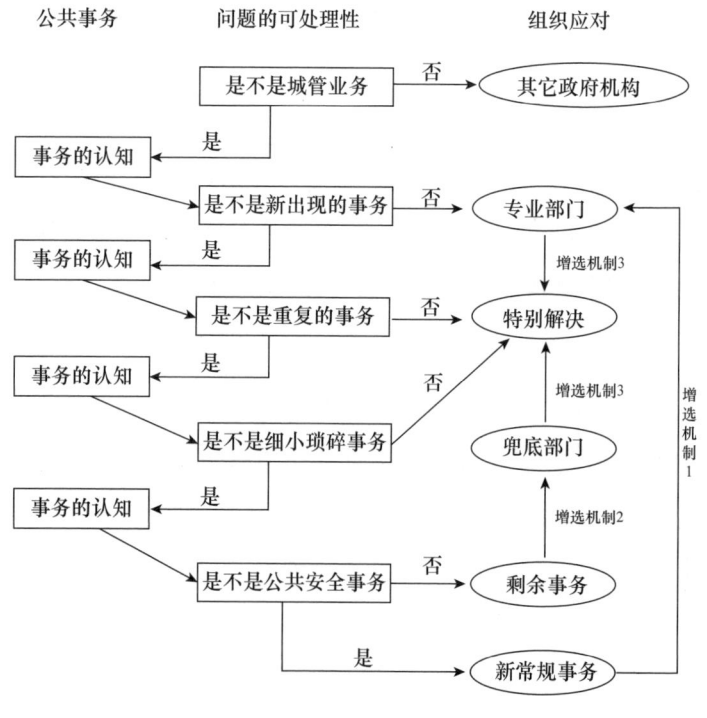

图 7-1 街头事务分类处置流程

第七章 常规化治理

由于城管部门的职责繁杂，城管基层执法单位的职责必然同样繁杂，来自市长热线、网格化管理系统以及领导督办单任务分派的事务并不一定能够准确到达某个责任主体。有些事务并非城管部门的职责，城管接受这样的任务分派无据可依，有些虽属于城管部门的职责，但并不属于鲁磨路中队管辖。这时，部门内勤通常会据理力争，将各个平台的任务分派"回退"。如能提供相关法规中的明确说法，其回退通常是有效的。但在很多情况下，回退也会不成功，上级单位会以"实用、便捷、高效"等原则要求鲁磨路中队处置。在管城南的授意下，内勤仍会据理力争，对系统不断反复的派单不断回退，直到上级领导来电话沟通，管城南才将这些分派的任务作为被"扔"过来的临时事务加以处置。

城管工作依赖街头巡查和守控，因此他们每天都会碰上各种各样的事务。这些事务相当繁杂，多少都和城管职能沾得上边，是否将之纳入处置范围，极为考验一线队员的经验。像鲁磨路这样的人流聚集地，不乏街头摆残局、算命、假乞丐等坑蒙拐骗之事，这些事务至少算得上违法占道，在第三方考核中，偶尔也会被列入问题点。城管无法严格依据相关法规进行定性，只能综合各种因素随机判断。

中医院附近有五六个算命先生，管城南已经见怪不怪，通常情况下并不去理会他们，只是要求他们靠墙列队成排，尽量不影响通行。如遇到重要时间节点，管城南会提前通知他们，"别出摊"，如不听劝，少不得要暂扣经营物品——尽管只是一个小马扎。有一次，我和于忠扫街，遇见一个摆象棋残局骗人的，于忠慢悠悠上前，挥挥手说，"赶紧走，否则叫警察来"，那人果然卷起残局走人。

城市发展日新月异，新生事务总是层出不穷。如遇到重复出现的新事务，城管就要考虑建立某种长效机制。如这些新事务只是偶然出现，城管一般就只采取临时性措施。一些反复出现的新问题，基层往往无法自行处置，只能上报，择机处理。鲁磨路经常碰到群体性、阶段性的问题，如售卖民族饰品、生宰活羊和边疆特产的小贩，基层城管很难处置，一般在简单劝阻后，上交城管局择机处理。

一些事务很可能早就存在于相关法条中，只不过从未执行过，城管并不熟悉。还有一些剩余事务无论是在过去的行政实践中，还是在相关法律规定中，都不曾出现。卫兰吐槽说，她当年上街执法时，每个城管一个小册子，基本上就把所有执法事务的处置办法讲清楚了。但现如今，城市综合管理条例有厚厚几百页，城管队员根本就不可能记住。她把她收藏的手掌大小的薄薄的小册子送给我，两相比较，这本小册子果然实用便捷。

我调查期间，鲁磨路协管员的一个常规动作是边巡查边捡路边贴满广告的建筑垃圾。2012年，鲁磨路突然出现了十几个来自东北的男青年，骑着电动车到处发房屋租赁小广告，贴在沿街电线杆、公交车站牌、花坛、商业大楼墙面以及台阶上，贴得到处都是。城管前脚清理了小广告，这些小伙子后脚就把广告又贴上了。治理乱发小广告行为属于市容管理的核心职能，但如此有组织地乱发小广告行为，城管闻所未闻，也从未遇见过，处理起来甚是棘手。于忠经过调查，发现这些人都是做胶囊房出租生意的东北老板聘请的，其工作就是和城管打游击，高密度发广告。彼时，胶囊房是新型市场，只要胶囊房不取缔，病毒式地散发小广告的行为就无法杜绝。不得已，于忠只能找到对方的话事人谈判，允许他们用废弃建筑材料做广告牌，放置于路边，方便协管员在巡街的时候顺手收起来，双方默契竟然维系多年。

曾经有段时间，在武汉小有名气的"烧伤哥"出现在鲁磨路街头卖唱，于忠感觉这事着实棘手。街头卖唱属于违法占道，这在城管内部的事务定性上并无疑义。并且，相较于别的占道行为，街头卖唱更容易引起路人围观，影响公共秩序。1997 年 6

图 7-2　城管在暂扣物品，小贩在摄像

月,为抢救三名中毒昏迷的工友,"烧伤哥"遭遇爆炸受伤,全身烧伤面积达80%。2007年,他从农村老家重回武汉租房独居,做起了街头流浪歌手和"公交歌手"。2012年,其见义勇为且身残志坚的事迹,受到了媒体的广泛关注,被冠以"烧伤哥"的名号。鲁磨路晚上人流量大,是年轻人的聚集之地,当然也是"烧伤哥"经常出没的地方。"烧伤哥"刚出现在鲁磨路的时候,于忠曾带着队员前去制止,没承想引起"烧伤哥"的强烈不满。在城管看来,"烧伤哥"的行为,无非是"仗着自己是名人,不服管理"。只不过,公众人物占道经营实属罕见,于忠便采取简单劝阻的策略,在外围控场,维持底线秩序,并不驱赶,只是静静等待其活动结束自行离去。

在事务的分类阶段,城管需要依据事务的复杂程度作出判断。首先,事务是否细小琐碎?通常情况下,城管可依据经验判断那些新发现的事务是否为细小琐碎的事务。但凡涉及特殊人群和群体性事务,即便在部门职责中属于细小琐碎的事务,也会被认为是重大事务。城管通常会试探事务的复杂性。有经验的城管,只要和小贩一接触,就可大致判定对方是否好说话,性格是否温和,是不是怕城管,其斗争的意志力是否坚强。如果小贩较为配合,则可做小事处理,在最短的时间内规劝、驱赶即可。如果小贩不配合,就要做好事件升级的准备,准备好预案。简言之,将剩余事务归入大事还是小事,直接影响其现场处置措施。

其次,事务是否是复杂事务?简单事务是指那些界限清晰、职责明确的事务。有些事务虽然重大,但并不复杂,事实认定比较清楚，也有成熟的处理办法。有些事务虽然细小琐碎，但因为事务具有连带性，也就比较复杂。比如，违建看似复杂，但是只要及时发现，处理起来并不复杂，当即制止并整改即可。占道经营看似简单，但如果小贩身份特殊，处理起来就复杂得多。

再次，事务是否具有争议性？剩余事务是否具有争议性，很大程度上取决于处置环境，要依靠经验判断。举例而言，违法占道的争议性会因时因地而有所不同。如果是在繁华广场占道经营，那么争议性就是极小的，人们普遍不认可。但如果是在背街小巷占道经营，那么争议性可能就大一些。准确判断争议性，直接影响城管执法的合法性。假如围观群众认定城管多管闲事，执法行为多半会半途而废，因为现场无法控制。如果群众一致支持，那么执法会顺利很多，小贩抗法的可能性也会大大下降。一个有经验的城管队员，会尽最大可能消除剩余事务的争议性。

如果有人刻意隐瞒，小事背后隐藏了大事，资深城管也可能会被蒙蔽。管城南便被一个热心市民"套路"过。该市民通过市长热线对鲁磨路的占道经营管理提出建议，管城南觉得很有道理，便采纳了其意见并亲自回电表示感谢。该市民对城管业务极其熟悉，在通话中表达了对城管工作的理解支持，管城南很是感动，觉得一个普通市民有此觉悟，很是难得。出人预料的是，两人进一步互动时，对方竟然在电话里举报其邻居家存在违建，要求管城南派人去处理。现场勘查过后，管城南发现事情并非如对方所言，此事蹊跷。经过进一步调查，管城南终于从前任中队长那里得知，此人在多年前曾和邻居发生过剧烈冲突，多次诬告邻居违建，这人根本就不是热心市民，一点都不通情达理，只是想借城管之手报复邻居。管城南心中有谱儿后，当机立断把此事晾在一边，以免对方继续纠缠，让简单事务变复杂。

对新出现、不断重复且细小琐碎的事务，城管既不能移交给其他专业部门，又不能启动应急方案，只能重新定性。具体而言，剩余事务在"简单易处理"与"复杂不易处理"的连续谱之间处于什么位置？一个有经验的城管队员，会综合考量剩余事务的专业性及其现场处境作出准确判断。

简单易处理的事务有两种类型：一是可以当下处置的事务，它们往往是那些界限明确、细小琐碎，却又重复发生的事务。对这些事务的处置已经常规化了，城管无需援用额外的行政资源即可完成。如城管每天早上重复处理的出店经营、占道经营事项，绝大多数店主和小贩都是老熟人，偶尔来一个陌生人，凭经验处置即可。二是有明确法律规定且有严格行政流程的事务，这些事务专业性强，人们对这些事务的处置往往也较为配合，如道路挖掘管理，城管发现问题即可联系到业主，按规定程序处理。

复杂不易处理的事务则存在两种情况：一是这些事务本身就具有不易处理的特征；二是这些事务本身可能好处理，但现场情景并不适合处理。对后一种情况的判断尤其需要城管的经验和决断力。比如，在商业操作下，平安夜等洋节一度成了购物节，大量市民聚集在光谷商圈，这会增加了占道经营行为。不少小贩在人流中兜售苹果、鲜花等节日产品。如在平时，城管定会劝离、驱赶，甚至暂扣经营用品。但由于节假日，人员过于密集，稍有不慎就会引起踩踏或其他群体性事件，因此，暂扣措施就显得不合适，哪怕是驱赶也要慎之又慎。

一些事务专业性较强，且与某些专业部门的业务相近，对此，可以将其增选为相关市政部门的新职能，将其处理常规化。尽管如此，仍有很多事务不能为专业市政部门吸纳，只能由城管兜底处理。为保证新生事务在各部门都能够正常运行，组织一般会建立增选机制，在政策制定结构中建立吸纳新生因素的程序①。

表 7-1 城管部门的增选机制

增选机制	问题的可处理性	举例
增选机制 1（专业部门）	细小琐碎、重复出现，可常规化处置的新事务	控违事务增多，成立拆违中队；渣土管理增多，成立渣土中队；制定法规，常规化管理餐厨垃圾
增选机制 2（剩余部门）	细小琐碎、重复出现，无法常规化处置的新事务	占道经营，小广告，乱贴乱画，油烟、噪音污染
增选机制 3（特别解决）	偶然发生的新事务	特殊人群占道经营，上级领导加派的任务

第一种，增选机制 1（专业部门）：通过一段时间的经验总结，城管部门将那些细小琐碎、重复出现的新事物进行了常规化处置，组建了专业部门或将之归为专业部门的新职能。一些剩余

---

① 〔美〕菲利普·塞尔兹尼克：《田纳西河流域管理局与草根组织：一个正式组织的社会学研究》，李学译，重庆：重庆大学出版社，2014年，第1版，第7页。

事务往往具备专业化条件——简单、重复出现且没有争议性。因这些事务较为重大，有专业化的必要，城管部门会将之进行专业化处置。其主要标志是形成了相对明确的职责范围和管理流程，在城管部门内部有独立的办公室，与别的执法事项很少交叉。比如渣土管理、违建查处、燃气煤气管理、道路挖掘管理，它们在城管局都有专班或办公室进行专业执法。在我调查期间，餐厨垃圾也开始有专业化处置的倾向。

第二种，增选机制2（兜底部门）：那些无法专业化处置的剩余事务，需要交由兜底部门处置。基层城管中队其实是典型的兜底部门。多数剩余事务或新出现的事务，或因为过于复杂，或因为争议性大，并不具备专业化的条件。由于剩余事务过于细小琐碎，城管部门缺乏将之专业化的动力。这时城管部门往往会将其搁置，扔给执法单位。包括市容管理、违规开设门店管理、架空管线管理、油烟噪音污染管理、建筑物内底层地面非法下挖处置在内，绝大多数城管执法事项都还处于非专业化状态。

第三种，增选机制3（特别解决）：一些偶然发生的新事务，因与专业部门的职能无关，也无法启动相关的常规程序，城管只能采取临时措施进行处置。比如，职能交叉事项和插花地属"三不管"地带，为了给上级一个交代，城管一般只会采取临时措施，如摆放"城管正在处理中"的警示牌，进行象征性管理。如果上级压力增大，城管则普遍会采取"特事特办"的措施。

2015年5月上旬，鲁磨路中队接到市长热线分派的任务，有市民举报某生鲜市场在单位大院内施工，试图在院外的街道边违规竖立广告牌。中队接警后派人去调查，发现该施工位置并不属于本中队辖区，便附上照片，写了回告，拒绝处理。但另一个中队调查后认为，施工地点虽然在本辖区，但广告牌位置却属于鲁磨路中队辖区，也拒绝处置。两个中队相互推诿，导致市民举报不断。最后大队领导打电话，要求鲁磨路中队顾全大局。管城南没办法，只能站在大局的角度接单处置。但他在书面回告中特意强调，"根据《武汉市城市管理相对集中行政处罚权办法》第一章第三条之规定，该处不属于我中队管辖"。他还在回告中解释了他处置的缘由——"由于上级领导要求我中队管理，我中队按上级领导要求欣然把案子又接过来"。

对鲁磨路中队而言，"偶然发生的新事务"实际上常常发生，故此，其工作机制本身就有一定灵活性，班组制的制度设计，方便了管城南随时重新调配执法力量以应对意外状况。同时，鲁磨路中队将那些不应该由他们处置的剩余事务当作特例，按照"特事特办，下不为例"的原则来处置，以避免越来越多的偶然事务干扰正常工作。

2. 执行波动

街头行政从宽松到严格、从失败到创新、从常规到非常规之间，存在一个连续的谱系，常规化治理和非常规机制并非泾渭分明、相互矛盾，它们往往是并存共生、相互替代的连续体。

在这个意义上，一如基层治理中的政策执行波动现象[①]，街头行政也呈现出有规律的、周期性波动的特征。

鲁磨路城管中队在街头行政过程中，通常会对小贩的身体特征、经营内容、时空敏感性等方面做综合评估，采取不同的监管措施，有些是政治化治理，有些是策略化治理，有些则是规则化治理[②]。在城管内部，看似制度化的规定，却在塑造不同的治理策略。其中，考核制度是指挥棒，也是影响城管策略转换的无形之手。比如，上级对督办件有明确的办理时限和质量要求，对领导批示件、市民投诉、督办件完成不力的单位和工作人员，要按照市、区治庸问责相关办法予以追责。在管城南看来，纪委谈话是一个重要尺度。同样一个事件，如果是城管主动发现而非上级督办的，一般采取策略化的治理方式，通过劝离、驱赶等方式处理；但如果有上级督办，城管则可能采用规则化的处理方式快刀斩乱麻，好对上级有个交待，"至少要显示积极处理的态度"。如果问题反复出现，导致被纪委找去谈话，城管则很可能会采取政治化的处理方式，以更加严格的整顿措施来解决问题。

不同的处理方式，客观上体现为管理力度的差异，若将执行力度差异置于时间序列中，城管执法就呈现出周期性波动的现象。我以管城南的工作日志为线索，综合通知、领导督办件、市

[①] 陈家建、张琼文：《政策执行波动与基层治理问题》，《社会学研究》，2015年，第3期。

[②] 孙志建：《城市政府的"边缘性治理"：一项摊贩监管政策的比较研究》，《公共行政评论》，2012年，第3期。

长热线及数字化城管平台的投诉和回访数据、相关事件的媒体报道等文字资料，再结合参与式观察，绘制了 2015 年鲁磨路城管中队全年的治理周期图（见图 7-3）。

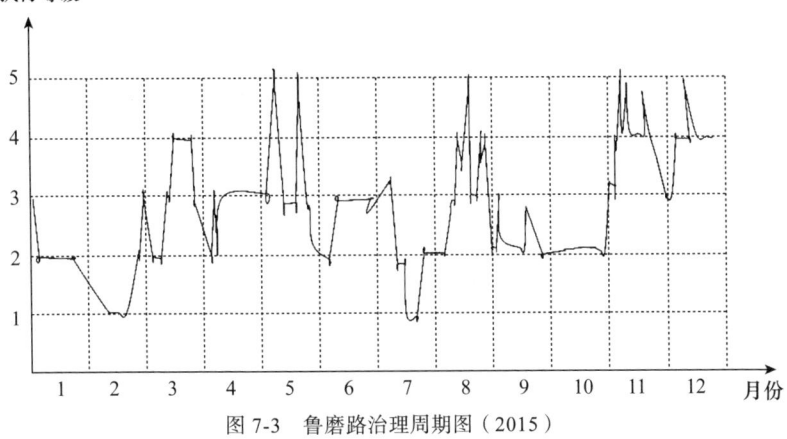

图 7-3 鲁磨路治理周期图（2015）

从城管的内部视角看，对小贩的治理力度是可以通过人员的投入直观体现出来的。班组制设计使得城管中队可以根据实际情况合理调配人员，通过加班、取消轮休，甚至改变两班倒的工作模式，可实现不同规模的增员；在没有人员增减的情况下，不同片区、点位之间的执法队员可以灵活调动、相互支援，从而改变特定时间和点位的执法力量配备；在特定时间内，允许队员休年假、请事假，可以让执法力量客观上出现减弱的效果。

在实践中，执法人员、投入装备与监管策略的选择是相辅相成的关系。比如，如果监管策略只是守控，因其控制范围较小，所需人员就不会很多；如果既要守控又要驱赶，则必然需要增加队员以扩大巡查范围；如果采取暂扣措施，还需要辅以大量队员控制现场，并配备执法记录仪；如果是联合整顿，则要求更多的人员、装备。故而，人员、装备的调配实际上是服务于特定的监管策略的。

大致而言，鲁磨路城管执行力度共分5个等级（见表7-2）。执行力度是一个客观指标，是执法人员、装备的投入量，以及特定执法手段综合调配的结果。执法人员投入越多，执法手段越严厉，执行力度越大。同时，执行力度也是一个工作节奏差异化的主观感受。在执行力度较低的情况下，工作节奏较慢，中队领导和带队城管员要求较松，协管员多会表现出懒散的状态。随着执行力度的加大，管城南和于忠都会加强巡查频率，强化对协管员的监督，协管员工作责任心就会加强。在特殊情境下，全体队员的精神会高度紧张，对各种违法违规现象会采取"零容忍"的态度，对执法冲突也有充分预期。

表7-2 小贩监管等级表

执行力度	人员投入	监管措施
等级1：低负荷	少于1/2人员投入（部分队员休年假）	守控
等级2：常规负荷	1/2队员投入（两班倒、每周一休）	守控、驱赶为主，暂扣为辅
等级3：重负荷	2/3人员投入（部分队员需加班）	守控、驱赶、暂扣相结合
等级4：满负荷	100%人员投入（全员上岗、全员加班）	暂扣为主，守控、驱赶为辅
等级5：超负荷	100%人员投入，另有大队机动队员支援	只采取联合整顿、暂扣措施

执法力量的调度通常是以协管员的精神状态作为参考的。如果没有特别行动，协管员很容易在日常管理中消磨时光，并不会积极主动地去解决问题，街面秩序就容易变差。管城南会适时召开班组长会议，强调他会加强巡查监督的力度，要求协管员"打起精神来"。如果协管员精神面貌改变仍然不大，那就得改变监管策略，通过提高执法等级，采取驱赶、暂扣等措施，来调动协管员的积极性。

对小贩采取何种措施，政策上并无时间考量。对城管而言，法律法规所确定的政策适用于任何时候，比如，对小贩占道经营的认定，并不会因为昼夜和四季之分而有差异。因此，单纯从日历时间看，小贩治理情况不可能有波动，也谈不上周期性。但是，对基层执法单位而言，昼夜、季节等因素往往会影响行动时间，它涉及对小贩政策执行的目的、手段及其他影响因素间的关系调配。比如，执行力度所内含的工作节奏感，本身就是对速度的感知，是组织运作的结果。管城南盯得紧，协管员就会加强巡查，对小贩的违规行为也会更及时地采取措施。鲁磨路城管执法力度的波动并非杂乱无章，将不同执行力度置于长时段的时间序列中，可发现诸多规律。

城管工作节奏具有明显的周期性，执行力度在高低之间交错进行，一段时间的消极执行之后，紧随而来的总是积极执行，或间隔一段时间的常规执行。若以执行等级3作为平均力度，以1年为测量周期，则可发现消极执行、常规执行、积极执行所占时间大致相当。2015年全年，鲁磨路城管中队执行力度低负荷或常规负荷状态共有4个月时间，分别是1—2月、5月下旬—6月上旬、7月中下旬—8月上旬。满负荷或超负荷状态也有4个月时间，分别是3月和5月的中旬、8月中下旬、11—12月。除此之外的其他4个月时间，执行力度则维持在重负荷水平线上下。

城管执行力度调整的工作计划，总是指向特定的社会时间。通常情况下，一年两次的电视问政（分别在7月初和12月底开展，每次持续6天），是城管部门的敏感时期。电视问政的社会关注度高，且受到纪检监察部门的高度重视，而城管往往又是问题较为集中的部门，故而城管系统内部将电视问政当作对自身工作的检视，7月的电视问政被称为"期中考"，12月的电视问政则为"期末考"。城管"备考"的主要措施便是做好市容环境卫生保障工作，严防出现占道经营、乱摆乱放、噪音油烟污染等问题，"备考"工作一般从电视问政前一周开始到电视问政节目结束。当然，电视问政一结束，便是城管放松监管的时候。在鲁磨路中队，城管员在"期中考"结束后轮流年休，协管员可以适当调休，这都是惯例。

管城南自有一套经验来应对电视问政。鲁磨路周边高校云集，寒暑假对小贩经济影响巨大，"期中考"刚好处于暑假期间。学生放假后，管城南一般会放松对小贩的监管，小贩乘此机会多摆摊，协管员也会精神放松。但在电视问政日期确定后，管城南会立即着手加强街面控制。一般而言，管城南会提前一周对小贩采取"清零"措施，他会安排于忠给相关方打招呼，明确禁摊的起止日期。但凡有经验的小贩，对电视问政都极其敏感，对禁摊政策也抱有同情性理解。

黄宇对电视问政的认识很有代表性，"（电视问政期间）硬摆出去，就给你砸了。你当然就不敢摆了，如果是记者看到，一下给你报道上去，所有人都摆不上去了。你要为了大局着想啊，不然你以后在这个地方都弄不下去了。记者多那个啊，舆论都杀死你。我一般这种时候要出来还是九点十点摆，协管员九点半下班，但电视问政他们能管到十一点半。现在重要日子城管直接上来，因为出了一点儿事城管就要被问责的"。

在管城南看来，提前一周采取措施是比较合适的选择。如果准备时间过长，协管员会产生疲惫感，小贩也会因为长期不能出摊而着急，效果并不好。如果准备时间太短，又有可能会被记者暗访当作问题线索，若被电视问政曝光了就是天大的事，肯定会被问责。"期中考"和"期末考"期间，管城南、于忠、冯雄和翁郡每天晚上都会在中队办公室守着电视看节目。这算是应急值班，得预防万一。电视问政就像是抽盲盒，让人紧张万分。如果没有本辖区的事，就算是万事大吉。如果不幸被曝光，得及时做出反应，连夜整改，绝不能等上级领导都过问了还无动于衷。但电视问政也有一定的娱乐性，各区领导在节目现场的"表演"，很有观赏性，给了市民评点领导水平的机会。大多数领导面对被曝光的问题，都习惯性地全盘接受舆论质疑，进而甩锅基层，当场表态立即整改到位、问责到人。但有一个区领导面对质疑却淡定自若，诚恳认错的同时，解释了问题的来龙去脉，然后公开呼吁市民理解城管工作的难处。管城南觉得，这个领导有水平，了解基层实际，有担当。

城管执行力度的波动曲线并不圆滑，而是跳跃式地在时间序列中延伸。这说明，城管执法具有间断均衡的特征。从长周期看，执行力度保持在中间状态，具有均衡性。但执行力度之间的变换并非渐进式的，往往是突然之间、毫无预兆地发生的。在街头行政过程中，城管在短期内将执行力度维持在一个等级范围之内是可能的，但长时间保持某一执行力度几乎是不可能的。2015年，1—2月虽都属于执行力度较低的时期，但有明显的持续下滑趋势。11—12月是执行力度较高的时期，但也存在波动。即使执行力度保持常规负荷，也有稳定的组织规则和资源保证，依旧很难长期维系。1月份维持一段时间的常规负荷后，执行力度便不可逆地向低负荷下滑；10月份在维持一段时间的常规负荷后，执行力度迅速拉升。最典型的是5月份，尽管城管工作绝大多数时间都维持在较低的执行等级上，但中间仍有两次突然跳跃到最高执行等级上，随后又迅速下滑。此外，8月份执行等级的转换也极其频繁。

3. 注意力分配

注意力是组织决策者对议题及其解决方案觉察、编码、解释并投入时间和精力的过程。在现代社会，注意力是一种稀缺资源，注意力的配置方式在很大程度上决定着决策产生的方式，时间和动员都是其中很重要的问题[①]。城管执法力度的波动是一种常规现象，但它并非简单的技术安排的结果，而是特定的小贩问题、街头行政子系统及市政管理环境相互作用的产物。管城南经常拿光谷广场做例子，说他希望鲁磨路能和光谷步行街一样，一个小贩都没有。但客观情况是，这基本做不到，他只能在有限的时间内解决最重要的问题。换言之，管城南的偏好是稳定的，但对偏好的注意力则可能迅速发生改变。城管是问题解决者，他们对小贩治理策略的选择取决于占道经营等问题的显著性的变化。

小贩问题的复杂性在于，小贩治理存在相互冲突的多重目标，监管策略也有一定的模糊性。并且，小贩治理的目标和策略选择，并非由相关法规及决策者事先给定，而是取决于城管的即时判断。对小贩问题的判断，至少包括四个方面：（1）是否属于城管部门的职权范围；（2）有无时间压力；（3）符不符合"切事化"原则；（4）问题的情境是否敏感。只有同时掌握小贩问题的多维信息，城管才能做出合适的决策。

表 7-3 小贩问题的构成

构成部分	描述	可处置性
交叉职权	小贩监管政策主要包括：（1）违法占道；（2）无证无照经营。相对集中行政处罚权之规定赋予城管以执法权。	城管与工商、食药监、交管、动物检疫等部门存在交叉职能，看似简单却不好处置。

[①] 〔美〕马奇：《决策是如何产生的》（珍藏版），王元歌、章爱民译，北京：机械工业出版社，2013年，第1版，第18—19页。

续表

构成部分	描述	可处置性
时间压力	小贩问题的线索来源于：(1)巡查发现；(2)群众投诉；(3)上级督办。问题来源不同，时间压力也会有差异。	城管并非总有充分的处置时间，且面临不同利益群体之间的冲突、不同观点之间的争议。
"切事化"原则	小贩身份特征主要有：(1)普通小贩；(2)弱势群体；(3)特殊人群。小贩身份特征不同，问题的复杂程度也会有所不同。	有些小贩问题会牵扯到权益保护、社会稳定等问题，使得小贩治理很难"就事论事"。
问题显著性	小贩问题的情境要素主要有：(1)空间；(2)时间；(3)事件。情境要素的敏感性特征会影响小贩问题的显著性。	小贩问题的"事实"含义因情境要素而变化，这增加了问题处置的难度。

通常情况下，疏堵结合是小贩治理的普遍原则，城管拥有一定的自由裁量权，这意味着监管政策具有模糊性。并且，政策目标与监管策略间，往往存在巨大冲突。比如，上级督办案件的政策目标极其明确，也有极大的时间压力，但一般上级督办的小贩问题都比较敏感，如果使用单一策略处置，要么不起效，要么容易激起冲突。而自主巡查和群众投诉案件，问题的显著性不一定高、时间压力不一定大，一线城管也有较大的自由裁量权来选择合适的政策工具，但由于没有明确的上级指示，政策目标的冲突性会比较高。

城管和曹家湾菜场虽然有默契，但经营方很容易不履行主体责任。比如，菜场"尖脑壳"处聚集不少小贩，经常被第三方拍照扣分，有一次还成为上级督办案件。管城南很是恼火，要于忠给张冲打电话，让其加强管理，否则就不再给夜市提供方便。同时，管城南还想方设法疏导聚集小贩，2014—2015年间，管城南和有关物业公司在位置合适的广场联合开办了两个夜市，将鲁磨路的一部分流动小贩疏导了出去。

小贩疏导的原则是"严格执法，取缔占道；引市入室，规范经营"，但实际上，"引市入室"虽然有了，但"取缔占道"的目标却从未实现。有些被引入夜市的小贩，发现生意不好，又返回鲁磨路摆摊。一部分小贩虽被引入夜市正规经营，却又为新的小贩进入鲁磨路留出了空间。管城南不知从哪里看到过一个经验分享，某地通过建立小贩协会实现了路边摊的自我管理和规范经营，减轻了城管压力。他跟我探讨这一做法是否适用于鲁磨路。我表示怀疑，说建立小贩协会就得颁布正式的占道许可证，用什么标准？审批权在哪儿呢？另外，小贩要是能够自治，他们就不至于相互拆台竞争，鲁磨路也不至于这么乱了。所谓自生自发秩序，往往是灰色秩序。鲁磨路夜市之所以能够保持一定的秩序，并非因为小贩自治，而是因为有灰色势力强力控制。管城南稍做思考，就觉得我说的在理，从此作罢。

管城南倾向于将对小贩的监管当作一个综合性的公共治理问题，服务于哪个政策目标、采取何种政策工具，取决于对小贩问题性质的即时判断。他在控场鲁磨路的时候，可谓是使出了浑身解数，既要获取上级的支持，又要获得社区的配合，还要做群众工作，甚至还要和灰色势力合作。即使如此，鲁磨路占道经营问题还是层出不穷。尽管如此，城管采取措施时并不能随意而为，需要根据问题的轻重缓急做出选择。如同于忠一直感叹的,鲁磨路一眼望去全是违法违规现象。但是,他并不会将所有违法违规现象都视作问题,某个特定现象是否成为"问题",取决于他对问题的识别,需要他分析相关指标、事件、反馈后做出判断。

一般而言,城管以常规监控识别小贩问题,城管通过守点、巡查以及委托第三方调查来发现问题。只不过,这些问题是否重要、是否发生了变化,还需要依据特定的指标来做出判断。武汉市实行大城管考核机制,由市城管委聘请第三方机构对各区城管执法工作进行考核排名,实行一月一考核,一季一排名,一年一奖惩。鲁磨路中队所有辖区的考核基数是每月问题数190个,第三方机构每月都会派人来暗访、检查、拍照。如果每月被第三方发现的问题点不超过190个,便不扣分,每超过一个问题点扣1分。由于占道经营问题易于检查,自然成为了第三方考核的重点。有一天中午,我一个人在鲁磨路巡街,拿着手机拍摄占道经营的素材。一家出店经营的水果店老板紧张万分,从店里跑出来问我是干嘛的,我说我就是路过的。城管来了都无所谓,商贩就怕第三方来检查,给城管增加压力。

鲁磨路中队按照第三方考核规律来监管小贩问题。通常情况下,如果问题数在正常范围内,且变化不大,其小贩监管就会遵循常规;如第三方检查反馈过来的问题总数过多,或总数无大变化,但某个片区、点位的问题数出现异常,就会具体问题具体分析,加强对关键点位的守控、巡查。常规性监控契合第三方考核规律,如较之犄角旮旯,交通要道更容易被第三方检查到,城管自然会对交通要道上的小贩问题更加重视。

2015年11月，区城管委质检站调查了全区各主次干道的占道经营情况，发现全区39条主次干道平均每天占道经营行为达712处，其中，鲁磨路的占道经营有121处，分别为餐饮90处，百货28处，出店经营3处，质检报告特别提示，"夜间占道较多，数量较大，应引起高度重视"。对于忠而言，鲁磨路的占道经营情况并没有异常，因为质检报告里的占道经营数量差不多就是夜市的摊位数量，都在可控范围之内。但是，此次质检调查的背景是，本年度大城管考核已进入最后冲刺阶段，且新一轮电视问政即将开始，各区都在铆足干劲力争上游。质检报告是在领导授意下制作的，明确向各中队传达了加大管理力度的信号。作为回应，鲁磨路城管中队临时关闭了夜市，实行禁摊政策。

很多时候，问题并不因指标而自明，而是需要一些事件来引起关注。在鲁磨路，指标所反映的问题已被纳入常规监控中。客观上，小贩问题总是出现在敏感空间，而这些地方也是日常守控和巡逻的关键点位。指标的变化，只是城管调整治理策略的依据。但是，一旦指标变化伴有焦点事件，则小贩问题的性质就很可能发生根本性转变。比如，曹家湾菜场周围是卖菜小贩的聚集地，屡禁不止，管城南和于忠都已习以为常，按照常规进行监控，保持基本秩序。但2015年5月，本市一家媒体曝光了这个问题，区主要领导明确批示"认真抓好落实整改"，分管副区长及城管局领导也做了明确指示。由此，习以为常的问题转化成了一个媒体事件和督办案件。鲁磨路中队一改常规监控策略，对该点位进行了持续一周的执法整顿，暂时清理了这一问题，给了上级一个交代。

有时候，来自不同渠道的反馈信息会影响基层执法单位对问题的聚焦。大体而言，鲁磨路城管中队有关小贩问题的信息反馈渠道主要包括系统监控、群众投诉及官僚经验。系统监控包括第三方考核、市长热线和数字化城管平台、质检站的定期报告、各级领导的马路办公等。其中，绝大多数群众投诉会通过市长热线和数字化城管平台反馈到中队。官僚经验则主要来自带班城管员及协管员，他们凭借丰富的执法经验，可大体判断某个具体小贩问题的性质。绝大多数反馈信息仅仅被当做一种情况反映，只有少量反馈信息会被解释成问题。比如，绝大多数市长热线和数字化城管平台移交的信息，以及例行的评估、检查报告，仅仅表明客观上存在小贩问题而已，基层执法单位并不会将注意力聚焦于此。

一些反馈信息转化成基层执法单位聚焦的问题，往往是因为反馈渠道特殊。如上文所提的质检报告，它在大多数情况下是常规性的，只是给各基层执法单位提供参考，但如果有领导在报告上面明确批示，则问题的性质就会变得很不一样。很多情况下，反馈的信息内容虽不一定重要，但因反馈的渠道有改变问题性质的可能——如舆论发酵、领导追责——有可能把普通的小贩问题转化成责任事件。市长热线及数字化城管平台的渠道重要性虽不足，但这一渠道的重要特征是便捷、通畅，普通小贩问题在被反复投诉的情况下，很可能演变成政府不作为事件。在鲁磨路城管中队，舆论报道、"大领导"批示及群众反复投诉等反馈信息，都会引起重视。此外，不管是何种渠道反馈过来的信息，发生信息内容异常，如小贩的身份特殊、摊点敏感性高、经营方式夸张等，一般都会引起基层执法单位的重视。

可见，小贩问题之所以成为"问题"，不仅取决于小贩问题的客观构成，还取决于一线城管的问题识别。一线城管通常会将有限的注意力非均衡地分配在各类小贩问题上，对一些重要问题加以关注并采取措施，同时忽视不甚重要的问题。通常而言，某个小贩问题越是复杂、可识别度越高，越容易引起城管的关注，城管投入注意力的强度越大，集中度就越高。而如果各个小贩问题都处于常态，城管就需要进行问题搜寻，注意力的范围就会扩大。专注力及敏捷性，是合理分配注意力的前提。无论是组织还是个人，能够将注意力持续指向一个对象，并在必要的时候敏感而快速地转向一个新对象，都是一种重要能力。就小贩问题的聚焦状况而言，注意力的持续和转移是一对矛盾体，对某一小贩问题的持续关注愈久，就愈无可能关注新问题；而不断转移注意力，意味着不太可能持续关注某一问题。

根据集中度的高低及持续时间的长短，城管的注意力分配存在四种状态。一是注意力集中，在较长时间内高度集中、持续关注可见的或潜在的问题。在鲁磨路城管中队，集中注意力具有显而易见的主观指标，即全队上下精神高度紧张，不仅加强常规监控，且对各项指标、事件异常敏感。一般情况下，有明显时间压力,且时间、空间及事件等情境因素较为敏感的小贩问题,城管一定会集中注意力加以解决。如果伴随着考核结果异常,或上级的明确指示,则无论是出于主动还是被动的原因,城管都会对特定问题给予高度关注。

二是注意力转移,在注意力稀缺的情况下,注意力转移是注意力合理分配的一种形式。在特定时段内,城管的注意力虽集中却无持续性,在各个对象间频繁转移,城管通过注意力转移,将有限的注意力集中到特定对象的身上。比如,城管通过注意力在不同区域和点位之间的转移,确定重点监控点位;依据执法对象、经营项目及经营方式的不同,确定重点监控对象。

三是注意力涣散。注意力涣散既是一种自然现象,也是一种社会现象,它指的是保持注意力的对立面,对所有对象都表现得心不在焉。在鲁磨路,中午时分往往是注意力较为涣散的时刻,这是因为临近换班的协管员在长时间工作后,其精神状态很难维持紧绷。并且,中午时分是休息时间,内勤及正式城管队员都已下班,呼台、市长热线及数字化城管平台等常规监控也处于静默状态。

四是注意力分散,指的是注意力同时指向多个对象,且并无哪个特定的对象获得持续而有力的关注。在鲁磨路,多数情况下并不存在异常指标,也不存在外在事件影响或上级指示,这时,城管通常会广泛关注各类小贩问题。某种程度上,常规监控建立在分散注意力的基础上,日常巡查、处理群众投诉线索,要求对各类问题都投入一定的注意力。

从小贩问题的构成及识别要素看,城管对小贩问题的偏好是比较稳定的,那些复杂、显示度高,或有外部影响的小贩问题,更能引起关注。但是,城管对偏好的关注,往往是非均衡且易于发生变化的。城管注意力的集中与分散、持续与转移,往往是相对而言的。城管的注意力在集中、转移、分散、涣散等状态之间,也易于转换,其执法风格、力度会随注意力状态的变化而调整,呈现出多种监管策略的转化。

4. 集中整治

鲁磨路城管中队想方设法建章立制,通过班组制和增选机制,尽量让街头事务常规化处置。但对特定问题的聚焦,使得"特事特办""非常规措施"内化于街头行政。在城管执行等级序列上,低负荷、常规负荷和重负荷,乃至多数情况下的满负荷,都可以在中队这一层级内部通过有效调配行政资源、依靠常规治理策略实现。但如果城管要超负荷运转,则需要引入组织外的治理资源,以聚焦重大和棘手问题开展突击性运动。

在城管部门,各种专项整治行动经常可见。各级城管部门都会按业务分类有计划地对占道经营、渣土、违建、架空管线、户外广告等问题开展专项行动,如有重大活动保障,还会对某些重点区域进行综合整治。在街头行政中,行政资源不足与街头事务的繁重之间的矛盾是普遍、长期存在的。在实践中,往往是行政资源投入越多,公共服务越好,群众需求和街头事务就会越多。

因此，城管很难在日常化治理过程中兼顾所有街头事务，只能在特定时间和区域范围内，确定一个工作重心，集中行政资源重点处置。

借助 2011 年 10 月 10 日纪念辛亥革命暨武昌首义 100 周年活动，武汉市领导下决心"借重大活动的倒逼机制，强力推进城市环境综合治理"，从 2010 年开始在武汉实行大城管机制。为此，武汉市于 2011 年 7 月开始实行"城管革命"，其目标是"3 个月内城市环境明显改善；2011 年城市环境大变样；2012 年城市环境面貌发生根本性变化……2013 年达到创建'国家卫生城市'、'国家环保模范城市'和'全国文明城市'市容环境标准"①。围绕这一目标，武汉市开始城管体制改革，如实施"大部制"，引进第三方考核，在"城管革命"过程中有计划地分解任务，对垃圾暴露、违法占道、乱吐乱扔、渣土污染、违规广告等问题进行"一月一重点"的整治活动。

鲁磨路中队根据街头管控情况开展自主整治行动。在管城南看来，自主整治行动实在是迫不得已的做法。常规力量不够，守控和巡查的效果就很有限，而如果自主整治行动方案获得批准，便可获得上级机动中队的增援，实施暂扣策略便有了底气。整治行动总指挥一般是城管委主要领导，现场指挥则由分管副局长、执法大队长以及公安、交通等部门的领导担任，而指挥最核心的内容是调配支援力量。以其中一次整治行动为例，执

---

① 见中共武汉市委、武汉市人民政府，《关于全面提升城市综合管理水平的意见》（武发〔2011〕18 号）。

行组共分为 5 个小组。其中，执法组负责现场执法、清理工作，执法大队派了 60 个协管员、10 个民工（自带工具），交通大队派了 20 人及 2 台拖车增援。安全组负责维护整治现场秩序、处理应急突发事件，区公安分局派了 10 名特警到达现场。医疗救护组负责保障执法人员和当事人的人身安全，卫生局调配了 5 名医护人员在现场随时待命。后期处置组负责收缴的占道经营物品及工具的处置工作，由城管局和交通大队共同负责。新闻组负责整治情况的报道工作，由城管局宣传科负责。

　　整治行动事实上已经内化在街头行政过程中，成为城管应对街头环境不确定性的重要方法。城管会依据重要时间节点调整

图 7-4　集中整顿现场，城管"打围"，小贩自行撤退

其力量配置，如"两会""五一"、国庆等时间是重要保障时期，一般会启动集中整治行动，全负荷甚至超负荷运转。当街头秩序失控的时候，城管会联合相关部门，采用最高执法标准进行清场。而一旦秩序可控，城管就会转换到日常模式，采用较低标准进行管理，而小贩也会迅速获得信息，街面秩序又逐渐回归到原初状态，如此周而复始。

通常而言，城管对工作周期有明确的时间感，会综合考虑时间进度、上级压力、街头环境变化来安排工作强度。受制于上级压力和环境因素，基层中队并不总能把控工作节奏。管城南感觉2014年在卫生城市创建准备工作期间，检查组到达武汉的时间一推再推，基层迎检工作失去了节奏感。一开始，检查组说4月份要来，鲁磨路中队开始了一个月的全员运转，但检查组并没有来。6月份，检查组又说要来，鲁磨路中队又开始了一段时间的整顿行动，结果还是没来。7月份，上级检查组才确定要来武汉，中队又开展了一个月的集中整治行动。12月份，武汉市又开始了文明城市创建，还有电视问政，鲁磨路中队又持续整顿了一个月。2014年，鲁磨路中队全年有一半以上的时间在全员运转，全体队员都疲惫不堪。

如要保障重要活动不受影响，城管中队就需要提前三天时间开始清理路面，直到活动结束后放缓。如有领导指示，或有市、区领导暗访，出现第三方考核排名靠后等情况，城管中队仍得加强管理，一定要整顿出结果，给领导一个交代。如有媒体曝光，可能还要被追责，城管中队更不敢怠慢，整顿工作只有持续到责任追清了才算完事。

第七章 常规化治理

很多情况下,上级部门之间的协调不顺畅,给基层执法带来许多困难。2015年初,市城管委开始部署整治违法广告牌问题,但各区的动作并不大,能拖就拖。管城南说,"几乎每一块广告牌背后都有复杂的利益"。鲁磨路中队也是秉持消极态度,把辖区内3个违法广告牌的具体情况调查清楚,做了台账上报,但并没有采取行动。10月份,市城管委下达了死命令,发文说如再不拆除,就纪委督查问责,还派领导到现场督战。

管城南没办法,就选了其中一个情况比较简单的广告牌先拆。这块钢构结构的巨型广告牌竖立在大厦楼顶,因设施老化,已经很长时间没有投放广告了。鲁磨路中队在调查的时候,并没有业主出面,但当队员和民工准备拆除时,本栋大楼桌球厅的老板却带着员工前来阻拦,说这是他的广告牌,不能拆,并做出和城管拼死一战的架势。管城南在气势上并不服输,问清其身份后,悠悠地说了一句,"你桌球厅的灯箱广告也是违法的"。老板立马认怂,连忙递烟,说广告牌早就废弃了,也没啥用,拆就拆吧。管城南笑脸相迎,说他也是没办法,楼下站着的都是领导,不拆不行。管城南还开玩笑说,以前拆广告牌,废品站自己会来拆,业主还可以拿收购费;现在倒好,钢铁不值钱,废品站都懒得来了,业主也不可能主动拆,城管还要花钱请人把废铁拉走。

但另两块广告牌着实不好拆。其中一块是街道办事处竖立在办公楼上的公益广告牌。管城南去交涉,街道办领导说,这是市文明办要求竖立的,为了营造创建文明城市的氛围,每个街道都有宣传任务。管城南一合计,觉得这种情况应该不是个例,业主又是政府,就如实上报情况,等上级统一确定方案再说。另一块广告牌竖立在十字路口的待拆迁房屋顶上。该广告牌耗资不菲,不仅面积巨大,还有三个滚动屏。管城南下达整改通知单后,业主方很快就派了代表来中队交涉,希望再保留几个月,等房子拆了,广告牌自然就没了。但管城南不敢擅作主张,对业主方的请求不置可否。后来,业主代表竟然拿出该块广告牌设立时的文件,文件上面赫然出现局领导的批示。从文件内容看,广告牌虽然没有走正规审批程序,却也是以营造创文创卫氛围、播放公益广告的名义设立的。只不过,只有一个滚动屏播放了公益广告,另两个滚动屏播放的是商业广告。管城南左右为难,分管执法的领导指示无论如何都得按照上级要求拆了这个广告牌,但给广告牌做批示的领导又打电话,说还是拖一拖吧,真是"神仙打架,凡人遭殃"。最终,管城南还是选择了"拖"字诀,过了一段时间才拆除。

在管城南的概念里,大多数整治行动都源自领导指示、批示。但事实上,领导指示、批示只是"高位推动"的一个技术环节而已,它是应对条块分割等体制弊端、解决层级性问题和多属性问题的方法。一般而言,高位推动可能是主要领导推动,力度比较大,很可能会层层传递压力,迫使基层保质保量完成任务。例如违法广告牌,之所以长期得不到解决,就是因为背后利益盘根错节,具有多层级性和多属性特征。这种情况下,唯有高位推动,启动整治行动,才能通过联合执法实现多部门协调。

第七章　常规化治理

集中整顿之所以如此常见，一定程度上是回应群众诉求的结果。2015年，武汉市政府对社会公开承诺，对办理群众投诉不及时不到位的问题进行整改，承诺对群众投诉案件进行100%回告。为此，市政府加强了对职能部门投诉电话办理质量绩效的管理，每月对各区按时办结率和满意率进行排名。2015年11月，市城管委根据数字城管接警记录，对违法占道经营、施工扰民、商业噪音等投诉进行大数据分析，形成了《武汉市数字城管大数据分析月报》。市领导颇为关注，专门批示各区要采取针对性措施，落实责任，加强管理，奖勤罚懒，进一步提高城管执法的针对性和有效性。按照市领导要求，市城管委制订了违法占道投诉热点问题整治方案，并要求各区遵照执行。

2016年7月，市城管委通过群众投诉数据分析发现，城市管理方面的群众投诉量在进入2016年以后居高不下，且70%以上的投诉集中在夜间施工噪音扰民、商业噪音扰民、违法占道经营和乱搭乱盖四个突出问题上。省社情民意调查中心6月份的公众满意度调查数据显示，武汉市在保障空气质量和控制噪音污染两项指标上排名严重滞后。市城管委对此做出回应，从7月20日到9月底，开展为期两个月的集中整治，以实现"四大投诉"大幅下降的工作目标。具体而言，8月份的群众投诉量控制在6月份的80%以内，9月份控制在6月份的50%以内。这些举措传导到基层中队，便意味着一段时间内需要集中开展整治行动。

一些全国性的偶发重大事件也会触发整治行动。2015年12月20日，位于深圳市光明新区的红坳渣土受纳场发生滑坡事故。事故造成73人死亡，4人下落不明，17人受伤（重伤3人，轻伤14人），33栋建筑物（厂房24栋、宿舍楼3栋、私宅6栋）被损毁、掩埋，90家企业生产受影响，涉及员工4630人，直接经济损失为8.81亿元。事故发生后，党中央、国务院高度重视，中央主要领导同志做出重要指示。武汉市城管委当天就发出通知，要求各级部门清理本辖区范围内的渣土消纳场。经过一个月的排查，城管委发现全市共有渣土堆166处，其中有59处存在安全隐患。调查也发现了渣土管理的结构性问题：武汉市处于大建设过程中，每天的渣土量非常大，但市内并没有规划足够的消纳场，渣土的出口往往处于混乱无序的状态。如需彻底消除隐患，还需要从源头上进行治理，加强规划管理。

多数情况下，突发事件之所以能够引起城管注意，并采取集中整治措施，是因为问题聚焦和集中整治本身也是制度化建设的一部分。历史上，武汉市城管经过对特定事件的问题聚焦和集中整治，建立起诸多事项的治理规则，如1993年的"大智路事件"启动了占道经营管理的文明执法进程，2014年的"高空抛物致女婴伤残案"启动了高空抛物的常态化治理进程。可见，集中整治和常规治理之间的界限并非不可逾越。常规化治理是在建立行政子系统、实现街头空间可治理化以及分类处置过程中形成的，同时，也是在问题聚焦和集中整治过程中实现的。集中整治可谓是常规治理的"间断"机制，但它本身具有常态化特征。城管采用不同的小贩监管策略，在不同执行等级之间切换，实现了街头行政的动态平衡。

鲁磨路街面重要路口都在监控之下

第八章

"猫鼠游戏"

2016猴年春节期间,管城南收到一条拜年短信。短信是一个顺口溜,希望"猴年下大雨,小贩逃光光。路无北省人,巷无游击战",祝愿管城南"执法顺利,队员平安"。管城南调侃,城管就是"猴忙"的命,过完年又要"重复昨天的故事"。在鲁磨路,城管和小贩间的往来如同"猫鼠游戏",城管见到小贩,本能地会做出驱赶的身体姿态,小贩见到城管,也会摆出退缩的模样。然而,他们虽相互干扰、周旋,却总是默契有加、斗而不破。哪怕是一不小心擦枪走火、爆发冲突,也仅仅是游戏的高潮而已,过后又反复如初。

1. 隐喻

在法律关系上,城管是行政主体,小贩是行政相对人,双方行为均受行政法规约束。执法规则的稳定性使双方行动具有可预期性。然而,在日常话语中,城管和小贩从不以法律身份示人。在小贩眼中,城管最多算管理人员,绝不是执法者。在城管眼中,小贩首先是群众。城管其实不习惯以执法者身份示人。于忠要求协管员工作场合穿制服,但协管员总是心不甘情不愿,稍有机会就换成便服。事实上,于忠自己通常也是穿便服扫街。

由于双方都以普通人面貌出现,城管和小贩之间的权力势能对比就有极强的流变性,他们的行动往往是不可预期的。城管执法很难在"合法""违法"间做出非此即彼的清晰划分,其行为策略也很难用法律术语予以解释。但是，他们都认可一种日常关系——"猫鼠游戏"，这是城管执法中众所周知的隐喻，不仅见诸媒体、学术作品，也在城管和小贩群体中广为流传。

从字面意思看，"日常"恰恰涵盖了例行化特征，各种活动日复一日地以相似的方式进行，它体现出的单调重复的特点，正是社会生活循环往复特征的实质根基[①]。用"猫鼠游戏"形容城管执法的"日常"，是通过隐喻的方式言说现实，重新描述现实。执法往往被认为是一种科学技术，遵循行政理性化原则，具有确定性。但"猫鼠游戏"意味着城管执法是特定时空约束下即兴创作的过程，是城管和小贩经由沟通行动达成的临时妥协。

隐喻不仅是诗意的想象和修辞多样性的一种策略，还是我们思想和行为所依据的概念系统的基础。而这些概念系统不仅关乎我们的思维能力，也同时管理着我们日常的运作[②]。在这个意义上，"猫鼠游戏"不仅是一种法律修辞，而且是对城管执法实践的一种形象化阐释，规定了城管执法的行动框架。

"猫鼠游戏"是一个隐藏的空间隐喻。一般情境下，"猫鼠游戏"是一种街头游戏。街头空间特质是流动陌生的，是行政现场的感性意象。并且，街头执法的日常术语如守控、驱赶、巡逻、躲避等，都属于陆地区域的隐喻系统。只不过，"猫鼠游戏"的隐喻包含了多重象征的链接关系（见图8-1）。

[①]〔英〕安东尼·吉登斯：《社会的构成：结构化理论纲要》，李康、李猛译，北京，中国人民大学出版社，2016年，第1版，第266页。
[②]〔美〕乔治·莱考夫、〔美〕马克·约翰逊：《我们赖以生存的隐喻》，何文忠译，杭州，浙江大学出版社，2015年，第1版，第1页。

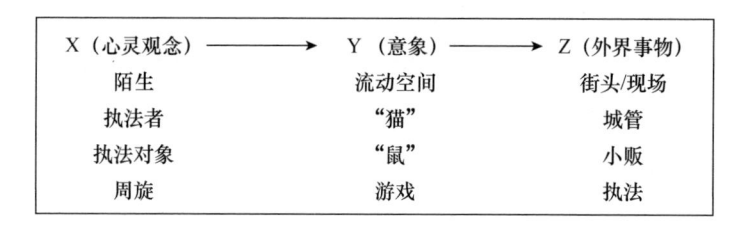

X（心灵观念）	Y（意象）	Z（外界事物）
陌生	流动空间	街头/现场
执法者	"猫"	城管
执法对象	"鼠"	小贩
周旋	游戏	执法

图8-1 "猫鼠游戏"隐喻象征链接

隐喻的本质就是通过另一种事物来理解和体验当前的事物[①]。通常情况下，人们通过对始源域（往往是可以通过身体体验的）的跨领域映射，让目的域的概念获得感性意象[②]。在象征关系中，X→Y联系是"本质固有的"；而Y→Z联系是"隐喻性的"，当这种联系约定俗成之后即成为"符号"[③]。就街头执法而言，"猫鼠关系"特指执法者与执法对象之间的关系，它被长期用来隐喻"警察—小偷"之间的关系模式。将城管和小贩也比拟成猫、鼠意象，显然是因为"城管—小贩"与"警察—小偷"关系模式之间有共同的心灵观念。

国家作为权力竞技场，受国家观念与实践二重性的形塑[④]。国家普遍被认为是具有凝聚力和控制力的组织，但在实践中，国

[①]〔美〕乔治·莱考夫、〔美〕马克·约翰逊:《我们赖以生存的隐喻》，何文忠译，杭州：浙江大学出版社，2015年，第1版，第3页。
[②] 张沛:《隐喻的生命》，北京：北京大学出版社，2004年，第1版，第38页。
[③]〔英〕埃德蒙·利奇:《文化与交流》，卢德平译，北京：华夏出版社，1991年，第1版，第23页。
[④]〔美〕乔尔·S.米格代尔:《社会中的国家：国家与社会如何相互改变与相互构成》，李杨、郭一聪译，南京：江苏人民出版社，2013年，第1版，第16页。

第八章 "猫鼠游戏"

家并非有机、未分化的行为者。具体到街头执法,城管虽代表国家机器,具有行使专断权力的正当性,但是,城管所具有的自由裁量权和实际政策制订能力,使其并不一定机械地执行上级政策。并且,街头空间为小贩的逃避、反抗提供了可能性。因此,在人们的深层观念中,相互周旋反而是街头执法的常态。

"猫鼠游戏"包含了复杂甚至相互对立的关系模式,包括强—弱、支配—被支配、压制—反抗、驱赶—逃避等客观结构,以及对"周旋"这一关系模式的身体体验。通过选择、压缩、组合、过滤等一系列隐喻工作机制的"转换生成"[①],创造了对城管执法实践的新理解。概言之,城管执法的对抗性和默契互动关系并非是水火不容的,而是有机融合的。城管和小贩相互周旋的含义系统主要包括两个意义项:(1)日复一日,重复循环;(2)因生存和工作使然,具有不同身份和职责。一般而言,游戏有三个意义项:(1)虚幻的;(2)参与者的动作、语言顺序,以及允许或禁止的行为,都有规则可循;(3)在特定时空限制内活动。当"猫鼠游戏"投射到城管执法实践中,使剔除了"虚幻的"这一项,而聚焦于"游戏规则"项,并将"特定时空限制"合并到聚焦点上。这样,在"猫鼠游戏"的映射下,城管执法可以理解为城管和小贩在街头空间中依照特定的游戏规则相互周旋的过程。"猫鼠游戏"为城管、小贩以及潜在的围观者提供了新的认知框架,使得城管执法以一个全新的实践逻辑展开。

---

① 张沛:《隐喻的生命》,北京:北京大学出版社,2004年,第1版,第11—13页。

2. 行动图示

城管和小贩对"猫鼠游戏"规则了然于胸,这是一种实践感[①]。乃至于,只要进入街头这个游戏场,一种天生的游戏感便会油然而生,他们"生于游戏,随游戏而生"。每个社会都有自己特殊的游戏,在游戏空间中,"计策与环境相适应"[②]。"猫鼠游戏"所隐喻的城管执法规则,同样存储了城管和小贩间随机应变的行动图示(见图8-2)。简单说来,城管执法具有明晰、特殊的规则,它规定了城管和小贩间的行动框架(原则、底线等);但人们对计策的使用,却是根据具体情境随机应变的。

受街头空间特质的影响,无论愿意与否,城管在大多数情况下会悬置其在游戏空间中的宰制地位,将"服务、管理、执法"融合为一体。在长期的实践过程中,城管执法形成了班组制、三步式执法和疏堵结合三条稳定的基本原则,并储藏了诸多行动图示。

班组制包括"一人为私、二人为公"及"城管带班制"两条底线。根据《中华人民共和国行政强制法》等相关法律法规,单个城管员(协管员)无法完成合法合规的执法行为,其行动

[①] 〔法〕皮埃尔·布迪厄:《实践感》,蒋梓骅译,南京:译林出版社,2012年,第1版,第94页。
[②] 〔法〕米歇尔·德·塞托:《日常生活实践 1.实践的艺术》,方琳琳、黄春柳译,南京:南京大学出版社,2015年,第2版,第78页。

第八章 "猫鼠游戏"

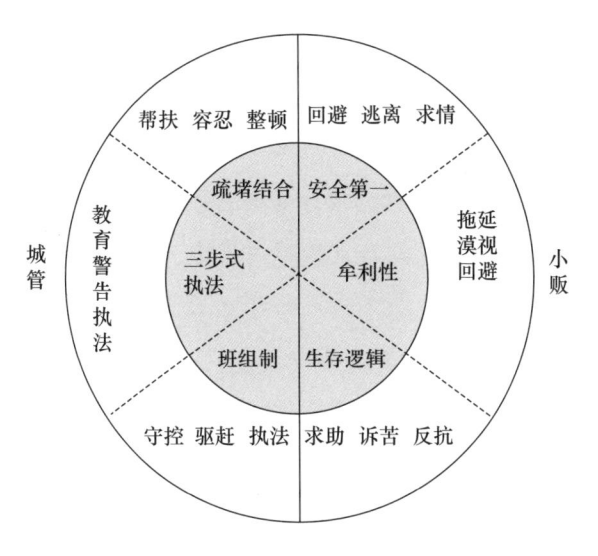

图 8-2 城管和小贩的行动图示

图示的选择只包括守控、驱赶这样的管理措施。只有在正式城管员带班，且在 2 人以上的情况下，才能实施暂扣等强制措施。2~3 人组成工作小组是城管工作的基本战术安排。这不仅是街头空间管控的技术要求，更是保证执法正当性的需要。我第一次听到"一人为私、二人为公"的说法，是从一位协管员之口。于忠的解释倒是很实在，"一个人工作，有些事情就说不清了。两个人一起，（万一）出了什么事情至少有个证明"。可见，"班组制"已经内化为城管的行为习惯。事实上，管城南对协管员异常行为的判断标准之一便是协管员是否单独行动。习惯于单独行动的协管员，多半意味着在"吃、拿、卡、要"，当保护伞。

时至今日，三步式执法已成为行政执法领域的基本程序。三步是指：教育→警告→执法，它们构成了城管的行动图示。在鲁磨路，只有在采取整顿措施的时候，城管才会一步式地启动行政处罚措施。但整顿启动前，城管基本上都会和小贩打招呼，提醒其整顿期内不要出摊。在日常管理过程中，城管会对初犯者采取教育措施，并以教育之名了解小贩的基本情况。只不过，几乎没有哪位城管认为教育措施会有效果，因而隔段时间都会再去警告——包括下达温馨提示单等正式手段，以及言语威胁、驱赶等非正式手段。只有在多次博弈仍无结果之后，城管才会采取执法措施。

鲁磨路中队对暂扣物品的处理，有隐形的技术措施。通常情况下，城管只暂扣经营工具和易于存放的物品，暂扣时间为一周以上。在我调查期间，城管从未对小贩处以罚金，但暂扣物品一周是通用的惩戒措施。一些有经验的小贩，物品被暂扣后会连续不断到中队来讨要说法，为了避免影响工作秩序，提前归还暂扣物品是常有的事。

城管中队并没有处理暂扣物品的专门工作人员，看门大爷承担了处理责任。小贩如想要回暂扣物品，得先过看门大爷这一关。看门大爷已经七十多岁了，说着武汉方言，和小贩沟通时的语气相当不友好，小贩一般都会觉得自尊心受挫。过了看门大爷这道关，管城南同意发放暂扣物品后，小贩还要在大爷的监督下留下身份信息，写保证书。我曾经询问管城南，为何让看门大爷去处理？管城南说，"要的就是这种效果"。事实上，小贩自尊

第八章 "猫鼠游戏"

心受挫，也是城管的一种惩戒措施。有些小贩，只要被暂扣一次，受过一次"挫折教育"，可能就会重新考虑自己是否适合摆摊了。

初入行的小贩，往往经验不足，搞不清楚三步式执法的原则，很容易被城管义正辞严的教育触动，保证书写得认真而诚恳。有一位小贩，被暂扣小货架、小喇叭、电瓶、小方桌等经营工具，在得到允许要回暂扣物品后，洋洋洒洒写了几百字的保证书。保证书内容是：

> 由于本人第一次来鲁磨路，不知道你们的创卫工作搞得这么严，严重触犯了工作，自从这次我的杂货被你们拿走了以后，我也学会了换位思考。我呢，摆摊占道经营严重违反了公众利益，我此时此刻反省了自己的行为。自己虽然正当地做生意，但也要遵守规矩，我们可以想，我们这么大一个国家，一个城市，如果没有规矩，怎么能行呢？通过这次教育培训，我认识到了自己的错误，同时也希望能得到你们最大的谅解。我保证再也不会占道经营了。

管城南很清楚，对很多小贩而言，写保证书并不起作用，有时候他连保证书的内容都不看。而看门大爷要的只是保证书这个形式，至于小贩写什么内容，倒是无所谓的。久而久之，城管和小贩都清楚，哪怕到了"执法"这个阶段，采取了暂扣物品的措施，但基本原则仍然是教育为主。有不少小贩，一而再再而三地被暂扣物品，锻炼出了强大的心理能力，也渐渐无视城管的教育，保证书写得越来越敷衍。有一位小贩，于2014年5月、6月和9月，连续三次被暂扣物品。三次保证书，对照鲜明：

第一次："本人保证以后不摆摊经营，若违反，愿接受城管部门处罚。物品已退还，愿接受处罚。"
第二次："保证以后不在那经营。"
第三次："以后不在那地方做生意。"

还有一位61岁的小贩，于2015年9月、10月和11月，连续三个月被暂扣物品，保证内容像复读机，白纸黑字的"保证"和一而再再而三地被暂扣物品，形成了鲜明对照。

第一次："保证以后不在那个地方占道经营了。"
第二次："我保证从今往后再不占道经营了。"
第三次："我保证今后再不占道经营了。"

说到底，有经验的小贩很清楚城管没有动力真去没收暂扣物品。没收的处罚程序极其复杂，城管根本就不愿意去做。有一段时间搞整顿，中队没收了一些新鲜果蔬，没地方放，只能登记造册送给福利机构。更现实的是，中队根本就没有地方来放置那些暂扣物品。鲁磨路中队办公场地有限，只能把暂扣物品摆放在一间大会议室里。很多小贩被暂扣物品后，并不主动来认领，那些物品就一直堆放在会议室，久而久之，会议室不够用了。有时候，小贩过了很长时间突然想起来认领，看门大爷找半天找不到，中队还得赔偿小贩物品损失。

疏堵结合可谓是城管系统最为明晰且特殊的规则。20世纪80年代以后，政府出于满足搞活经济以及解决下岗人员再就业的需要，鼓励市民摆摊设点、自食其力。此后，随着外地农民工进入城市，摆摊设点自然成为农民工自食其力的渠道。对小贩的治理虽有法律依据，但执法方式并非一禁了之，而是要从解决小贩的生活出路入手，从根源上解决小贩占道经营的问题。这在一定程度上改变了城管执法工作的性质，从管理、执法为主转变为服务为主。管城南和于忠经常为小贩联系辖区单位介绍工作，开拓疏导区"引摊入市"。在疏堵结合原则的支配下，城管执法强度表现出自低向高的规律，形成了"帮扶→容忍→整顿"的连续谱。

于忠经常碰到确有困难的小贩，他们或有身体残疾的表征，或有一些文字证明。2015年12月，一位64岁的小贩被暂扣了经营物品，他到中队交涉时，随身携带了老家村委会开的证明：

> 兹有本村十组村民×××同志，身份证号×××，妻子早年病故，儿子患有精神残疾，家庭比较困难，属本村贫困户，望贵单位给予支持为盼。

还有一位37岁的小贩，是刑满释放人员，随身携带了刑满释放证明书。面对这种情况，于忠一般都会向管城南汇报，模糊处理,第一次依例教育,写保证书。但如反复遇到,中队就得想办法帮扶和疏导。

对弱势群体,于忠一般只是象征性地驱赶,并不会采取强制措施。如果上级重视,于忠则为其安置一个"爱心摊位"。但绝大多数小贩实质上是生意人,城管就想方设法"引摊入市""引摊入店"。只不过,管城南对疏导工作很是沮丧,他疏导失败的名单可以列一长串,李成柏、余斯森、"北省张"、马尚……为此,管城南还仔细琢磨了一下小贩的经济行为和心理特征。他说,但凡是习惯了摆摊且获益的小贩,都习惯了"无本经营"的模式,他们本能上就不太能接受有较多资金和固定资产投入的"有本经营"。因此,有些小贩哪怕已经入店或入市经营,一旦生意迟迟不见起色,很快就会及时止损重新摆摊。

从2014年下半年起,阿甫在中国地质大学(武汉)人行天桥下占道经营烤馕摊,炉灶、木柴和煤等物品乱堆乱放,环境脏乱,周边群众反映强烈。于忠几次带着队员去劝阻,阿甫都不予理睬,依旧我行我素。管城南为了息事宁人,就亲自做举报群众的工作,让他们不要再举报了,允许阿甫继续摆摊。但2016年春,阿甫的摊位被上级督查督办了,必须解决。管城南没办法,就找阿甫谈判,让其挪动摊位。

谈判是在管城南办公室进行的,管城南、阿甫和我三个人在场。管城南姿态放得很低,说不是不让摆摊,是移个不太显眼的位置。没承想,阿甫软硬不吃,管城南每说一个搬迁理由,阿甫就回复同一句话——"我要吃饭",如此反复了好几遍。阿甫说,

第八章 "猫鼠游戏"

他在鲁磨路已经五六年了,熟悉了这里的环境,孩子也在这里上学了。这几年,他开过烤馕店,也开过超市,但都倒闭了,"干净的没人吃,不干净的倒有人吃"。他说,他现在只要一个能让其烤馕的位置,"死也要死在这里"。谈判至此,管城南很是无奈。这句话,李成柏也说过,管城南已经被李成柏折腾得没脾气了。管城南只好赶紧结束谈话,"程序我们还是继续走,你也可以去向上面反映"。

对应于城管的三个原则,小贩也有三个行动原则,分别是安全第一、牟利和生存逻辑,且每个行为逻辑里都藏有相应的行动图示。

小贩对摆摊设点的非正规性质有准确认知,对其在街头空间中的被支配地位也了然于胸。因此,安全第一是小贩行当的共识。确切地说,保证人身安全以及经营物品的完好无损,本身就是小贩经营活动的内容之一。面对城管执法,安全第一原则决定了小贩一般会采取守势。基于对具体情境的安全性评估,小贩会择机采取回避、逃离及求情等策略。

小贩的安全性基本建立在对城管"法外开恩"的预期上,因此陈述自己家庭困难,向城管诉苦,就成了小贩的惯用策略。鲁磨路中队有一个不成文的原则,但凡是大学生摆摊的,一般都是以教育为主,不施以处罚。对暂扣的物品,只要有学生证,就会让其拿回。只不过,绝大多数大学生小贩在写保证书时,还是会不自觉地诉苦。

我在翻阅小贩写的保证书时发现,虽然保证书并无固定格式,

但陈述困难是很多保证书的构成要件。比如,有一份来武汉摆摊的外地市民的保证书这样写道:

> 各位领导:大家好!本人刚来武汉不久,工作不好找,生活困难,刚刚学着摆摊,一直在超市门口摆。上星期六9:00刚在鲁磨路天桥摆5分钟就收了。我保证今后不摆摊。谢谢!

一份学生小贩写的保证书,差不多就是一份陈情书:

> 因家庭困难,生活费不足,被逼无奈,勤工俭学,因此在当代公寓门外摆摊,破坏市场秩序,影响市容,念及初犯,下不为例。谨记。

在小贩眼中,"生活困难"是客观描述,毕竟,"如果不是迫不得已,谁愿意在风吹日晒中摆摊呢?"但这也的确是一种话术,如果不诉苦,就没办法求情,而不求情,城管"教育为主"的三步式执法,就没办法启动。乃至于,连"北省张"这样的成功人士,自己实在无苦可诉,也要以妹夫生病为由,请求管城南准许其出摊。

归根到底,相较于正规经济,小贩经济效率之保障,不仅源自小贩的自雇性质,以及由此延伸而来的低劳动力成本及灵活的经营策略,还源自较少的税收和租金压力。故而,牟利原则的核心内涵就是最大程度地占用公共空间和延长经营时间。拖延、漠视、回避等行动策略，不仅是安全第一的原则使然，更是小贩牟利的时间战术。

小刚主要经营手机配件和贴膜，其销量最好的产品是钢化膜。他从事小贩行当已经接近3年时间，早期是"打游击"，晚上九点之前在鲁磨路天桥，九点以后则在光谷天桥，最近一年入驻了鲁磨路夜市。他说："天桥地方小嘛，能够摆的东西也少，很多顾客看到你东西少就走了。而且，天桥人少，没生意，我就来了夜市。现在夜市也不行了，公交车站要改路了，人流量也受影响。哪怕是不修路，夜市没保险，随时可能禁摆。并且，现在做的人越来越多了，利润越来越薄，没有上升空间。"

客观上，小贩市场其实是一个充分竞争的市场，无论是经营内容，还是经营方式，都很容易被复制和模仿。小刚刚在鲁磨路一带卖手机配件时，生意还非常好做。但后来黄宇等小贩加入后，其利润就开始趋平了。对流动摊贩而言，摆摊虽然没有租金，但为了方便"游击"，就不可能形成规模效应。对固定小贩而言，摆贩虽然可以有一定的规模效应，但却有了租金压力。在小刚看来，摆摊最大的问题就是风险不可控，利润不稳定。他每日的营业额有500元左右，每月净利润在5000—10000元之间，浮动幅度非常大。

但凡是在鲁磨路"混"得比较好的小贩，都是一些享有特权，事实上占据了固定位置，却又没有租金压力的群体，如李成柏、阿甫和"北省张"。只不过，小贩一旦享有了特权，其经营目标就不局限于"糊口"，而是尽最大可能占有公共资源，获取高额利润。比如，李成柏在占据位置后，很快就扩大经营，将儿子和儿媳妇一起接来扩大经营规模。"北省张"占据位置后，就不再亲自摆摊，而是雇佣了两名老乡帮他摆摊。阿甫的经营面积已达5平方米，也雇佣了两名老乡帮忙烤馕。他们以小贩身份自居，却早就是老板了。小贩一旦改变了"自雇经营"的性质，就会面临劳动力成本的压力。

多数小贩在初入行时，都有迫不得已、难为情、丢人等心理体验，因"拉不下面子"而退出小贩行当的情况也甚为普遍。但一旦坚持一段时间，突破了心理门槛以后，他们就容易以生存逻辑看待小贩经济，将摆摊设点视作生存权。在鲁磨路中队保留完整的小贩写的保证书中，但凡是第一次被暂扣物品的小贩，保证书都写得情真意切，都会不自觉地采取求助、诉苦等策略以博取同情，争取宽大处理，一些小贩甚至采用"弱者的武器"来反抗城管。但只要是"老油条"，保证书都写得敷衍了事。实际上，对生存权有强烈意识的小贩群体，甚至连保证书都懒得写，小贩在执法现场和城管纠缠、到中队办公场所讨说法、在派出所调解现场示威，都是常见现象。

鲁磨路中队曾经暂扣过一位老年小贩的物品。该小贩自尊心极强，非但不认错，还反过来要求城管道歉。从被暂扣物品的当天下午开始，他就跟着坐上了执法车，执法车开到哪里，他就跟到哪里。司机下班后，他还在车上。管城南实在看不下去，劝他先回家，过几天再来取暂扣物品。但当天晚上，这名小贩竟然往而复返，带着棉被到中队办公室过夜。第二天和第三天，他如出

图 8-3　出店经营店主和执法人员理论

一辙，连饭都不吃，想必是和城管耗上了。管城南觉得其年纪也不小了，又没吃饭，怕出问题，只能被迫返还暂扣物品。管城南当然不可能道歉，但小贩也没屈服，小贩临了甩了一句："我想摆还是要摆。"管城南没办法，在做了小贩家庭背景调查后，和这名小贩的儿子做了沟通。老人家在郊区，其子是市内某银行支行的负责人，在光谷转盘附近有一套房，他常来儿子家住。老人不愁吃穿，摆摊完全是因为好胜心强，想要自食其力。此事过后，许是其儿子做了老人工作，管城南再也没有看见这位小贩。

3. 计策

城管执法的每一个原则和行动图示，都在小贩那里激起了回应。猫鼠游戏规则的本质是，城管和小贩在行动框架范围内，在各自行动图示储藏库中，选择合适的计策，形成一种特定且明确可察的对应关系。在猫鼠游戏规则中，城管拥有优先出牌的特权，小贩只能在此基础上做出反应。按常理出牌的话，城管和小贩在行动图示上具有一一对应关系：守控-漠视、驱赶-拖延、执法-回避、教育-拖延、警告-漠视、帮扶-求助、容忍-诉苦、整顿-反抗。

大体而言，城管的执法策略是占据空间，建立专属地点，而小贩的响应性行动则是"打时间差"。比如，城管守控，小贩以漠视回应之，轻易占据了启动下一步行动的准备时间。城管驱赶，小贩以拖延战术回应，既可消耗执法资源，又可在拖延过程中打个时间差。城管清场，小贩则回避等待下一次机会。可见，城管虽占据了优先出牌的权利，但小贩并非完全被动响应。事实上，小贩储藏库里的行动图示并不比城管少。只不过，双方出牌都受制于那些不言自明的游戏规则。偶尔不按常理出牌，可能会一时陷对方于不利处境中。但从长期看，投机行为并不能改变双方的战略态势，还可能因乱出牌、出错牌而陷自身于不利处境中。

管城南对与小贩关系中的战略态势甚是敏感。凡是遇到想要挑战城管权威的小贩，无论其采用什么方式，他一定会想方设法将其控制住。有些小贩自以为真理在握,想要强行占据某个位置摆摊,管城南一般都会当机立断调集队员加以打击。如果对方胆敢反抗,管城南往往也会不惜代价。在他看来,"气势上压服人"是游戏的前提。城管并不是不能让步,也不是总和小贩对抗,但绝不能被小贩牵着鼻子走。城管一旦示弱,被小贩拿捏,秩序必定大乱。有些小贩"使阴招",为了长期占据某些位置而贿赂协管员,管城南会毫不客气地处理协管员,并以雷霆之势整顿这些点位。

尽管城管在大多数情况下都掌握战略态势的主动权,但微观情境中的空间、议题和时间的敏感度会发生变化。城管和小贩对某个具体计策的选择,是依据双方共处的特定情境做出的,而每一种情境都是诸多计策随机组合的结果(见图 8-4)。

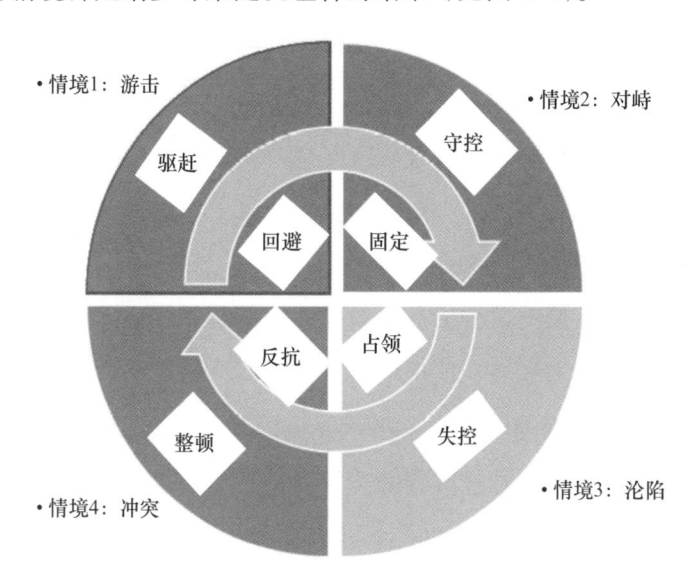

图 8-4 "猫鼠游戏"情境转化图

城管和小贩都喜欢用战争隐喻来表达双方的行为策略，如工作语言中的守控、巡查、联合行动，日常话语中的打游击、僵死（双方相互僵持、进退两难）、出动等。"猫鼠游戏"一般有四个情境：游击、对峙、沦陷、冲突。

游击的战略态势是城管强、小贩弱。城管虽占据主要空间，小贩依旧可以利用时间战术建立"游击区"。在游击情境下，城管和小贩间的典型关系是"驱赶－回避"。这一行动图示最能反映两者间虽强弱关系明确，但却哪一方都无法宰制对方的情境特征。在每一次行动中，双方都会依据细微的情境变化做出试探。城管为了强化对某一专属地点的管控，有可能临时加强守控力量，减少巡查范围，也有可能为了扩大实际管控范围，而削减特定点位的守控力量。相应地，小贩很可能为了占据某个地摊位而使用漠视、拖延等战术，也可能根据人流情况主动迂回以扩大流动性。

对峙的战略态势是城管和小贩双方势均力敌，城管仍然占据主要空间，但无力袭扰小贩。小贩则建立了稳定的根据地。在对峙情境下，城管和小贩间的典型关系是"守控－固定"，这一关系也是诸多计策的组合。通常情况下，城管要保证守控范围不缩小、重点地区不失控，就得辅以"边界区"的巡查、袭扰，以防止小贩的蚕食策略。同样，小贩要巩固其"游击区"，既要通过漠视、拖延等策略消耗城管的袭扰力量，又要通过回避、反抗等策略来一步步侵扰"边界区"。

在特定时空条件下，城管或主动或被动地弃权一线，小贩处于放任自流的状态。表面上看，沦陷情境意味着双方并不存在行动图示的选择问题。实质上，沦陷情境隐藏着城管回避、退缩、重新调配力量等诸多策略，而小贩也需随时保持警惕，预备好响应措施。无论是城管还是小贩，都不认为沦陷情境是稳定的。比如，节假日期间鲁磨路的人流量实在是太大，城管根本就不好布控，小贩夹杂在人流中，随时随地都可以贩卖物品，连城管布控的点位都可能要让渡出来。这时，小贩一般都会抓紧时间抢占有利地形贩卖物品，能赚一笔是一笔，毕竟"过了这个村就没了这个店"，节假日过后可能又恢复如常。

冲突情境是城管和小贩对抗性关系的外显化，源于彼此挑战了对方的底线，双方选择了短兵相接的行动图示。一些初入行的小贩不懂"规矩"，往往将抽象正义观当作摆摊的理由，以此不服从城管的管理。这时，城管除了依照程序宣读法律条款（几乎不奏效），只能采取强制措施清场。绝大多数冲突情境发生在执法整顿期间，这是因为它很容易挑战小贩的生存第一原则。有些小贩哪怕看见了联合整顿的队伍，也秉持"吃饭最大""自食其力不犯法"的朴素观念，不撤退也不配合，这种情况下冲突就在所难免。客观地说，在我参加过的众多联合整顿行动中，大部分小贩都会主动撤离，但总会有极少数小贩面对黑压压的执法队伍，毫不示弱，摆出螳臂当车的架势。在城管多次警告仍无效的情况下，特警只能采取人身强制措施。

一些小贩在和城管对峙的过程中，很容易采用侮辱性的谩骂行为，经验不丰富的协管员很可能因此采取过激行为。我曾目睹两位协管班长,因为实在无法忍受小贩的辱骂,边脱制服边说:"大不了不要这身皮,也要干一架。"只不过,这种情况管城南和于忠一般都在场,会及时劝阻类似的行为。事实上,对经验丰富的小贩而言,引发冲突制造现场混乱,也是其惯用策略。只要城管动手,小贩无论受伤与否,都会立马倒地,并喊叫"城管打人了",以引起路人的注意。一旦有群众围观,城管就会百口莫辩,对执法现场失去控制,只能撤退。

计策并不只是情境的产物,它反过来会影响情境转化。在游击情境中,一旦城管采取守势,减少袭扰,小贩就会很快找到他们所认可的摊点,与城管重点守控的点位遥遥相对,形成对峙局面。处于对峙情境中的城管,如加强巡查,小贩则会增加流动性,两者又会退回到游击情境中。一旦城管实行一线弃权,其守控点位就会很快变成热门摊点,陷入失控情境中。多数情况下,暂时的失控情境往往是清场的征兆。因为,这实际上是城管中队将各个点位的守控队员集结起来,集中对各个重点部位开展联合整顿行动的信号。整顿行动以暂扣措施为主,来不及撤退的小贩,很容易被迫反抗,进而陷入冲突情境之中。

当然,联合整顿只是一种"玩弄时间的策略"。突然袭击、当场发现、先发制人等"提速"战术,并不符合城管部门的空间策略,且不可持久。随着小贩漠视、拖延等时间战术的运用,冲突情境很快就会转化到游击、对峙等情境中。在这个意义上,冲突情境并非"猫鼠游戏"的异数,并不意味着城管或小贩破坏了游戏规则。恰恰相反,冲突与游击、对峙、沦陷等情境一道,为城管和小贩间的相互周旋提供了情境假设。

4. 角色

在情境术语中，预先确定的行动模式，可称为"角色"或"常规程序"[①]。城管执法规则便是城管和小贩在"猫鼠游戏"表演过程中的常规程序。在街头，城管和小贩已经发展出一种社会关系，形成了特定的权利与职责的规则。概言之，在"猫鼠游戏"的隐喻结构中，"猫-鼠"隐喻的社会关系是"支配者-被支配者"的关系，但在实践中，城管和小贩对这一社会关系的解读甚为复杂，它包含着多重角色认知。

一是执法者和违法者的关系。城管作为一个行政执法机构，组织规则要求将对小贩的治理行为界定为执法活动。在正式关系中，城管总会有意无意间宣示其执法者的身份，制服、装备，乃至于"不容分说"的动作、语言等等，都是执法者角色扮演的"道具"。通常情况下，执法者身份的建构建立在对违法者身份认定的基础之上。城管通过宣读法条、贴上温馨提示单、某些情况下说"你在犯法！"来给小贩贴上"违法者"标签。在一定程度上，城管在街头空间中的支配地位，是通过执法者和违法者的关系建构来实现的。只不过，小贩并不接受"违法者"标签。"我们不偷不抢，犯什么法了？"这是小贩对"违法者"标签最

[①] 〔美〕欧文·戈夫曼：《日常生活中的自我呈现》，冯钢译，北京：北京大学出版社，2008年，第1版，第12页。

为有力的反击。

客观上,城管执法关系的建构并不成功。人们对执法者和违法者的角色期待,与实际相距太远。但凡是和城管周旋的小贩,都对城管角色认知大失所望。比如,他们以为城管会秉公执法、一视同仁,但城管的差异化策略却肉眼可见,几乎每条街道都有享有特权的小贩。他们原以为协管员会和城管一样守规矩,但实际上协管员并非都受过严格的职业培训,其行为也极具个性化,协管员通过粗暴行为立威,也是常见现象。小刚的评价是,"城管都还不错,但协管都是流氓"。从城管的眼光看,违法者并非小贩的先赋角色,通常是在反复确认中建构而成的。事实上,只要小贩听劝,城管就不太可能视其为违法者。某种意义上,城管需要的是确认支配关系,以及绝对权威,而非获得制裁小贩的合法身份。因此,绝大多数被认为是违法者的小贩,往往是因为其离城管心目中的角色期待太远。在管城南的理解中,但凡是有了执法冲突,进了派出所,小贩就应该被定义为违法或暴力抗法者,而不是当作普通民事调解关系来处理。

二是管理者和越轨者的关系。在实践中,城管在更多情况下将自己的角色限定为"管理者"。从管理者的权责看,城管仍然保持了对街头空间的支配权利,但其工作职责主要是维持普遍认可的秩序,而非简单地遵从法律规定。通常而言,管理者更愿意将小贩视作情有可原的越轨者,绝大多数小贩也更愿意接受这一角色定位。虽然小贩普遍不认可"违法者"标签,但也不认为占道经营是一个理所当然的行为。我在和小贩的广泛交流中,小贩都清醒地认识到占道经营客观上制造了交通阻塞、油烟扰民等影响公共秩序的问题,它至少是一种"违规"行为。

黄宇的一段自述非常具有代表性:"其实城管也是对的,如果没有他们,城市就乱了。没有城管,到处都是摊贩,城市的秩序都乱了。有一段时间没有城管管了,地铁口门口都摆得去了(摆得到处都是),那得出多少事了,有人管了肯定也是好的。各有好处吧,一件事做了就有利有弊,城管也是为了城市的安全,我们也能理解,但是看到他们踢别人的时候很心疼,互相理解,相互让一让不好吗?不过有时候他们也得发点威,一排人里第一个小贩最倒霉,要发威才能震慑其他人,后面还好。"

管理者和越轨者的关系定位,符合街头"违规"空间的特质。在"违规"空间中,道德主义消解法律主义[1]。不仅小贩习惯于以弱者自居,通过诉苦获得城管的谅解,城管往往也会以"无奈"面貌示人,通过陈述政府、市民和其他群体的差异化诉求来求得小贩的谅解。李成柏倚老卖老,一路打骂于忠,扯破于忠衣服,打伤他的脸。哪怕是对管城南,李成柏也毫不客气地边骂他"小胖子"边打脸。甚至,李成柏还打上门来,大闹鲁磨路中队,搞得办公室工作人员都不得安宁。对此,管城南和于忠都只能自认倒霉,他们既不可能还手,也不可能报警。因为,警方调解的结果是可以预见的,根本就不可能起到惩戒作用。卫兰慨

---

[1] 陈映芳:《"违规"的空间》,《社会学研究》,2013年,第3期。

叹,"撒泼"其实也是一种"弱者的武器",很多小贩都会使这一招,"当一个人连脸面都不要时,法律也显得无力"。

三是服务者和求助者的关系。"服务者"是城管为回应公众质疑、增强合法性而建构起来的社会角色。"服务者"角色的建构,为柔性执法提供了依据。这样做的结果是,城管对"服务者"角色的建构,激励了小贩极力建构其弱者身份,"求助者"成为小贩最为普遍的角色认知。从鲁磨路小贩的信息统计看,真正谈得上是弱者的小贩(家庭困难者、身体残疾者)是少数。但是,除了少数年轻人不承认自己是弱者,并将练摊视作一种创业实践外,绝大多数职业小贩在城管面前都会宣扬自己的弱者身份,借"家庭困难""找工作难""讨口饭吃"等说辞,请求城管网开一面。

2011年"城管革命"以后,武汉城管有意识地建构其"服务者"形象,试图以疏导的方式回应小贩的实际诉求。在我田野工作期间,管城南和于忠的确是忙前忙后真为有实际困难的小贩寻找出路。但从实际操作看,鲁磨路中队所能提供的服务,某种意义上都是出于特殊主义的逻辑。绝大多数服务活动,如给小贩"爱心摊位",都只能个别给,不能普遍给;只能临时给,不能长久给。并且,小贩一旦和城管"粘"上,几乎很难脱离。鲁磨路上那些声名在外的小贩,几乎都和城管有多年交情。中队领导都换了好几轮了,但这些小贩还在。并且,这些在不同时期受过城管照顾的小贩,竟然从未摆脱困难。管城南悟出了其中的一点儿道理,他说,"(小贩)困难生生不息,先是老子的问题,然后是老婆的问题,再接着是儿女的问题。最典型的是北省张,还把妹夫的困难算自己头上,无穷无尽,不得解套"。因此以"服务者"的姿态对每个小贩,其实是没意义的,把其中少数小贩服务好了,其实是对其他小贩的不公平。

在"猫鼠游戏"中,城管和小贩的角色认知逆向而行(见图8-5)。为了争夺街头支配权,获得情境定义主动权,他们往往按照对自己最为有利的角色认知行动。城管支配权由大到小的序列是"执法者→管理者→服务者",而小贩支配权则在"求助者→越轨者→违法者"间呈反向排序。

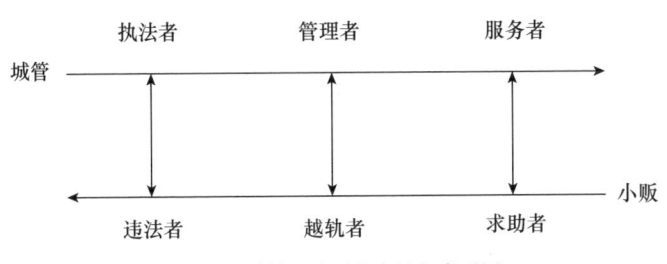

图 8-5 城管和小贩角色认知序列图

据此,城管和小贩对各自角色的认知,很多情况下是错位的。城管"执法者"角色的建构往往建立在小贩"违法者"的标签上。但小贩最排斥的是"违法者"标签,对城管"执法者"的角色认知也最弱。而小贩最为普遍、也最为强烈的角色认知是"求助者",继而对城管的角色期待是"服务者",但城管恰恰不太认可自身"服务者"的角色。就"猫鼠游戏"的实践形态而言,"执法者和求助者""服务者和违法者"反而是一个常见的角色互动关系。当然，在"各退一步"的意义上，"管理者和越轨者"的角色互动关系是双方都能接受的认知模式。

故而，"猫鼠游戏"中的各种情境，往往是城管和小贩角色互动过程中的"临时妥协"，并不意味着他们对这些情境的定义具有真实一致性。游击、对峙主要体现的是"管理者和越轨者"的角色互动关系，它符合那些游戏经验极为丰富的城管和小贩的情境定义。但对具有进取心的城管，以及新入行的小贩而言，这一模棱两可的情境定义并不一定符合他们各自理想的角色认知。前者认为自己是具有绝对宰制力的执法者，后者则认为自己是需要照顾的弱势群体。他们之所以共同接受游击、对峙等情境定义，只是因为在某个特定的问题上，一方的观点为另一方所接受。比如，尽管城管和小贩都希望全面、持续地控制街头空间，但时间差、交叉地带等客观存在的"边界区"，导致任何一方都没有能力完全占据，这是游戏共识。

沦陷、冲突体现了"执法者和求助者"或"服务者和违法者"间的角色冲突，这两个情境在"临时妥协"的意义上，似乎并不成功。只是，这两个情境在多数情况下，同样是城管和小贩"运作一致"的结果，他们的一致期望是避免发生情境定义的公开冲突。具体而言，尽管身处冲突、沦陷情境中，但双方都不认为这种情况是合理、可持续的。无论哪一方制造冲突情境，都仅仅是为了通过冲突来重新确立支配权，在下一轮的游戏中获得先机而已。

在一些特定情况下，冲突情境真实反映了情境定义的崩溃。

那些无意的动作（如双方的挑衅性言行）、不合时宜的闯入（如围观者、媒体的介入），制造了在场人的慌乱、不安、尴尬、紧张等情绪，导致执法冲突。我参与过的一次执法行动中，城管和小贩差点起冲突。原因是，两名新入行的小贩看到有机动车占道经营，就误以为自己也可以随意摆摊。协管员前来劝阻，小贩却用言语挑衅："别人都可以摆，为什么我们就不行？欺负我们外地人？"城管被迫调集力量，暂扣了其经营工具。事后，两个小贩为索取经营工具，主动到中队办公室接受处理。管城南对其做思想工作，指出城管执法权威不容挑战，机动车占道经营是交管部门的执法权限，并非城管所许。两名小贩后悔莫及，真诚地表达了歉意。

城管执法过程并不严格按照相关法律法规行事，而是遵循"猫鼠游戏"规定的行动图示，这是因为他们已经熟悉了街头游戏，对各自的复杂角色有清醒认识。由于双方对理想角色的认知并不匹配，他们的情境定义因而具有"临时妥协"特征，这导致情境转化成为常态。故此，"猫鼠游戏"虽由一系列原则和行动图示构成的常规程序控制，但游戏过程却是随机且充满偶然性的。

5. 国家机器

在我调研期间，城管正处于全国舆论的风口浪尖，他们常常因为各地此起彼伏的暴力事件而被口诛笔伐。管城南和于忠也经常跟我调侃类似"借我三千城管,复我浩荡中华"的网络段子,这实在有点儿黑色幽默。从本质上说,城管本来就是国家暴力机关的组成部分,最后却因暴力泛滥而被质疑。但从日常视角看,冲突并非常态,它仅仅是"猫鼠游戏"的一种情境而已。

人们往往将"猫鼠游戏"视作一种非正常的法律现实,认为其既不符合形式法治的要求,执法过程极不严肃,甚至出现执法犯法、粗暴执法等问题;也不符合实质法治理念,认为其侵害了弱势群体的人权。但"猫鼠游戏"本来就不是附属于国家机器隐喻下的执法策略,更不是一个"非法"的滥用执法权现象,而是一种开放式的支配与反支配关系。某种意义上,街头更像是一个权力竞技场,城管仅仅是参与其中的社会力量之一。城管只有在支配与反支配的竞技场中通过斗争和妥协、冲突和联合才能争夺主导权。在"猫鼠游戏"中,城管和小贩既有斗争、冲突,也有妥协、联合。简言之,"猫鼠游戏"本身就是自成一体的规则体系。"猫鼠游戏"隐喻框定了城管执法的话语、思维和行动。它不仅定义了城管和小贩之间的游戏规则,也建构了他们的具体行动。

城管和小贩事实上共享一套与"猫鼠游戏"相关的法律认知,他们甚至将那些针锋相对的话语援引为游戏规则的一部分。在"街头"这个具象化了的场域中,城管执法融合了支配与抵抗、冲突与妥协、策略与战术等诸多对立统一的政治行动,"相互干扰、相安无事"是完全可以被预见的。恰恰是"猫鼠游戏"这一隐喻,建构了稳定的兼顾不同主体及目标的秩序。现如今,

第八章 "猫鼠游戏"

极少有城管否认小贩存在的合法性,哪怕法律明确指向"禁摊",在实际街头执法过程中城管也普遍运用疏堵结合、柔性执法等措施,为小贩留下生存空间。同时,也极少有小贩认为其对公共空间的占有理所当然,哪怕他认为这是其享有的生存权,也仅仅是为生计提出的特殊要求。

因此,"猫鼠游戏"并非一个杂乱无章、被动适应的过程。恰恰相反,它包含了极强的建构性。"猫鼠游戏"的前提是街头空间的可治理化。唯如此,街头空间才能成为一个合格的游戏场。城管和小贩都严格遵循一些不言自明的游戏规则,而这些游戏规则是依法行政原则的具体化,是由国家的明文规定延伸而来的,如城管带班制、三步式执法、疏堵结合。事实上,严格执法也是"猫鼠游戏"的内在逻辑。小贩间公开联合、长期占领某一个空间位置,是不被允许的,小贩与城管之间并无集团性的谈判空间。

"猫鼠游戏"看似充满讨价还价的各种策略,却有极强的制度惯性,它是城管和小贩间对抗性关系和默契互动的结合体。城管采取一系列的微小技术,运用空间分配、活动编码、时间积累和力量组合,在街头空间中确立了支配权。城管普遍采用疏堵结合、柔性执法等微观权力技术,减少权力滥用的空间,并为小贩留下机会空间。由于游戏场还在,游戏规则又清晰可见,还有参与游戏的角色,"猫鼠游戏"仍将长期存在。

在城管执法过程中，有时暴力难以避免

第九章
灰色秩序

管城南和于忠都遵循街头游戏规则，并不严格遵守执法操作规程。我在局机关调研时，合规部门对基层中队的做法嗤之以鼻，认为他们在胡闹，每年那么多违规案件，就是基层不遵守法律程序造成的。但在管城南和于忠这些基层执法人员看来，法律政策的制定者完全不了解实际，是他们在制造基层"执法必犯法"的困境。在对李成柏"拔钉子"的过程中，法律程序走得异常艰难。于忠去下达文书，李成柏看都不看，拒不签字，当场撕毁。管城南带人去测量占道面积，李成柏又打又骂，根本就不让其拉绳子。管城南反馈情况后，城管局法制科科长觉得不可思议，"法律规定得清清楚楚的，照着做就行了，怎么可

图 9-1　曹家湾村口

能执行不下去呢?"为了给基层中队"打个样",他亲自下场去拉绳子。结果,李成柏从亭棚里拿出扫帚,一顿操作猛如虎。科长吓得放下绳子,落荒而逃,跑出至少50米远,场面极其尴尬。鲁磨路并不是一个封闭空间,一个被动的、可以丈量的场所,而是具有行动力和社会意义的价值世界。哪怕是国家机器,也有其行动边界。

1. 暴力

尽管冲突情境并不常见,但暴力其实是不可避免的。如果说"猫鼠游戏"存在一种熔断机制的话,那无疑是突发暴力事件。一旦使用暴力,城管和小贩的关系模式会迅疾发生改变,其日常默契也难以维系。管城南对公安机关和稀泥式的调解颇有微词,但他也承认这是最合适的处理办法。毕竟,调解的过程也明断了是非。如果每个暴力事件都要追究到底,"派出所也忙不过来"。

2015年7月2日下午,管城南带队对鲁磨路辖区开展了专项整治行动。在整治过程中,暂扣了一小贩的电瓶车和煤气坛。结果,小贩当场反击,试图开车冲撞执法车。当天晚上,该名小贩竟然尾随管城南,一直跟踪其回家。管城南说他平时挺注意安全的,但对此竟然一无所知,直到对方发了一条威胁短信,他才惊觉不对劲儿。短信说:

> 怎么不接电话,今天你无理抢我的东西,还打我的人,

你住的地方我知道，你和你老婆小孩小心点儿，我要撞死你家人。

管城南觉得很是气愤，但并未把威胁短信当回事。从业多年，他对威胁短信和骚扰电话已经见怪不怪了。但第二天（7月3日）一早，这名小贩来到中队办公室闹事，值守的内勤只能报警。派出所出警后，也进行了调解，小贩签下了调解书。管城南觉得此人来者不善，也不想过多纠缠，就让其下午再来领取暂扣工具。但不知怎么回事，当天下午小贩竟然未应约来取暂扣物品。7月6日，小贩又给管城南发了一条威胁短信：

你今天把小姑娘（管城南女儿）带到办公室去了，小姑娘还蛮可爱的。我一直在你后面。人被打，东西被你抢，你还要我写保证书，你是公，我是私。被你抢的东西给不给，你看着办。我的车况不怎么好，刹车容易失灵……

7月8日上午，小贩又出现在中队办公室，但绝口不提领取暂扣工具的事。值守内勤主动问他是不是要处理事情，他说"来玩一下"，待在办公楼下不走。管城南觉得这样下去肯定不是办法，就联系了小贩，让其把暂扣工具领回去。此后多日，管城南很是小心谨慎，在确信这名小贩再未出现后，才放下心来。

管城南感叹，世人只知"城管打人"，但在其工作经验中，城管却是无时无刻不处于暴力威胁中。"城管革命"期间，市城

第九章 灰色秩序

管委曾做过有关统计，2011年和2012年两年时间，全市发生的暴力抗法事件共计150余起，城管执法队员、协管员、市容监督员共300余人受到不同程度的人身伤害，其中重伤29人。按照管城南的经验，实际数据远不止于此。大多数暴力抗法事件被基层中队自行消化了，并未记录在案。在鲁磨路中队，平均每年有10名左右的城管员或协管员受伤。在达成协议之前，"疯子爹爹全年暴力抗法"赫然记录在册，上自管城南和于忠，下至协管员，都被李成柏打伤过，但并未详细统计，中队也没有上报。

在城管和小贩这对关系中，城管的暴力往往是可预期的，但小贩使用暴力却不可预期，也更具威胁性。受伤的城管几乎不可能出现在公开报道中，甚至也不会被更高层级的政府知道。但小贩一旦受伤，则必定会通过各种举报渠道，如110报警平台、12345市长热线、纪委举报热线，让负责监督和仲裁的部门介入调查。

因此，暴力威胁似乎成了小贩"弱者的武器"，却是城管的软肋。那些有经验的小贩，常常会主动使用暴力，并把"城管打人"当作有力的对抗武器。有一次，鲁磨路中队调集了40名队员在辖区内搞执法整顿，其间偶遇一辆没来得及撤退的占道经营的三轮车。城管要暂扣三轮车，但小贩坐在车上不下来，双方僵持不下。城管喊话小贩说，"只是暂扣你的三轮车，又不是不给你，什么事情我们去中队再说"，但小贩仍然坚持不下车。双方僵持过程中，小贩突然自残，用头连撞三轮车把手五次，额头处被撞破了一个口子，鲜血直流。小贩用右手一抹脸部，顿时满脸是血。随后，小贩突然起身，右手抹在离他最近的协管员脸上，就势站在三轮车上朝路过人群大呼，"城管打人了！城管打人了！"引来群众围观。紧接着，小贩突然冲下车，转身跑到马路边，一头撞上执法车，然后就势倒地躺着不动。

从事件的处置情况来看，城管未必会吃亏。但凡是执法整顿，城管均会保证程序合法，全程摄像记录。然而，执法记录仪可以让城管事后自证清白，避免"背锅"，但整顿行动却因小贩一句"城管打人"被迫中止，足见城管对暴力使用之慎重。在街头这个权力竞技场，城管和小贩都使用暴力在内的冲突策略来获得控制权。小贩清楚暴力所具有的象征意义，他们通过流血来宣示其抗争意志和占道决心。事实上，小贩使用"弱者的武器"，哪怕只是自残式的个体暴力，也足以让城管付出代价，让其建立统一有效规则的企图破产。

在管城南的经验中，暴力具有鲜明的人格特质。有些小贩不声不响，但自尊心和意志力极强，抗争剧烈。那位连续三天不吃不喝和城管硬耗的老年小贩，他要的似乎已经不是具体利益，而是自我证明其不屈的骨气和尊严。那位跟踪多日发威胁短信的小贩，其行为让人捉摸不透，管城南并不太清楚他的意图是什么，但很清楚他要的不是摆摊利益。大多数小贩使用暴力，仅仅是为了明确的利益，获得"赔偿"后便会息事宁人。当场大喊大叫"城管打人"的自残小贩，还有脾气暴烈的李成柏，看似惨烈无比，但其暴力使用其实都经过精心计算，城管稍作利益调配便可控制其行为。管城南和李成柏不打不相识，他发现李成柏也有可

第九章 灰色秩序

爱之处，比如，他天性乐观，对家人呵护备至，有一套自己的世界观和生存法则，只要满足其利益诉求，交往就会变得比较轻松愉快。

然而，城管执法冲突具有典型的关系暴力特征，暴力之产生并不取决于人的特性，而是取决于双方关系状态的改变。概言之，城管和小贩间的暴力冲突，并不是因为他们之间不平等，以至于相互攻击。恰恰相反，暴力源自他们日常的非对称关系发生了动摇。当顺从模式或默契互动没办法维持时，双方都只能通过公开的暴力来重新确立边界。但凡是在日常管理中对城管的提醒和劝阻无动于衷的小贩，城管一般都会将之列入另册，视作是对非对称关系的挑战，都会通过暂扣和整顿行动来加以规制。但对已经习惯于我行我素，有了既得利益的"钉子户"而言，城管的整顿行动也无异于在破坏其习惯性的漠视行为。因此，小贩很可能因为关系模式的改变而使用暴力。

通常而言，中午时分是城管的管理真空时段，是小贩摆摊的默认时机。但为了维持街头秩序，城管会不定时地以突袭方式破坏小贩的摆摊习惯。有一次，鲁磨路开展突击行动，巡查守控各点位，袭扰小贩，但并不扣留物品。在鲁巷广场，城管12：00劝离了7辆占道餐车；12：30，餐车去而复返，城管再次劝离；下午1：40，餐车又折而复返，城管第三次劝离。城管发现，餐车虽然撤离了点位，但始终停住不走，想择机返回，便上前宣传劝离。有一年轻小贩见城管前来，慌不择路推车逃离，慌乱中翻车绊倒在地。城管见小贩脸上有擦伤，劝说两句便撤离了。小贩一边捡起地上的东西扔向执法车，一边不停地谩骂城管，"你们给老子有本事就不要走，我马上叫人来搞死你们"。几位协管员听不下去，便返回控制住了小贩，在带回中队途中，小贩未再骂人，城管便让其自行离去。

当日下午，小贩母亲获知儿子受欺负后，到中队办公室讨说法，拦住执法车，用力扯下反光镜砸裂挡风玻璃，母子俩随即跑到公路上卧地不起，造成交通堵塞。城管见状报警并向上级汇报了情况，交警到场后劝离了小贩母子，疏导了交通。同时，大队来人协助中队与小贩谈判。小贩母子要求经济赔偿，说城管打了小贩，打人者每人赔付2万元。城管觉得这是在无理取闹，谈判中止。当晚，小贩母亲睡在中队会议室。凌晨1时左右，门卫发现会议室灯光已关，门被反锁，有些不放心，便用钥匙将门打开，发现小贩母亲一边打110，一边将布条往窗台上挂，声称若不答应条件就上吊。城管没办法，只能劝其下来，并派人不间断地值班陪护至次日上午10：00。次日，城管反复和小贩母子沟通，讨价还价，最后总算达成和解。

客观上，小贩一旦暴力抵抗，甚至以死相拼，城管只能妥协，别无他法。在"以死相拼"的情况下，小贩有极强的决心维护其权益，必定要得到个结果。城管如不妥协，就意味着要耗下去，付出的代价更大。但凡是和解，都以经济补偿为谈判尺度，简单且不拖泥带水。但如果耗下去，可能会引起上级领导的关注以及监督机关的介入。在上级介入的情况下，城管未必会在特定事件中吃亏，但其付出的行政成本，却不可估量。在公安机关执法冲突事件的处置中，小贩受伤一般都会获得城管的"赔偿"，但城管受伤，则几乎不可能获得民事赔偿。城管与小贩自行谈判和解，其处理原则和公安机关调解方式，并无本质差别。

公安机关垄断了暴力性质的解释。从2003年起，武汉市区两级公安机关便向城管执法部门派驻了民警，专司城管执法保障。在实际工作中，派驻民警承担了警务顾问角色，提供暴力事件处理的专业意见。但公安对暴力事件的处置，还是通过110报警服务平台分派给各辖区派出所。公安机关有一套标准化流程来处理城管执法冲突事件。办案民警先调查了解清楚冲突的主要事实，由此判定冲突的性质，在此基础上询问双方的调解意愿，对进入司法程序晓以利害，引导双方接受调解。进入调解程序后，民警会充分运用治安管理处罚的自由裁量权，调整城管和小贩的权利义务关系，并敦促协议按时充分履行。

我跟着管城南参与了某个执法冲突事件的调解。2015年11月22日，鲁磨路中队守点队员和占道贩卖水果点小贩发生冲突，造成一名协管员和小贩受伤住院，小贩报警。12月4日，当事人与管城南在派出所进行协商。经调解，双方自愿达成如下协议：（1）鲁磨路城管中队向当事人支付11280元整作为治疗费用；（2）当事人与城管双方不再追究彼此任何责任；（3）当事人保证今后不再占道经营。公安机关的调解算是中规中矩，即对暴力事件做一个了断，尽量不进入司法程序，双方互不追究。在民事责任上，调解通常向小贩倾斜，毕竟协管员有单位管，而小贩受伤则没人管，由城管"赔偿"治疗费用，也算符合人道主义精神——事实上，管城南从未承认支付给小贩的费用是"赔偿"，城管的内部说法是"人道主义救助"。但管城南最看重的是第三条——"当事人保证今后不再占道经营"，这其实是重新确立了城管在和小贩关系中的顺从模式。

暴力源自城管小贩间顺从模式的崩溃，而暴力的解决则是重新确立顺从模式。城管付出了经济代价，但获得了关系模式的控制权；小贩承认了城管的管理权，却获得了实实在在的经济利益。暴力似乎是一个挥之不去的梦魇。管城南说，他最希望的是他自己成为"隐形人"，鲁磨路还可以照常运转。但是，他总是事与愿违。可以说，几乎每一次暴力事件，他都首当其冲。在整顿行动中，他得一马当先，是小贩的攻击对象。其他队员和小贩起了冲突，小贩会到中队办公室讨说法，他得出面谈判；双方报警了，他还得代表中队去派出所接受调解。管城南成了"城管打人"的人格化象征，小贩面对的并不是抽象的官僚系统，而是可以轻易锁定的对象。

2. 边界

暴力其实是一条清晰的边界，一边是政府，在一个明晰的、广为人知的规则约束下，政府可以合法使用暴力；一边是社会，不同群体通过让渡暴力使用，获得法律保障的平等权利。尽管没有一个社会能够完全消灭暴力，但现代社会可以通过法律规范控制暴力事件。在观念上，城管和小贩都有各自的理想型角色，他们之间有明确的边界,暴力并不可以拿来讨价还价。但在"猫鼠游戏"中,城管与小贩间的边界往往是模糊的,他们之间的角色互动以及实际的结合点、联系和分离,构成了一个权力竞技场。他们之间的跨边界关系,具有模糊性、流动性,边界附近的秩序是灰色的,一不小心就可能踩线,从而产生暴力。

在鲁磨路,城管和小贩间的边界具有模糊性,他们并不独享社会空间。事实上,他们的跨边界关系始终嵌入于国家与社会关系之中。城管仅仅是政府边界内的行动者之一,它虽然是管理者,却不是暴力的垄断者。城管的几乎所有跨边界行动,都需要其他部门的配合。小贩虽然是鲁磨路的主人,但鲁磨路还是沿街市民、商户和城市开发者的属地,他们之间几乎不可能成为联盟,小贩内部也很难达成一致行动。鲁磨路的社会关系错综复杂,人际边界也异常模糊。

随着光谷商圈的形成,鲁磨路的商业价值极大提升,一种肉眼可见的"城市增长机器"在崛起。鲁磨路混杂着小贩经济、房屋出租、规模不等的餐饮企业、投资巨大的珠宝店,从最原始的营生到最高端的产业,一应俱全。政府和商业资本希望通过对街道的改造升级,来带动高附加值的产业聚集,而这必然对原初的产业从业者产生冲击,使产业群体间的共生状态走向破裂。

城管在城市空间造就了两种意义上的权力实践。一是它在支配性的社会关系再生产中发挥着主导作用。在市容管理的理念中,鲁磨路同时被概念化为特定的空间表象,它应该改变低端产业集聚的混杂情况,融入光谷商圈,成为城市发展的新增长点。

鲁磨路中队的工作安排，体现了政府意志。在2016年的一份文件中，鲁磨路中队报告说，"按照区委区政府的打造宝谷'项目化、清单化、时限化'的总体部署和要求，强力推进宝谷建设，要求年内取得实质性突破。为此，鲁磨路中队加大鲁磨路市容环境整治工作力度，努力确保该项目有序进行。"

二是城市空间也是由被规训群体抵制所形成的"对立空间"。从社会体系的控制辩证法看，居于支配地位的个人或群体所运用的全部控制策略，均在居于从属地位的个人或群体那里引发了反对的策略[①]。只不过，这两种权力实践并不对等，城管运用空间策略，采用分类、划分、区隔等方式来规范空间。小贩不能自创空间并加以掌管，只能伺机而动，借由结合异质元素，不断操弄事件，将其转为"机会"，从而创造自己的生存空间。

在芝加哥学派描述的城市发展轨迹中，城市会呈现出清晰的中心—边缘同心圆结构[②]（见图9-2）。但在现实中，鲁磨路呈现出混杂性和不确定性。这是因为，鲁磨路的城市发展一开始就是多种力量合力的结果，既受政府和资本主导的光谷商圈规划的影响，又受自下而上的当地高校教师、企业职工、村民改善出行条件呼声的影响。因此，鲁磨路的城市发展具有极强的包容性，不仅没有明显的向心流动或离心流动过程，反而吸

---

① 〔英〕吉登斯：《民族—国家与暴力》，胡宗泽等译，北京：生活·读书·新知三联书店，1998年，第1版，第11页。
② 〔美〕帕克等：《城市社会学：芝加哥学派城市研究》，宋俊岭、郑也夫译，北京：商务印书馆，2012年，第1版，第51页。

第九章 灰色秩序

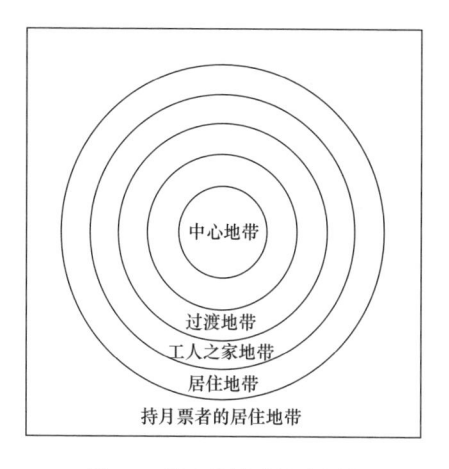

```
┌─────────────────────────────┐
│         中心地带              │
│         过渡地带              │
│        工人之家地带            │
│         居住地带              │
│       持月票者的居住地带        │
└─────────────────────────────┘
```

图 9-2 城市发展过程示意图

引了更多的学生、商户、小贩加入其中,增加了城市空间的异质性,形成了小区、单位、商业中心、城中村等空间交叉共存的混杂状况(见图 9-3)。

在同心圆结构中,边界区一般只存在于过渡地带,中心地带周围街区往往是游民世界,成为退化地区。但是,鲁磨路所形成的交叉结构,"违规"空间存在于任何两个功能区的边界区。一

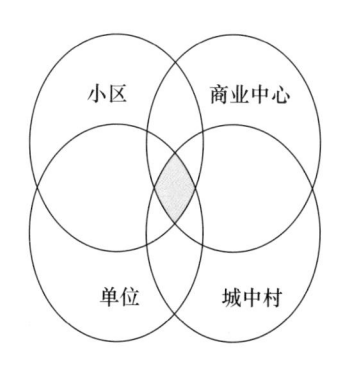

图 9-3 鲁磨路"违规"空间示意图

261

些街区角落处于小区、单位、城中村和商业大楼的结合地带，反而具有极强的商业价值，是具有"商业中心"功能的结合地带。在这个意义上，多种社会空间的交叉，多类社会人群的互动，以及多种观念的竞争，制造了更强的边界模糊性。

边界模糊不仅意味着城市空间布局上的混杂性和去中心化的特点，还意味着跨边界关系的模糊性和不稳定性。城管和小贩间是一种非对称关系。城管可以通过城市治理政策、规划、意识形态宣传等策略来确立双方的界限，小贩只能通过"游击战"等战术尽量模糊界限。但是，城管的支配性地位并不体现为霸权式的宰制，在日常治理中，它在边界区保持权力在场，却并不真正行使其统治权。这给小贩留下了诸多机会，他们事实上拥有自主性领域。因此，城管和小贩间保持微妙的平衡，这种平衡具有不稳定性和模糊性，任何一方的平衡感被打破，都有可能通过暴力重新划定界限。

社会边界的变化往往源自边界加强。政府可以利用法律、规划、专业知识和意识形态对城市空间进行重新规划。客观上，鲁磨路空间形态的变化，是政府、沿街高校等强者运用分类、划分、区隔等方式规范街区空间的结果。从城管发展史上看，绝大多数城管业务，都是各时期政府通过立法和专业化管理的方式，将之纳入市政职能的。城管也主要通过空间策略，在"猫鼠游戏"中占据优先权。但是，小贩也并非总是被动接受城管提供的机会，他们总会伺机而为，通过微小的战术来修改、蚕食城管的空间策略，扩大边界区，建立自己的专属地盘。李成柏曾将3平方米的报亭改造成亭棚售卖日用百货，又在亭棚旁边占道贩卖水果，其子也把货车改装成仓库兼货架，最后总共占道面积达34.5平方米，在短短几年之内，其据点竟然膨胀了十余倍。

管城南对边界改变的行为甚是敏感，只要其改造好了的空间，便会加强边界守控，想方设法防止小贩的入侵和蚕食策略。2015年秋季，鲁磨路辖区出现了一个新的烤馕摊。小贩私设烤馕炉于小区广场路口，路过行人和小区居民甚是烦恼，物业也很是无奈。协管员和小贩交涉，要其主动搬离，但小贩不予理睬。该炉子笨重庞大，徒手不足以撼动。管城南没办法，就想到了一个"歪招"。趁着月黑风高，请搬运公司把烤馕炉拉到市郊人流和车流都较少的大道上。小贩找到城管中队索要烤馕炉，管城南装作一问三不知。小贩去派出所报警，要求查看监控，结果一无所获。但小贩很有耐心，过了两天竟然找回了烤馕炉，放回原地继续占道经营。管城南故技重施，又把烤馕炉弄走了。城管和小贩间来回折腾了三次，双方都试探出了对方的底线。最后，管城南和小贩谈判达成协议，烤馕摊可以摆，但得摆在规划好了的夜市里，且服从物业管理，不能自己随意流动。

从一开始，管城南便想好了引摊入市的结局。只不过，不经过来回拉锯，小贩未必会心服口服。管城南说，小贩治理的重要一条是，第一时间就得守住边界。否则，对方一旦占有了据点，再要夺回来就相当困难了。针对不同的小贩，城管采取的措施略有差异。有些初入行的小贩，打声招呼就退缩了。有些生手小贩，暂扣一下物品就吓跑了。然而，有些经验丰富的小贩，软硬不吃，城管就得准备"耗"字诀。客观上，城管只要没有把柄在小贩手上，小贩肯定耗不过城管。管城南说："他是个人，我是组织。组织本来就是干这活儿的，防止小贩占道，属于本职工作，不存在增加成本的问题。但小贩不一样，少摆一天摊，就会多一天的损失。因此，最终肯定是小贩服软。"

另一种边界变化的形式是边界激活。新颁布的法律并不一定立即执行，新规划的出台也不一定立即生效，这为"违规"空间的出现提供了机会，政府，尤其是一线城管往往也是默许的。一旦严格执行法律政策，灰色利益空间就会不断清晰化，城管和小贩之间的界限也会不断明晰，这必定会影响双方的跨边界关系。

2014年，武汉市同时创建国家卫生城市和全国文明城市，鲁磨路也启动了中国宝谷的建设，大城管考核加大了第三方检查力度，鲁磨路的问题照片猛增。其中，李成柏家的占道亭棚和机动车显得甚是扎眼，第三方检查提供的占道问题照片中，李家每月都有20余张。在市区两级城管局的督促和协调下，鲁磨路中队于8月26日正式启动三步式执法，整治李成柏家的占道经营行为。开始，城管以温馨提示和口头劝说教育为主，希望李家主动放弃水果摊，让百货入室经营。为此，于忠联系了辖区某地下市场，探讨引摊入市的可能性。管城南则把李成柏儿子带上了自己的执法车，一起巡查鲁磨路辖区，让李家了解鲁磨路的道路情况和管理力度。

然而，李成柏却无动于衷。管城南组织了几次"铁桶阵"式的集中执法，现场取证，并下达文书。8月25日、9月23日、10月22日，城管三次现场取证，测量占道面积、亭棚面积，下达文书。但李成柏拒签，城管只能使用摄像，留置送达。9月25日、9月29日、10月14日，城管分别对李成柏亭棚下达限期拆除通知书、催告文书，并张贴拆除公告。执法程序的启动，其实是激活边界，它表明城管已经确认小贩已经违法，城管有权采取强制措施。在这种情况下，李成柏的儿子撤除了水果摊。但李成柏自认为是"老命一条"，仍然借助亭棚出店经营，并多次表示整治工作过去以后，还会继续占道经营水果摊。

城管可以采取法律程序激活边界，以图清理小贩的灰色利益。但小贩却可以趁此激活生存伦理，并为其抗争行为做准备。城管在下达文书和取证工作的过程中，遭到了李成柏言语攻击、动手打人、自残、躺大街上堵路、大闹办公场所等激烈反抗。面对李成柏的硬扛，管城南甚是无奈。他当然可以强制拆除李成柏的亭棚，但可以预见的是，李成柏肯定会有更为激烈的反抗，会产生诸多后遗症。他只能另辟蹊径，集中精力做其儿子的思想工作。最终，双方达成了协议，城管局为其子在辖区一公园门口免费提供工作间，用于开水果店；亭棚从181厂路口搬至另一个较为偏僻的路口。至此，双方博弈告一段落。

边界改变带来的暴力事件，几乎很难避免。新政策的实施意味着重新划分界限，既有的灰色空间可能会永久消失，这必然会引起既得利益者的反弹。在特定舆论环境中，小贩往往又有极强的身份想象，将生存权具象化为拥有占道经营、自食其力的自由。在公开的冲突中,"围观的力量"往往是在赋权小贩,有利于小贩重新夺得边界控制权。我参加过多次集中整顿行动,总有个别小贩面对浩浩荡荡的执法队伍,一点儿都不发怵,对峙时间越长,其战斗力就越强。毫不夸张地说,"围观"其实是强化了小贩的领地意识,客观上保护了其跨边界行动。李成柏在一次反抗管城南的"铁桶阵"中,面对众多的围观群众,把上衣一脱,发表了慷慨激昂的演讲,然后冲向马路,高唱国际歌,吸引了更多的路人和车辆驻足观看。李成柏像是受到了鼓励,抗争表演更是投入。那一刻,他是鲁磨路当之无愧的主角。

小贩有大大小小的行动集团,其跨边界行动往往更具协同性。某种意义上,小贩的协同性越强,其跨边界行动力也越强,也就越容易忽视城管的跨边界行动。"北省张"在组织领导小贩进行针对城管的抗议、谈判过程中,长期发挥领袖作用。在过去一些年,只要北省籍小贩被暂扣了经营工具,"北省张"都会幕后组织小贩集体上门讨说法,再由其出面和城管谈判。每一次矛盾化解,"北省张"都自视有功,向城管索求摆摊特权。在马尚替代"北省张"成为小贩集团领袖后,小贩的协同攻击能力更强了,每次城管采取集中整顿行动,小贩之间都会相互掩护,甚至是当场联合反抗。于忠想要联系马尚谈判,马尚往往避而不见。两相比较,"北省张"因有私利,逐渐失去了北省籍小贩的信任,管城南也慢慢不买他的账。马尚坚决和其他小贩协同行动,并不私下和城管谈判和交易,使得其更有号召力,更容易组织小贩的集体行动。

第九章 灰色秩序

鲁磨路夜市的小贩,因为有曹家湾菜场介入管理,其协同性也很强。哪怕是在"创文创卫"的过程中,鲁磨路夜市事实上仍然存在。只不过,由于城管 2014 全年有大半年时间在迎检,小贩利益严重受损。有些小贩实在是顶不住,就顶风作案出来"打游击",张冲团队因和小贩有共同利益,便不加约束,破坏了和城管的默契。为了明确边界,城管严正警告管理方,鲁磨路夜市才恢复了城管划定的经营边界。2018 年,全国扫黑除恶行动启动,张冲团队审时度势,通报城管说,他们不再向小贩收取管理费,但仍然承担街面秩序管理。2019 年,张冲发现形势越来越不对劲,解散了管理团队,不再维持鲁磨路夜市秩序,还路于城管。管城南趁机取缔了夜市,严格管控鲁磨路夜市,使得城管和小贩间的边界清晰了。

社会边界的改变意味着原有"违规"空间的消失,但也意味着新的"违规"空间的形成,灰色秩序同样伴随着社会边界变化的过程。只不过,一个成熟的"违规"空间,跨边界的联系往往为联盟、合作、妥协主导,即便是有反抗,也是小规模的、匿名的。小贩更愿意采用游击战术和"弱者的武器",让"猫鼠游戏"反复上演,而不是演化为公开的反抗。小贩往往是分散而无组织的,因此,其协同防护并不容易建立起来。这就意味着,在边界改变过程中,城管高强度的协同攻击需要面对个体小贩保护性的分散攻击,暴力因此防不胜防。

3. 保护性协商

边界改变不仅要确认利益边界,还要调整边界双方的权利义务关系。在灰色秩序中,城管和小贩间的默契,往往表现为庇护关系。只有在城管跨越边界粗暴执法,小贩也越界暴力抵抗时,上级才会以仲裁者的形象出现,重新划定边界。

跨边界的庇护关系,源自行政链条的延长。城管是一个混合型组织,尽管其在街头建立了扁平化的行政子系统,但从科层制内部看,因为存在规模庞大的协管员队伍,且一线管理依赖于协管员,这让城管的行政链条延长了。行政链条越长,上级就越远离边界,越容易免于受到边界改变带来的冲击。同时,协管员也就越容易失去对边界的控制权。通常情况下,一旦发生暴力事件,组织应对措施的目标是守住边界。

城管和小贩间的保护性协商关系,主要有三个环节:一是在城管与小贩之间,城管可以通过有节制的权力实践给小贩留下机会,小贩则利用缝隙获取生存空间;二是在官僚体制内部上下级之间有共谋,协管员与城管员之间存在庇护关系。城管员并不完全运用官僚制命令来控制协管员,他们之间是人格化的伙伴关系;三是小贩合法权益受到各级政府保护以及社会认可。城管广为运用的人性化执法、柔性管理、疏堵结合原则,基本上都是出于保护小贩权益、规制城管滥权而形成的制度。

管城南在处理执法冲突事件的时候,无论是对小贩,还是对协管员,都显示出极强的保护性协商的意识。有一次,管城南带队暂扣正在占道经营卖水果的电动三轮车,遭到摊主夫妇的阻扰。事发地点位于交通要道,往来车辆较多,摊主的迂回阻挠极易酿成交通事故。在队员将三轮车往执法车上装载时,管城南基于安全考虑抱住男摊主。该摊主为了挣脱控制,挥拳便往管城南头上打去,管城南鼻子顿时出血。后来发现他脖子上也有多处伤痕,小臂还有被咬痕迹。协管员见队长被打,上前反击,但为了避免冲突,管城南忍着疼痛拉开双方。最终,管城南用忍辱负重换来了小贩的认罚,并获得了协管员的认可。

对协管员和小贩间发生的暴力冲突,管城南的预期目标都是要让小贩被绳之以法,这一是要给协管员一个交代,更重要的是要从此确立新的边界,得以让城管在和小贩的跨边界关系中,获得更大优势。但达成这一目标的事件极少,除非是有队员受伤严重,小贩的暴力行为确属恶劣,且城管执法程序无瑕疵,派出所才会给予小贩行政处罚或刑事处分。在民事调解中,管城南的要求是小贩需承诺不再占道经营。通常情况下,只要小贩获得了满意的"赔偿",都将放弃在鲁磨路摆摊,也都同意派出所的调解协议。

有一段时期,受讨伐城管暴力执法的舆论影响,小贩有极强的身份幻象,试图通过伸张权利单方面改变边界。在城管和小贩的跨边界关系中,媒体往往更偏向于污名化城管,同时,将小贩行为合理化,并将城管执法冲突问题归结为抽象的体制问题。这种非此即彼的叙事框架,与实践中"猫鼠游戏"中的混杂情境大相径庭，也和城管和小贩的多重身份认同相悖。事实上，城管可能在最大程度上保护了小贩利益，但如果小贩单方面改变非对称关系，不再遵从顺从模式，庇护关系也很难建立起来，最后利益受损的还是小贩。

管城南在复盘李成柏与城管关系的时候，提到了李成柏家庭内部关系的一个细节。在"拔钉子"的过程中，李成柏始终摆出不合作的姿态，且付诸行动。但其子却逐渐软化，让人觉得通情达理，摆出了合作姿态，积极配合城管。其间，李家在是否和城管合作的问题上出现分歧，摆出了断绝父子关系的架势，李成柏指责儿子"不听话"，其子则反过来指责李成柏"性格倔"。哪怕是在李成柏的儿子已经搬离鲁磨路到城管局安置的水果店后，李成柏父子依旧都对管城南说，他们仍然互不理睬。

但管城南仔细琢磨，觉得有另一种可能性。他们可能是在唱双簧，以父子关系破裂的由头，对城管又拉又打，既表明了抵抗姿态，又遵循了顺从模式，从而维持斗而不破、有进有退的态势，争取在谈判中占优。从结果上看，李家实现了利益最大化，既保留了原亭棚，又获得了免费使用的新店。2015年1月30日，在移交新店的时候，李成柏双膝跪地，双手合十，连声感谢，吓得管城南赶紧把他扶起来。为了手续完整，李成柏在城管的指导下，写了一封申请书，他还顺手在一张破纸片上写了几句表达感谢和道歉的话，一如他曾在纸片上写下骂城管的话，字迹潦草却简单明了。

这份申请书，更像一封感谢信。申请书陈述了家庭状况，一如既往地继续诉苦，强调其一家伤老病残，在老家生活困苦，无奈弃家来武汉依靠摆地摊维持生计。申请书对城管执法和多年来的博弈冲突避而不谈，却强调这些年来各级领导，尤其是鲁磨路城管的宽容、照顾、关心，表达了衷心感谢之意。同时，申请书表达了对摆地摊于法不合，给城市管理带来困扰的歉意，保证今后会严格地遵守城市法规，配合城管的工作，做到卫生整洁、不出店经营。申请书的最后一段，出现了颇具李成柏风格的语言：

> 我代表我们这个灾难深重的家庭，向政府洪山城管的各位领导表示万分的歉意和真诚的感谢，给了我们生存的空间，让我们向着中国梦迈进。

至此，事情已经告一段落，管城南当然不会去证实其猜测。他感叹，李成柏真是斗争经验丰富，他在"拔钉子"过程中根本就没有想到另一种可能性。甚至，在李成柏下跪时，他还真感动了，完全忘了半年前李成柏大闹中队时，也是跪地不起，撒泼耍赖，用恶毒语言大骂城管。客观上，李成柏的确把城管拿捏得死死的。城管的权力实践始终存在柔性、有节制的特征，城管和小贩之间事实上存在保护性协商关系。城管非常清楚"违规"空间的存在，小贩能够在居民小区侧门里、长期不用的连通道、主干道旁的背街小巷路口等"尖板眼"摆摊，本来就是城管日常引导的结果。而一旦某个小贩在鲁磨路牢牢占据了据点，又有足够的意志力守住灰色利益，城管往往会采取疏导的措施加以解决。这个道理，城管懂，但普通小贩却不懂。李成柏可谓是小贩中的政治家，深谙城管执法逻辑，轻而易举地就将他家的命运和中国梦联系起来，为自己争取了摆摊的特权。

并不是所有小贩都能如李成柏那样，获得如此巨大的利益。以至于，管城南手中关于李成柏占道经营的举报信、督办件、人大代表和政协委员提案，数不胜数。但普通小贩都在城管制度化了的保护性协商机制中，获得了生存空间。在时空控制上，城管和小贩保持了微妙平衡，双方都知道界限在何处，哪些时机可以踩线，哪些时机不可越线，大家都心知肚明。他们都在尽力维持既存边界，"非常熟悉，简直像自己的家人"。

基于暴力管控的需要，武汉城管一度在文明执法、柔性执法的口号下，根据疏堵结合的原则，在与小贩的跨边界关系中采取了保护性协商方式。柔性执法是一种非程式化的执法方式，通过引入柔性方法，改变命令式的执法方式。比如，运用女性的柔和特质，以微笑、"帮忙"、劝说等方式支撑，形成女子执法服务模式。在执法宣传过程中，采取举牌宣传的手段，警示语言采取网络流行风格，《城管手册》配有漫画，形成了"卖萌执法"。有些城管部门还给平时管理规范、配合城管执法的商户送上鲜花以示感谢，形成了"鲜花"执法。城管在整顿过程中，采取"铁桶阵"的形式将占道经营户"围起来"，城管只用眼睛盯着并不采用暂扣措施，是为"眼神执法"。

在制度设想中，柔性执法措施对改变城管执法的刻板印象，如单方意志性、执法方式简单、粗暴、执法手段机械、单一，扭转公众对城管粗暴执法形象的认识,进而提高城管执法的规范和文明程度,有积极作用。但在管城南的眼中,他更愿意从更为多元的角度看待这些做法。"眼神执法"和"铁桶阵",他也常做,但这并非主动为之,而是实际需要,实在是因为食客和围观群众太多,根本就不可能采取暂扣措施。在鲁磨路,市民对城管执法已经见怪不怪,哪怕是城管摆出阵仗,人们还是照样从小贩那里买东西。如果是占道经营的大排档,在街头买宵夜的市民对城管和占道小贩的对峙,几乎到了熟视无睹的程度。因此,"围起来"是最合适的方式。

在具体情境下,小贩未必会对城管的柔性管理方式买账。毕竟,无论采取何种方式,城管和小贩的边界并未改变,小贩的生存空间并未增加。同样,城管也未必会将柔性管理当作一个重要原则,毕竟其核心仍然是管控边界。如果边界面临改变的危机,仍需要采用果断措施。但从城管的公众形象管理看,柔性执法的确开拓了城管和市民公共沟通的渠道。尽管柔性管理作为一种执法策略,其运用范围极其有限,但其作为一种保护性协商的方式,却有显著效果。

鲁磨路城管中队接待大厅墙上,挂着一封红底黄字的巨幅感谢信。这是一件感人的事情,却是城管极其普通的日常工作。2014年,冯雄在一次整治行动中,暂扣了一对小贩父子的经营工具。小贩父子来自仙桃农村,儿子因车祸受重伤致残,家庭生活困难,父亲带着尚未完全康复的儿子来到武汉靠占道卖水果谋生。被暂扣后,小贩父亲含泪到中队求助,当时负责查处办案的协管员听说了小贩陈述的特殊情况，请示了中队长，免除了罚金。在场的冯雄了解情况后，当场表示会尽力帮助小贩父子。事后，冯雄主动为其在辖区内的一个菜市场找了一个摊位，且在冯雄的协调下，市场管理方减免了摊位费。这对父子勤勤恳恳，在菜市场的生意逐渐稳定下来。第二年，这对父子专门写了感谢信，并特赠锦旗一面，上书"文明执法，人性化管理"。

某种意义上，柔性执法具有个案化处理的特点。尽管城管执法有固定程序，如依据《中华人民共和国行政处罚法》"实施行政处罚，纠正违法行为，应当坚持处罚与教育相结合，教育公民、法人或者其他组织自觉守法"之规定，城管普遍采取"三步式"执法方式，对初次违法的行政管理相对人，特别是对企业，实行先教育规范、再限期整改、最后依法处罚的执法方式。但在实施过程中，针对何人何事采取教育为主，在什么情况下还要"有情执法"，如何保护小贩的利益，都是具体问题具体分析的结果。比如，冯雄刚好在场，了解到小贩父子确实困难，刚好因工作关系熟悉菜场，便动了恻隐之心，尽心尽力帮助他们。

有些小贩本身就已经是鲁磨路的公众人物了，享有普通小贩所没有的特权。这未必是城管赋予他的，但确实是因各种因素促使其具有被保护且有协商的需要。比如，"北省张"长期以来都是城管保护性协商的对象，保护他一人，就可以和一群人展开协商，有利于城管开展工作。但很多受保护的小贩，有更大的象征意义。2013年12月，余斯淼在鲁磨路每天挥铲万次卖板栗，就是为了救住院的患病妻子，其事迹引起了本地媒体的广泛报道，

第九章 灰色秩序

冠以"板栗哥"的称号。城管局领导认为,"如果单纯将他赶走,这个家庭肯定面临更大的困境,城市管理在管好城市的同时,也不能完全失去人性化,确实有困难的个体,需要合适的帮扶"。在上级授意下,管城南为余斯淼设置了一个"城管爱心摊"。双方定下一个君子协定,"板栗哥"库藏的50吨板栗销完即撤除摊位。但是,约定日期到了以后,于忠去问余斯淼,余斯淼回复,投资了40多万的门面亏了,还得占道经营。于忠感叹,"拔了一个钉子,打下一个桩子"。

图 9-4　爱心摊位

与类别化的处理方案不同，个案化处理的决策依据不是既有的政策和固定的方案，而是城管的经验判断。"违规"空间往往也是"灰信息"的聚集地。这些信息混杂且稍纵即逝，根本就无法归类，或者来不及归类，也就谈不上采取政策措施。但是，一些"灰信息"却隐藏着关键的治理需求，城管需要立即作出反应。一个有经验的城管，因为熟悉"违规"空间，对其中的细微变化了若指掌，可以从零散、杂乱的信息中提取关键信息，推导出新的治理需求，从而做出反应。

在鲁磨路，那些类别化的、日常的事务，哪怕事情再大，也不难处理。比如，城管和曹家湾菜场达成了协议，虽说是不言自明的，却清晰可见。于忠只要发现小贩提前出摊，或有些大排档的路面清洁卫生没做好，"一个电话的距离"便可以解决问题。面对公众质疑，管城南也可以轻易拿出方案加以应对。常有市民投诉，说鲁磨路夜市交了保护费就可以占道经营。对此，鲁磨路中队对外的统一口径是城管会加强管理，但收保护费的事查无实据，欢迎市民提供证据线索。显然，普通市民不可能有确切证据；哪怕是提供了线索，到时也可以有很多推脱之词。但如果是回复政协和人大的议案，鲁磨路中队则会如实陈述管理困境。2015年初，来自中国地质大学的政协委员提交了关于加强鲁磨路环境治理的提案，鲁磨路回复区政协说："鲁磨路夜市申请未得到市级相关部门审批，未能引进正规合法有序的相关单位管理。目前鲁磨路夜市为自发形成，社会人员参与管理，只收取费用而无人对其经营进行规范化管理，管理秩序非常混乱。而城管执法人员一旦对其予以取缔，则会引起摆摊人员的对抗以及社会闲杂人员的干预。"

但对个案化的事务，因信息不完整，即便有相关的类别化处理方案，也无法采取措施。哪怕是信息完整，但由于对问题看法比较多元化，城管也就无法形成固定的处理方案。李成柏的问题处理完毕后，管城南向市局法制处负责人、区局局长和分管副局长汇报工作，市局法制处转述了某央媒对该事件的评论，认为城管为李家提供工作间，实为纵容占道、法外开恩，城管需要走出头痛医头脚痛医脚的困境。分管副局长说，柔性执法本来就是执法方式的一种，城管中队联合多方力量对"钉子户"采取疏堵结合的方式，也是多元共治的具体表现。局长就一句话："李成柏具有不可比性。"

李成柏确实有不可比性，他可以说是举全局之力开展保护性协商的对象。否则，单凭鲁磨路中队的行政资源，根本就不可能为其提供免费的安身之所。但一些看似个案化处理的问题，从更加抽象的角度上说，其实可以归于某一种类别化处理方案中。比如对李成柏、余斯淼的处理方法，虽然是"一人一策"，但总归是属于疏堵结合的产物，源自柔性执法理念。事实上，对那些带有极强身份色彩的小贩，无论是小贩本人，还是城管，乃至于普通市民，都将他们与更加抽象的理念建立起了联系。

余斯淼从被媒体报道开始，就成了一种精神象征，那种为了家人生命健康而不向困难低头的形象跃然纸上。此时，如果城管不为其留一条路，怕是会受到口诛笔伐，在道义上便立不住脚。而李成柏一家在鲁磨路扎根十几年，李家口中"老家回不去了"，所言不虚。2014年11月1日，管城南在外调过程中，获得了李成柏老家乡镇政府和村委会的配合，村委会还出具了李成柏儿子一家的困难证明。证明说，"因王**本人患了肢体残疾，丧失部分劳动能力，妻子靠经营水果零售，女儿在中国地质大学附中就读，无其他经济收入，造成家庭经济生活困难，实属农村贫困户家庭，情况属实。"某种意义上，李成柏一家不仅是困难户的代表，也是千千万万个农民家庭追逐城市梦的代表。

客观上，城管并非民政机构，困难户在其类别化处理的行政技术中，并没有多大意义。但在个案化处理中，困难户却是无比强大的依据。小贩之所以是个争议性话题，本来就是因为小贩问题夹杂了复杂的政治伦理，并不能单纯依靠行政技术治理。因此，个案化处理往往也是政治化策略，保护性协商就表现为城管代表政府为弱势群体谋出路。

保护性协商可以被看作是一种自卫模式，城管把小贩的越界行为控制在一定范围之内，从而回避上级压力。从跨边界关系上说，街头行政很难说是一种专断统治方式，它更接近于民主协商的方式。这是因为，小贩享有相对广泛与平等的接近城管的权利。鲁磨路城管中队采用的是扁平化的工作模式，小贩可以轻易接触到城管。并且，城管具有极强的开放性，不仅小贩群体中的特权人物可以接近城管，那些普通小贩，只要有说得过去的理由（比如困难），都可以获得城管的关注。同时，城管需要就其采取的小贩监管策略，对上级的协商做出回应。很多小贩因为对城管采取的跨边界行动不满,向上级举报。这时,城管需对其行政措施的合理性做出解释,并回应举报人诉求。

城市空间实践塑造了大量的"违规"空间,城市治理也呈现出灰色秩序状态。城管通过节制权力,尤其是控制暴力,给予小贩一定自主性空间。城管和小贩之间的边界是模糊的,跨边界联系也是联盟、妥协、抵制、攻击等多种状态并存的,权力实践双方保持了微妙平衡。灰色秩序的形成主要得益于边界变化和保护性协商机制,它们在常规治理过程中化解了大量冲突,抑制了暴力的产生。

然而,灰色秩序也蕴含着暴力再生产的可能性。保护性协商的制度环境并不稳固,灰色秩序实际上也是流变的。城管总会面临复杂且难以处理的问题,小贩经常因为某种原因有强烈的越界需求,而城管又不可能有足够的资源来进行个案化处理,这使得城管和小贩间很可能失去默契。城管有一套"压力计算体系",其压力不仅来自上级,也来自小贩和其他社会力量。这有可能迫使他们改变习以为常的默契关系,激活城管和小贩间较为模糊的边界线。一旦那些剩余事务必须得到解决,权力实践各方的保护性协商关系就会断裂,模糊的边界也会被重新激活,相互攻击就有可能主导跨边界关系。

"宇宙中心"光谷广场

第十章
城市共同体

鲁磨路：城管、小贩与街头秩序

2020年8月，电影纪录片《城市梦》在武汉首映，我作为特邀嘉宾参加了首映礼。这部纪录片的主角便是李成柏一家，其叙事非常符合主旋律，讲述了一个以暴力抗法开头，以皆大欢喜结尾的温馨故事。鲁磨路城管与小贩间的故事，当然要比电影镜头复杂。但电影所表达的千千万万个小贩的城市梦，以及城管为此付出的酸甜苦辣，却真实而有力量。中国城市化的速度和规模堪称世所罕见，"城管打人"事件此起彼伏。人们普遍将城市暴力当做是城市共同体失败的象征，但中国的城市街头并未成为滋生动荡的温床。鲁磨路就是一个隐喻，它虽然"粗鲁、磨人"，却充满生机与活力。

1. 城市梦

城市暴力并没有统一的概念界定，其内涵随着城市暴力现象的不同表现而逐渐变化。20世纪80—90年代，"城市暴力"一词常见于媒体和政治言论中。90年代末期，"失序"或"城市不安全感"取而代之。后来，这两个词被束之高阁，继之而起的是"骚乱"一词。城市暴力可看作是一系列状况的混合体[①]。它反映了城市管理溃败，人们对城市所代表的发展进步、"城市使生活更美好"等哲学内涵产生了怀疑。那么，城市共同生活是否可能？

[①]〔法〕博迪—根德罗：《城市暴力的终结？》，李颖、钟震宇译，北京：社会科学文献出版社，2010年，第1版，第17页。

第十章　城市共同体

在西方国家,城市暴力主要反映的是城市共同生活的失败,内含对现代性及国家权力的批判。城市社会生活以一种消极、起反作用的方式出现,反对商业精英所定义的变化、增长和进步。一些暴力事件被归于"公民不服从"范畴,它与其说是法律事件,还不如说是政治衰弱的征兆。骚乱看似是由某个特定事件为导火索引起,实则反映了城市居民对未来的不确定感和不安全感。

在早期芝加哥学派的城市研究中,其基本理论假设是土地表层统一、进入单一中心城市的权力相同、对空间的竞争自由,城市趋向发展为一系列同心地带[①]。如同这一学派自称的人文生态学方法,城市化进程包含了诸多生态隐喻,如侵占、接替、隔离。那些蜕化区上的城市问题,并非空间危机的表现,反而是城市生活的典型产物,且它可以通过城市有机体的自我调整加以应对。因之,"在城市环境中,每一种谋生手段,甚至包括乞丐的行乞,都带有职业的性质,秩序的性质"[②]。

只不过,20世纪60年代后期席卷全球的都市危机,使有机体论隐喻表述的局限性暴露无遗,这一局限既忽视了阶级结构,也忽视了资本主义的特殊性。在空间政治理论看来,这次都市危机是一个更具普遍性的空间危机。因为,城市空间不仅是资本主

---

① 迪尔:《洛杉矶学派和芝加哥学派:欢迎参加辩论》,《城市文化读本》,汪民安等主编,北京:北京大学出版社,2008年版,第96—108页。
② 〔美〕帕克等著:《城市社会学:芝加哥学派城市研究》,宋俊岭、郑也夫译,北京:商务印书馆,2012年,第1版,第15页。

义生产的场所,还是资本主义生产关系的产物。资本主义生存以争夺城市化空间为核心,城市问题的本质是城市权和空间正义问题,"既得利益者谋求长治久安,弱势群体则谋求更大的控制权,通过空间的社会化生产满足自身根本需求"①。在城市结构性矛盾始终存续的情况下,城市经济和政治均服务于城市精英,街头问题的本质是城市精英对弱势群体的空间争夺。城市精英依靠土地和不动产,构建了城市增长机器,并通过法律、行政等复杂的官僚机器构建"无人统治的系统"。西方城市的一些治安策略,如"零容忍"、社区警务等反暴力行动,是一种纯粹"客观的"、系统的、匿名的暴力,它所激起的民众的反应也是没有目标的,仅仅是恐惧的自然流露而已。

在21世纪初的中国,一方面类似的城市暴力事件不断见诸媒体,城市治安问题和城管执法冲突等事件层出不穷,另一方面,城市安全指数大幅度提升,人们的安全感和满意度不断提高,两者构成了显著的悖论现象。可见,此类城市暴力事件并非指向城市的不安全感,恰恰相反,它反映了城市中的特定群体关于城市空间利益和观念表达的一种方式。暴力实施者面对的不是抽象的官僚系统,而是可以轻易锁定的特定对象,官僚系统也可以迅速作出回应。可以说,零星的此类暴力事件只是街头秩序生成过程中激起的涟漪。更多情况下,街头平静如水,各群体自有生存之道,亦有不言自明的相处规则。因此,此类

---

① 〔美〕苏贾:《寻求空间正义》,高春花等译,北京:社会科学文献出版社,2016年,第1版,第94页。

城市暴力只是在否定某个具体对象，而不是对城市经济和政治体系的否定，某种意义上，这甚至是城市既得利益者对城市共同生活的期待。

当前，城市街头仍将是城市问题的藏身之处。不同人群、观念、利益将在街头集结，在城市空间寻求容身之处。自20世纪90年代以来，在以经济建设为中心的理念指导下，以及经营城市的具体策略下，中国城市具有了鲜明的"增长机器"特征。继而，城市管理也服务于经济发展这一目标。客观而言，这一城市定位是由城市发展规律所决定的。

然而，鲁磨路的案例分析显示，一种更具包容性的城市治理理念成为了普遍共识，并内化成为街头行政的"日常"。比如，疏堵结合、柔性执法，已经成为市政部门的共同取向。就鲁磨路的案例而言，街头的确是都市问题所在，它是非正规经济乃至地下经济的消纳场，亦是边缘人群的避难所，某些时候还是城市暴力的滋生地，它们会以某种空间形态出现。鲁磨路看似混乱不堪，却充满活力，它并非城市退化区，而是一个充满各种可能性的"违规"空间。鲁磨路也许是中国城市街头形态的典型代表，其空间形态不可避免地受"城市增长机器"的支配，却同时伴随着包容性的城市治理逻辑，是不同群体的共享空间。

人们之所以能够在街头各得其所，不仅是城市政治经济结构的产物，还是街头行政的结果。空间在社会和政治的每一个级别和环境中，从人们的亲密接触、环境的小策略，到掌控全球地理政治、资本主义危机的一再出现,始终有很强的塑造力①。在这个意义上,空间的政治概念不仅包括国家、城市、村落等宏观地理空间,还应该包括家庭、学校、街道等日常生活的微观空间。

权力被视作可以分配、排列、同化、整理和混合一系列力量关系的机制②,正是通过"权力的技术学",街头空间实现了可治理化。通过街头行政子系统,政府权力被重新排列组合,使之更适合街头环境。具体而言,制图术和亚正式社会控制体系使得那些秉持理性化精神的兜底部门被微小的技术重新组织,并使街头空间被有效规训。

街头行政在形塑社会的同时,也制造了反规训体系。权力实践的微小技术程序生产了"规训"区域,并使之到处扩张。但与日常生活细节相联系的大量战术改变着这些技术程序的功能,它们在玩弄规训的机制,形成了组织社会政治秩序的无声的过程的对立面③。在"猫鼠游戏"过程中,城管的每一个行动策略都会激起小贩的响应性行动,他们之间的行动图示是相互匹配的。

街头是城市治理的核心地带。在现代城市,街头不仅具有交通功能,更是商业、交往、休闲的主要场所。在政治生活中,街头也因其作为政治和社会变革的策源地而具有独特地位。人们习

---

① 〔美〕苏贾:《寻求空间正义》,高春花等译,北京:社会科学文献出版社,2016年,第1版,第100页。
② 〔法〕福柯:《性经验史》,佘碧平译,上海:上海人民出版社,2005年版,第60—63页。
③ 〔法〕塞托:《日常生活实践 1.实践的艺术》,方琳琳、黄春柳译,南京:南京大学出版社,2015年,第2版,第34—35页。

惯于以现代秩序观为参照，以为在街头空间中，国家与社会之间有泾渭分明的界限。但从鲁磨路的田野观察看，街头行政并不遵循由法律法规事先划定的界限，城管和小贩双方在共同制造"违规"现象。街头隐藏的灰色秩序说明，中国城市其实是一个包容性极强的社会空间。

如今，街头不再是由街坊邻居构成的熟人社会，而是一个流动的社会，一个由陌生人构成的都市社会。在典型的都市社会形态中，复杂的社会分工、社会分层和职业结构，使得个体之间的依赖性凸显；高度的社会流动和人际关系的匿名化，使得社会充满异质性。但在灰色秩序中，街头容纳了不同职业和阶层的群体，他们脱离了传统社会控制，也依赖于正式制度，却建立了复杂的社会网络。灰色秩序并非终极秩序，相反，它一直处于流变之中，包容了多元理念，平衡了各个群体的城市权利，兼顾了街头秩序和活力，为都市生活提供了缓冲空间。

2. 街头秩序

本书将"街头"视作一个特殊的城市空间。城管本质上是一个空间实践过程，其本意在于通过可治理化的技术，将街头空间纳入国家权力的规制之中。反过来，这一技术也在为在街头寻找机会的不同人群提供可能性。因此，街头的空间特质和治理形态之间的平衡是一个辩证过程，形成了街头行政的常态化策略，以及"猫鼠游戏"和灰色秩序等社会过程。"猫鼠游戏"建构了

"街头"社会空间,但街头也为"猫鼠游戏"提供了游戏场。小贩总是秉持着生存逻辑、安全第一和利益最大化原则,而城管则秉持着严格执法、为人民服务和避责逻辑,这些价值观相互交织,共同制造了"违规"的空间,形塑了灰色秩序。

街头秩序是空间实践的产物。"空间就是一个被实践的地点"[①],地点是一种关于位置的瞬时地形,一旦我们将方向矢量、速度大小以及实践变化纳入考察范围,空间就产生了。在行人踏入街角空间之前,街角只是城市规划中效率不高甚或无用的人行通道,或是在几何学意义上的不规则的空间形态。然而,一旦人们乐于踏进街角,并经常使用它,它就转变成为独特的空间形态,成为一个有用的、但主要是供人们驻足停留歇息的休闲场所。

街角空间的"意外"存在,体现了普通人的日常生活实践与城市精英的某种对话。在城市精英的设计中,休闲也是城市设计的产物,只有那些宽阔整洁的广场,甚或高端大气的室内空间,才是供市民休闲的合适场所。但是,对于普通的行人而言,休闲是日常生活中无意识的产物,那些随时随地可用的街角空间,才是更为合适的休憩之地。如此,街角在不经意间成为更为宽泛意义上的社会关系的阐释对象。这一点,尤其表现在"街角社会"的生成与演化上。

从怀特发现"街角社会"开始,街头便与贫穷、边缘、暴力等城市问题相联系,它被看作是失败者的避难所。"在街角,公

[①] 〔法〕塞托:《日常生活实践 1.实践的艺术》,方琳琳、黄春柳译,南京:南京大学出版社,2015年,第2版,第200页。

第十章 城市共同体

共虚构支持的价值系统,与全社会的价值系统一起,促成了一个矛盾、相互冲突、似是而非的世界"[1]。可见,街角社会既包含了边缘人群占有、利用、行走、驻足于街角、小巷、走廊、广场等地点的空间实践,也隐藏了贫富分化、种族矛盾、经济危机等城市问题——街角社会既生产了城市问题,同时也以之为前提。鲁磨路每天都上演着"猫鼠游戏",看似杂乱无章,却隐藏着深刻的街头价值观。

街角是非正规经济的生产场所。小贩经济是非正规经济的主要承载方式,承接了正规经济乃至于全球化的大市场,没有小贩机动灵活又方便的零售活动,城市生活质量将大大降低。人们普遍认可小贩自食其力的正面意义,尽管对其经营活动游离于工商、物价、卫生等部门的监管范围之外也颇有看法。而一个成功的小贩,不仅需要具备一定的生产、销售技能,还需要敏锐的市场嗅觉,能准确把握特定区域的潜在客户及其活动规律、消费需求,还要能够有效规避法律风险。简言之,选择一个好的街角空间,是一个小贩成功融入城市体系的重要标志。在这个意义上,街角是城市生活的典型产物。城市建立在劳动分工和职业专业化基础之上,不仅城管是专业化的职业分工,小贩也是如此。小贩并不是一个可有可无、没有门槛的职业,它在城市体系中有其特定的位置——找一个合适的街角,为城市居民提供多样的零售服务,从而提高城市居民的生活质量。

---

[1] 〔美〕艾略特·列堡:《泰利的街角——一项街角黑人的研究》,重庆:重庆大学出版社,2010年,第1版,第111页。

街角社会被认为是城市问题的主要表征。一个好的城市体系，是由家庭、社区、街道、单位等元素组成的有机体，家庭是社会的细胞，每个人都应归属于家庭。因此，无家可归者流落街头被视作一种社会问题。事实上，街角社会所容纳的社会关系甚为复杂。它指向一些由"失败者"所构筑的社会环境，身处其中的人可能介于稳定而向上移动的中下层工人和被遗弃的人、游民之间[1]。这些"失败者"很清楚自己在社会分层中向上流动无望，也囿于社会地位、教育、文化等原因无法找到稳定而正式的工作，只能走向街头通过打零工自谋生路。但是，他们并未放弃社会责任，仍然把"养家糊口"视作其理所当然的责任。

街角社会还可以指向一种由一些越轨者所塑造的亚文化。"街角青年"的社会活动集中于某些街角地带及其邻近地区，他们在其年龄组里处于社会的底层。这个亚文化的突出特点是，"帮"在街角发展起来并且非常引人注目地在那里持续存在[2]，街角青年在"帮"内有固定的位置，并据此开展社会交往。在这个意义上，街角青年是违法犯罪活动的主体，街角社会往往是一个地下世界，是一个游离于城市主流生活的"城中城"[3]。街角还通常是乞丐、流浪者、残疾人、赤贫者等真正的弱势群体所组

---

[1] 黑仑·刘易斯："1967版前言"，〔美〕艾略特·列堡著：《泰利的街角——一项街角黑人的研究》，李文茂、邹小燕译，重庆：重庆大学出版社，2010年，第1版。
[2] 〔美〕怀特：《街角社会：一个意大利人贫民区的社会结构》，黄玉馥译，北京：商务印书馆，2005年，第1版，第336页。
[3] 〔美〕文卡特斯：《城中城：社会学家的街头发现》，孙飞宇译，上海：上海人民出版社，2015年，第1版。

成的底层社会。在这个底层社会中,奉行一套与主流社会秩序有所差异的运行规则,人们或自食其力不受怜悯,或运用"弱者的武器"反抗主流秩序,形成了与国家政治有千丝万缕的关系却又有一定独立性的底层政治逻辑。在城市问题的视域中,人们通常对街角社会持一种同情性理解的态度,并将之作为社会改良的证据。鲁磨路在野蛮生长的过程中,街角青年、团伙组织与底层群体产生了激烈碰撞。但他们一旦试图和街角社会融为一体,他们就不是地下世界。恰恰相反,他们都主动接受官方和半官方的监督,相互之间保持密切合作。某种意义上,街头从未脱离国家监控视线,人们需要从街头获取资源,参与街头空间的可治理化过程,希望街头兼容秩序与活力。

在新城市社会学的议题中,城市空间问题与政治经济学批判合流,"街头"成了政治斗争的对象和中心,也是问题所在。某种意义上,1990年以来在全球各大城市盛行的城市复仇主义,体现了城市精英所掌握的知识和意识形态的表象化作用及其介入空间构造的实践影响。城市作为一种"增长机器"越来越具有广泛共识,形成了权力、资本、知识的联盟。在城市政治学中,城市增长机器被视作是精英理论的回归[1]。因此,包括"街头"在内的城市空间,是科学家、城市规划者、技术官僚、社会工程师以及艺术家的"想象"的空间。举例而言,在建筑规划领域,设计中的现代主义运动使得现代化城市走出了

---

[1] 〔英〕贾奇、〔英〕斯托克、〔美〕沃尔曼编:《城市政治学理论》,刘晔译,上海:上海人民出版社,2009年,第1版,第51—56页。

街道生活模式,街道不再有聚集场所的功能,从而制造了大量的"失落空间"[①]。而恰恰是人行道上安全、交往等功能的减少,导致了街头暴力、种族隔离和种族歧视等社会问题[②]。

鲁磨路生动体现了"街头"的政治和社会意义。鲁磨路城市空间意象的形成,的确是在城市精英的设计和规划主导下形成的,但这并不意味着那些匿名的被治理者在街头景观的形塑过程中无关紧要。恰恰相反,典型如鲁磨路夜市,就是多种社会力量共同塑造的结果。被治理者通过各种看似不起眼的微观战术行为,潜移默化地改变了城市精英的意图。街角社会也构成了对主流秩序的颠覆和反抗,甚或说边缘空间本来就以"为承认而斗争"的形式存在。在历史上,街头亚文化最终成为主流文化的情况并不少见,因此,街角社会并不总是以被压迫、被支配的空间形式存在,它蕴含着各种可能性,是一种充满希望的"第三空间"。

第三空间是"一种以他者形式"[③]出现的空间意识。它虽属于"被统治的空间",却从从属的、外围的、边缘化了的领域诞生了反抗统治秩序的"反面空间"。街头空间并不简单受制于支配和反抗二元对立关系,而是隐藏着巨大的可能性。鲁磨路所内

[①] 〔美〕特兰西克:《寻找失落空间——城市设计的理论》,朱子瑜等译,北京:中国建筑工业出版社,2008年,第1版,第9—10页。
[②] 〔加〕雅各布斯:《美国大城市的死与生》,金衡山译,南京:译林出版社,2006年,第1版,第23—65页。
[③] 〔美〕索杰:《第三空间:去往洛杉矶和其他真实和想象地方的旅程》,陆扬等译,上海:上海教育出版社,2005年,第1版,第13页。

含的灰色秩序,既有稳定的街头行政策略在支撑,同时又因时因地发生改变,具有极强的流变性和开放性。可以说,街头行政就是一场充满实践感的游戏,游戏的过程充满刺激,游戏的结果也千变万化。唯一确定的是,每个人都可以参与游戏,并享受其中。在这个意义上,鲁磨路不仅属于权力拥有者,也属于在其中"讨生活"的普通人。

街头空间本质上是国家与社会的接触地带,也是各个社会阶层和群体交汇的场所。街道在物理空间形态上,发挥通道和场所功能,街头治理的目标也受制于此。因此,街头空间保持开放性、流动性和模糊性,不仅是街道的物质形态决定的,还是街头权力实践所塑造的。这意味着,城管并不能完全颠覆人行道上自成一体的灰色秩序。反过来,看似自生自发的街头秩序,事实上由权力规制而成。

街头秩序的生成,可谓是街头所具有的"灰空间"特质和微观权力实践相辅相成的结果。"灰空间"指的是在内外空间之间发挥作用,从而使两种不同性质的空间走向融合的形态[①],街头其实是室内和室外、开放和封闭空间形态的过渡地带。在这个空间,社会、国家、社会与国家间结合点的界限往往是模糊的。在实践中,城市治理并不是单一中心的,那种国家或市民社会一体化的观点是不合时宜的,市政部门本身就是分裂的,社会也越来越具有异质性,分裂的权力实践与多样的社会行为共同塑造了相

---

① 詹和平:《空间》,南京:东南大学出版社,2011年,第2版,第51页。

对独立的边界。治理者和被治理者虽然是一种非对称性关系，但权力实践是有节制的、柔性的，他们之间的跨边界关系呈现出混杂状态。

3. 城管

20世纪90年代以后，中国城市逐渐形成了由公安、城管两个部门主导，街道社区及其他市政部门辅助的多层次、立体化的街头治理格局，这形塑了街头秩序。

从鲁磨路的案例看，城管深深地嵌入了市政体系和社会组织，其街头行政建构了复杂的社会网络，建立了街头行政子系统。城管不仅要与别的职能部门和街区组织建立良好的合作关系，还要力图与一些相关企业如物业、市场管理方处理好关系，甚至还要与小贩的非正式组织、地方团伙建立私人关系。街头行政子系统适应了街头空间的不确定性和街头事务的复杂性，使得基于部门专业分工原则的科层行政转化为更具灵活性和战斗性的街头行政。在街头行政子系统中，一线行政人员扮演了城市与社会之间的中介角色，在街头建构了相对稳定的社会网络。

在处理部门间关系时，城管将专业性不强的弱势转化为半正式行政的优势，从而获得对等关系。城管雇佣了大量的协管员，且通过特殊的行政结构及运作方式，有效吸纳了临时工。客观上，正是因为城管部门承担了大量的剩余事务，让其他市政部门免受冲击。协管员为城管和街头环境之间建立了一个缓冲地带，让城管部门免受冲击。因此,城管在城市治理体系中具有特殊位置,是应对城市暴力的重要屏障。

在处理街头空间的复杂性时,城管通过服务群众化解街头执法的困境,获得街头行政的正当性。将街头行政和执法行为转化为服务和管理行为,是街头行政子系统的重要特征。这一做法的结果是,城管和小贩在街头行政中不再是单向性的支配与被支配关系,而是有着更加复杂的多重关系。

街头行政实际上代表着一种独特的治理形态。一方面,它作为城市治理体系的末端,需要完成科层制目标。而科层制行政的要求是专业化、程序化和规范化,其治理过程是高度封闭和可控的。另一方面,它作为剩余事务的处置载体,需要积极回应市民要求,其处置原则更倾向于即时性、实质性和回应性。换言之,街头行政对合法性和效率都有较高要求。

我在鲁磨路的田野经验显示,尽管城管属于兜底部门,行政资源有限,但需要处理的事务却异常的多且复杂。在相当一段时间内,城管执法冲突是城市暴力的主要表征,致于城管被污名化,甚至让社会各界怀疑城市共同体何以可能的问题。然而,深入城管执法的"日常"可见,恰恰是城管在消除城市暴力,维护城市共同体。

只不过,从城市治理体系的角度上看,街头行政子系统是城市治理体系的有机组成部分。因此,在很多情况下,街头行政子系统的有效运转还依赖于城市治理体系的调整。概言之,街头行政子系统只能从战术层面解决剩余事务,部门职能的合理划分及协调才是真正的战略措施。就城管工作而言，立足于执行小组基础上的街头行政子系统，说到底是针对普通的部门业务处置，而一些更为复杂的剩余事务处置，则需要更为复杂的部门协调系统。

当前，城管及其塑造的街头秩序，面临巨大挑战。在社会转型期，街头行政面临的复杂且难以处理的问题会陡增，既有的街头行政技术就将难以维系。灰色秩序的主要维持者是兜底部门。但兜底部门在官僚体系内部较为弱势，所能援用的法律、政策和行政资源极为有限，导致其基础性权力较为薄弱。街头行政往往在流动性、开放性的环境中展开工作，经常面对复杂且难以处理的问题，很难实现行政的常规化和程式化。灰色秩序是因应这一复杂的制度环境产生的，也必然会受到脆弱的制度环境的影响。一旦官僚体系发生变动，兜底部门就得承受巨大的行政压力。

城市治理过程中的各方身份极为复杂，单一身份的幻象破坏了他们之间的非对称性关系。治理者与被治理者之间是非对称性关系，治理者基于被治理者的特殊身份给予保护。但是，单一公民身份的幻象使得被治理者倾向于改变既有的顺从模式，将灰色利益合法化。科层体制内部的组织控制也迫使一线行政人员，尤其是其中的半正式行政人员化约为单一的行政执法人员身份，倾向于与被治理者建立霸权式宰制关系。单一身份压缩了权力节制的空间，一线行政人员难以回应被治理者的多样性诉求，灰色秩序就难以维系。

第十章 城市共同体

　　鲁磨路的案例研究，很可能提供了一个解释"中国城管"和城市共同体之关系问题的样本。城管作为兜底部门，本身就意味着这个部门替城市治理体系吸纳了大多数的疑难杂症。从组织生态角度看，恰恰是因为有了兜底部门的存在，才使得市政当局的核心部门可以专注其专业职能，让市政部门的核心职能（如规划、经济发展、公共服务）不受影响。本书对剩余事务及其处置的分析亦说明，在可以预见的一段时期内，中国的城市化仍将高速推进，街头剩余事务仍会源源不断地生产出来。这就意味着，开放性、灵活性及适应性等形态仍将主导街头行政。因此，城管作为兜底部门的属性不可消失，但其主导的灰色秩序却可能因制度环境而发生变化。